«Branson y Martínez ... ultura y la etnicidad en la vida de la igle... iderazgo en el contexto de estos temas, de una mane... s profunda, y sin embargo accesible y práctica, que cualquier otro libro que conozca. Este es un texto de lectura obligada para cualquiera que esté realmente preocupado por la misión de la iglesia en el futuro que se abre ante nosotros».
Justo L. González, autor del libro: La Historia del Cristianismo

«*Iglesias, Culturas y Liderazgo* es uno de los libros más importantes en la obra de la reconciliación racial y cultural que se haya publicado. Branson y Martínez han escrito una obra completa que integra la investigación bíblica y el análisis de las ciencias sociales, con propuestas muy prácticas para implantar en las congregaciones y comunidades que enfrentan la realidad intercultural. Ellos hacen que las complejidades de la diversidad sean comprensibles, accesibles y hasta emocionantes. Este libro reflexivo, comprometido y detallado, escrito por dos estudiosos practicantes, es una lectura obligada para cualquier persona interesada en la creación de una comunidad intercultural».
Pablo Curtiss DeYoung, Bethel University

«Parte estudio bíblico, parte manual sobre el ministerio, para usar en el aula o en grupos pequeños, *Iglesias, Culturas y Liderazgo* es un texto fundacional que responde a la necesidad de que exista una perspectiva amplia, interdisciplinaria y sustancial en el ministerio intercultural. A partir de años de experiencia, Mark Lau Branson y Juan Martínez ofrecen una visión única y una amplia gama de recursos prácticos. ¡Qué este libro nos ayude a tener una iglesia en el poder del Espíritu!».
Mark R. Gornik y María Liu Wong, City Seminary de Nueva York

«Este libro estimuló mi mente de una manera teológica, histórica, práctica y espiritual. Branson y Martínez hacen un trabajo magistral en la comunicación de las complejidades que se conjugan en la iglesia, las culturas y el liderazgo».
DAVID A. ANDERSON, AUTOR DEL LIBRO: *GRACISM*

«Teniendo en cuenta los fenomenales cambios demográficos en nuestro país (por ejemplo, la diversidad cultural de nuestras comunidades y congregaciones), *Iglesias, Culturas y Liderazgo* es un recurso muy importante y rico para articular los desafíos multiculturales que enfrenta la iglesia. A través de un enfoque interdisciplinario (es decir, las Escrituras, la teología práctica, la antropología social, los estudios culturales, la hermenéutica filosófica, la teoría del liderazgo y la comunicación), Branson y Martínez han dotado a la iglesia de una obra única —la única de su tipo— para la vida práctica intercultural y religiosa, y para ayudar a la iglesia a reflejar la diversidad de América».
ELDIN VILLAFAÑE, SEMINARIO TEOLÓGICO GORDON-CONWELL

«Un libro sobre la formación intercultural de las congregaciones que integra la teología y la antropología cultural. Este texto no tiene que ver con "cómo hacerlo", sino que es una presentación humilde y profundamente informativa que facilita llegar a la transparencia necesaria para avanzar hacia las relaciones interculturales y el ministerio. La cultura, el idioma, la cosmovisión (o visión del mundo), la teología y las suposiciones inconscientes que dan forma a estos, se definen y examinan de manera que podamos entender nuestras costumbres de etnicidad, clase y estatus social. Se proporcionan actividades de sensibilización a fin de facilitar las conversaciones y el hacer de la teología. Después se analizan temas de liderazgo a la luz de todos estos aspectos. Las viñetas lo mantienen

auténtico, y se proporcionan recursos en cada capítulo para leer más y ver (cine). Por último, este es un libro "auténtico" en cuanto a estos asuntos complejos. Léelo y compártelo, y serás llevado a un cambio que perdura».
Elizabeth Conde-Frazier, pastora, Esperanza Colllege of Eastern University.

«Si yo estuviera enseñando hoy, este sería mi texto básico y necesario. Si fuera pastor, esta sería mi fuente principal para guiar a mi congregación hacia el futuro. Puesto que soy un miembro de una congregación, voy a leerlo a fin de entender mejor la manera de funcionar en una sociedad urbana cambiante. Esta es una oferta puntual, elaborada a partir de la experiencia en el campo, las disciplinas en el aula y los profundos compromisos personales. ¡Una maravilla!».
William Pannell, Fuller Theological Seminary

IGLESIAS, CULTURAS Y LIDERAZGO

IGLESIAS, CULTURAS Y LIDERAZGO

UNA TEOLOGÍA PRÁCTICA PARA CONGREGACIONES Y ETNIAS

Juan Martínez y Mark Branson

La misión de Editorial Vida es ser la compañía líder en satisfacer las necesidades de las personas con recursos cuyo contenido glorifique al Señor Jesucristo y promueva principios bíblicos.

IGLESIAS, CULTURAS Y LIDERAZGO
Edición en español publicada por
Editorial Vida – 2013
Miami, Florida

©2013 por Editorial Vida
Este título también está disponible en formato electrónico.

Originally published in the USA under the title:
Churches, Cultures & Leadership
©2011 by Mark Lau Branson and Juan F. Martínez
Translated and printed by permission of InterVarsity Press P.O. Box 1400, Downers Grove, IL 60515, USA.

Traducción: *Gloria Pulido*
Edición: *Juan F. Martínez*
Diseño interior: *Cathy Spee*

ISBN: 978-0-8297-6095-8

CATEGORÍA: Iglesia cristiana / Liderazgo

IMPRESO EN ESTADOS UNIDOS DE AMÉRICA
PRINTED IN THE UNITED STATES OF AMERICA

13 14 15 16 17 ❖ 6 5 4 3 2 1

Dedicamos este libro a:

Las iglesias (generalmente anónimas) que se mencionan a lo largo de estos capítulos,

y a otras congregaciones que están abriendo el camino hacia la vida intercultural.

*También estamos agradecidos por los estudiantes de nuestras clases
quienes no solo demuestran un compromiso con la vida intercultural, sino que también nos enseñan sobre sus propias culturas.*

CONTENIDO

LISTADO DE ESTUDIOS BÍBLICOS

LISTADO DE REFLEXIONES PERSONALES / EJERCICIOS EN GRUPO

LISTADO DE FIGURAS Y TABLAS

FIGURAS

TABLAS

Prefacio a la versión en español

Desde que Mark y yo comenzamos a escribir este libro en inglés siempre tuvimos la intención de publicar una versión en español. Por un lado, la vida intercultural en y entre las iglesias en EE.UU. está muy ligada a la presencia latina en este país. Son la minoría más grande y una parte clave de la diversidad étnica y cultural. Varios de los ejemplos que utilizamos en el libro nacen en la realidad latina estadounidense. Pero también quisimos publicar el libro en español porque los dos hemos trabajado en América Latina y sabemos que muchos de los retos que se tratan en este libro tienen un paralelo en el mundo de habla hispana (incluyendo España).

La versión original en inglés se escribió desde, y principalmente para, el contexto estadounidense. Casi todas las ilustraciones que utilizamos nacen en ese contexto. Reconocemos que nuestro contexto es muy particular por causa de la historia y los patrones migratorios de este país. Pero América Latina ha tenido una historia paralela. Los países actuales también nacieron en el choque entre nativos del continente americano y europeos. El continente vivió la migración forzada de esclavos de África, como también una fuerte migración europea y luego una migración asiática. Las respuestas a estos encuentros entre los países latinoamericanos fueron diferentes a las de EE.UU. Sin embargo, tanto la historia como los movimientos migratorios actuales están creando un encuentro entre etnias y culturas al cual necesita responder la iglesia. Y aunque la historia de España es muy diferente, allí también se está viviendo la complejidad de los movimientos migratorios.

La versión en inglés contiene muchas ilustraciones del mundo estadounidense. Algunos de los ejercicios requieren conocer el contexto estadounidense para tener sentido. También incluimos listas de libros y películas que ilustran lo que estamos enseñando en cada capítulo. Dejamos la información sobre los libros y las películas en inglés, sabiendo que los datos bibliográficos serán útiles para muchos de nuestros lectores y que casi todas las películas existen en español. Pero también incluimos algunos libros que han sido publicados en español. Sin embargo, decidimos cambiar o quitar algunos ejercicios que no tendrían sentido fuera de EE.UU.

La versión en inglés le invita a conectarse con *The Missional Network,* cuyo sitio web (en inglés) provee recursos sobre las bases teológicas y misionológicas del movimiento misional (www.themissionalnetwork.com). Aunque casi todo el material es en inglés, poco a poco están incluyendo algunos recursos en español. También tenemos un sitio web para el libro (www.churchesculturesleadership.com). El sitio incluye recursos para el uso del libro en iglesias y seminarios. En los próximos meses estaremos poniendo recursos, información y conversaciones en español para incluir a los lectores de habla hispana. Le invitamos a unirse a la conversación sobre las relaciones interculturales y la iglesia misional, tanto en español como en inglés. Esperamos poder desarrollar ejemplos y ejercicios desde el contexto latinoamericano y español que le ayuden al utilizar este libro en contextos fuera de los Estados Unidos.

Queremos agradecer a Gloria Pulido de Junay por su trabajo de traducción. Reconocemos que el libro contiene algunos conceptos que no se traducen fácilmente y que ella trabajó arduamente para hacer posible la versión en español. También agradecemos a Arnaldo Soto y Alexandra Marcano, estudiantes del Seminario Teológico Fuller, por su lectura del texto y su ayuda en copilar la bibliografía en español.

Tanto Mark como yo reconocemos que las iglesias siempre tienen el reto de ser fieles en su generación y contexto. Como parte de dicho reconocimiento sabemos que el encuentro entre pueblos, etnias y culturas es uno de los lugares donde necesitamos ser fieles al llamado del evangelio hoy. Pero también sabemos que el encuentro intercultural nos da una oportunidad muy única de vivir destellos del futuro divino cuando «todas las naciones, tribus, pueblos y lenguas» se reunirán ante el trono para adorar a nuestro Creador, Salvador y Señor.

Juan Francisco Martínez Guerra

INTRODUCCIÓN

MARK LAU BRANSON
y JUAN FRANCISCO MARTÍNEZ

Oakland — Unos dieciséis ancianos esperaban para darle la bienvenida al nuevo pastor. La mitad de ellos estaba en la cocina, los demás en el santuario. Seis meses antes habían votado cerrar su iglesia de sesenta años de antigüedad, pero el obispo quería que se hiciera un último intento. En la década de 1930 los miembros habían decidido hacer un segundo traslado, siguiendo el modelo de las congregaciones en movimiento cuando la demografía étnica afectaba sus barrios. También se habían producido cambios en este nuevo barrio, así que la mayoría de los miembros se había mudado a los suburbios y se desplazaba a la ciudad los domingos. Obviamente tenían conexiones relacionales entre sí, pero rara vez se veían entre las reuniones dominicales. El barrio, con su gente y sus redes, sabía muy poco acerca de la iglesia aparte de que era el sitio de encuentro para un par de grupos de Alcohólicos Anónimos que utilizaban el sótano de la iglesia. Durante los siguientes diez años la iglesia se volvió culturalmente diversa y profundamente comprometida con su medio ambiente urbano.[1]

Houston — Después de varias décadas de crecimiento como una Iglesia Bautista caucásica suburbana, cerca de Houston, la congregación experimentó una significativa disminución a mediados de la década de 1980. Más tarde, cuando la economía se recuperó y la comunidad recuperó sus residentes, esos residentes eran de diversas etnicidades (80 por ciento no-blancos en 1990). El pastor organizó actividades que esperaba que agregaran miembros. Como él creía en el principio de la unidad homogénea, que enseñaba que el crecimiento era

---

1   Mark Lau Branson, «Forming Church, Forming Mission», *International Review of Mission* 92, no. 365 (April 2003): 153-68.

*más probable cuando las iglesias se mantenían mono racia-
les, pidió a los miembros tocar las puertas del barrio vecino.
Entonces, de acuerdo con su visión, propuso que la Iglesia se
trasladara a un lugar que cuadrara con su estrategia étnica.
A algunos de los líderes de la iglesia les preocupó esta estrategia. Con el tiempo decidieron que se quedarían en la comunidad diversa y alcanzarían a los nuevos vecinos; por esto
llamaron a un pastor que trabajara con ellos en este desafío.[2]*

INTRODUCCIÓN DE NUESTRO TEMA

Moisés salió de Egipto con un «grupo mixto», y los primeros seguidores de Jesús se enteraron de que el Espíritu Santo estaba guiándolos a
cruzar fronteras culturales. Las historias de las Escrituras están llenas de
referencias a la extrañeza de los extraños, y las molestias de participar
en el amor de Dios para el mundo. Este libro trata esas rarezas, esas molestias. Tiene que ver con el llamado que Dios hace a la iglesia de amar
a nuestro prójimo; reconocemos que ese amor es cuestión de gracia y
de trabajo.

Nuestro enfoque está en las iglesias de los Estados Unidos y la manera como podemos ser fieles al llamado de Dios en nuestras iglesias
dentro de este contexto. Vivimos en una nación culturalmente diversa y
muchas de nuestras ciudades y barrios muestran ese pluralismo cultural.
La diversidad étnica es evidente en los medios de comunicación, en los
centros comerciales y en muchas escuelas. Esta diversidad es menos
evidente en nuestras iglesias, pero está creciendo. Queremos fomentar
una mayor atención, sabiduría y fidelidad con relación a la vida intercultural en las iglesias y entre las iglesias, y entre las iglesias y sus vecinos.

Todos hemos sido formados en un contexto histórico de prejuicios y racismo. Llevamos las influencias de nuestro medio ambiente en
nuestras mentes y corazones; demasiado a menudo nuestras acciones,
decisiones y palabras perpetúan los prejuicios étnicos. Hay muchos prejuicios, arraigados en el racismo, integrados a nuestras instituciones.
Creemos que el amor de Dios para el mundo se define plenamente en
la inauguración de Jesús del reinado de Dios, y por lo tanto, creemos
que la identidad y agencia de la iglesia deben ser caracterizadas por la

---

2   Michael Emerson, *People of the Dream: Multiracial Congregations in the United States*
(Pinceton, N.J.: Princeton University Press, 2006), pp. 1-4, 28-29.

reconciliación. Tal reconciliación, si se define y se faculta por el evangelio, debe ser personal, interpersonal, cultural y estructural. Cuando las personas de diferentes culturas comparten la vida, cuando vamos más allá de la música y de la comida, aumentan las complejidades.

Reconocemos que «prestar atención» es importante y difícil. Así como el pintor competente, el carpintero o el maestro aprenden, durante muchos años, la manera de observar —cómo entrenar sus sentidos y respuestas a su entorno y su trabajo—, en la iglesia, los líderes necesitan prestar atención a las características culturales y a la tarea de formar la vida intercultural. Y ese es el propósito de nuestro escrito: ayudar a hombres y mujeres en nuestras iglesias a ver de manera diferente y adquirir las habilidades y las capacidades necesarias para contextos multiculturales. Queremos animar a los líderes de la iglesia a crear ambientes que hagan que las iniciativas de reconciliación divina sean evidentes en la vida eclesial y en nuestro compromiso misional con los barrios y ciudades.

LA HISTORIA ES IMPORTANTE

La historia nos recuerda que muchos de los colonos que cruzaron el Atlántico y, finalmente, formaron los primeros estados de los nuevos Estados Unidos, eran personas que se encontraban en la búsqueda de la libertad religiosa que se les negó en Europa. Estas colonias fueron creadas por gente que quería el espacio necesario para desarrollar su propia visión específica de la Iglesia y de la sociedad, sin la interferencia de un gobierno europeo comprometido con su propia religión estatal. El nivel de establecimiento (las conexiones oficiales entre las estructuras de gobierno y las iglesias) varió a lo largo de las colonias, y algunos de los que huyeron de la persecución en Europa iniciaron sus propias prácticas opresivas en el Nuevo Mundo. Aquellos con motivos principalmente religiosos para migrar, se mezclaron con otros que buscaban oportunidades económicas o libertad política, y estas motivaciones a menudo se superponían, puesto que en Europa la religión, la política y la economía eran factores que se traslapaban.

Estos diferentes proyectos coloniales desarrollaron su visión distinta, libres de la interferencia o la persecución que habían experimentado en Europa. Ellos trajeron sus teologías y prácticas de Europa y las adaptaron a la vida en el Nuevo Mundo. Sus experiencias incluían oportunidades y amenazas, y estas nuevas iglesias ofrecían experiencias familiares, dialectos y prácticas. Todos estos inmigrantes valoraban su propia teología familiar y distintiva, sus relaciones sociales y sus prácticas de adoración. Así que las iglesias y etnicidades estuvieron vinculadas desde la época colonial, ya fueran puritanos ingleses en Nueva Inglaterra, holandeses reformados en Nueva York, anglicanos ingleses en el Atlántico medio o los menonitas suizo-alemanes en Pensilvana. La mayoría de los colonos llegó al Nuevo Mundo con la vida de la iglesia completamente arraigada a la cultura étnica.

La mayor parte de los inmigrantes a los Estados Unidos, durante el siglo XIX, continuó con alguna versión de este modelo. Cuando emigraban a los Estados Unidos tendían a llevar consigo sus expresiones religiosas y étnicas específicas. Una vez en los Estados Unidos, por lo general formaban enclaves étnicos, y las iglesias eran, casi siempre, uno de los pilares centrales de estas nuevas comunidades. Es posible que tuvieran antecedentes teológicos similares, pero se podían identificar claramente las diferencias entre los católicos irlandeses, ucranianos e italianos, o entre los bautistas alemanes, suecos e ingleses. Algunas de estas comunidades étnico-religiosas formaron sus propias denominaciones, mientras que otras crearon estructuras en conjunto, incluso cuando mantenían claramente definidas sus iglesias específicamente étnicas.

A medida que el país crecía, hubo sucesivas oleadas de inmigrantes en las nuevas ciudades y pueblos, y los barrios pasaron por transiciones étnicas. Se hizo cada vez más común que las instalaciones de una iglesia fueran entregadas a un grupo nacional étnico llegado más recientemente, mientras que el inquilino anterior se mudaba a un barrio más nuevo. Hubo ocasiones, en el ínterin, en las que algunos recién llegados investigaban una iglesia desconocida, especialmente en congregaciones puritanas, metodistas y bautistas, pero esta coincidencia fue generalmente temporal y no tendió a cambiar la cultura de la iglesia a menos que hubiera un traspaso completo de la organización.

Así que, la homogeneidad étnica en las iglesias de EE.UU. ha sido la norma desde la época colonial. A lo largo del siglo XIX y en el XX, estas iglesias étnico-religiosas se adaptaron a numerosas formas de vida, respondiendo a factores como el cambio de lengua, los nuevos patrones de inmigración y la continuación de conexiones con sus países de origen. Las iglesias también se ocuparon de realidades con las que no estaban familiarizadas: la frontera, el contacto cercano con aquellos que son diferentes, y se apartaron de las normas europeas de las iglesias del estado. Sin embargo, aunque los euroamericanos comenzaron relaciones, y con el tiempo, afiliaciones eclesiales, que cruzaban las fronteras de los orígenes nacionales y culturales, estos cambios fueron lentos. El modelo europeo de las iglesias nacionales dentro de tradiciones denominacionales continuó en los Estados Unidos hasta bien entrado el siglo XX. A pesar de que los Estados Unidos se convirtieron en un lugar de numerosas culturas, esta diversidad no fue significativa dentro de las iglesias o denominaciones específicas. Había razones prácticas para ello (lenguaje, asociaciones existentes, predisposiciones teológicas y litúrgicas) y preferencias afectivas (acentos, familiaridad, un lugar y tiempo en el que se podía estar a gusto entre los que eran «similares» a sí mismos).

En medio de las migraciones europeas también hubo otros pueblos en el continente de América del Norte, tales como los nativos americanos, los africanos esclavos, los descendientes de anteriores migraciones españolas y francesas, e inmigrantes procedentes de Asia y América Latina. Estos pueblos fueron tratados de manera diferente a los inmigrantes europeos que desembarcaron en la costa este. Muchos cristianos de EE.UU. pusieron en tela de duda la humanidad de los esclavos africanos y de los nativos estadounidenses, siendo así objeto de aniquilación y abuso por parte de muchos de los que se autodenominaban cristianos. Pero los esclavos africanos y los nativos americanos también fueron objeto de la misión cristiana. Durante la época colonial a algunos de estos conversos se les invitó a unirse a las iglesias existentes. Pero esta práctica finalizó rápidamente y los conversos cristianos fueron «alentados» a formar sus propias iglesias con identidad étnica específica. (Este mismo patrón prevaleció en el esfuerzo de evangelización entre los «mexicanos» del suroeste y los inmigrantes asiáticos en la costa oeste.) La cuestión de la esclavitud también creó divisiones en muchas denominaciones y terminó definiendo la fe y la práctica cristiana de los Estados Unidos hasta bien entrado el siglo XX y más allá.[3]

Los que se convirtieron al cristianismo entre estos grupos, a menudo se organizaron en iglesias étnicas específicas bajo la dirección de las denominaciones existentes. La mayoría de estas iglesias tendieron

---

3   Véase: C.C. Goen, *Broken Churches, Broken Nation: Denominational Schisms and the Coming of the Civil War* (Marcon, Ga.: Mercer University Press, 1985), para ver un análisis del impacto del tema de la esclavitud en el cristianismo de los Estados Unidos.

a ser dependientes de las denominaciones e iglesias que las formaron. Esta dependencia por lo general solo se rompía cuando estos cristianos «étnicos» formaban sus propias denominaciones y estructuras eclesiales independientes del control y la dirección de las iglesias y estructuras euro-estadounidenses.

Estos patrones específicos de interacción étnica religiosa continuaron en los Estados Unidos incluso cuando la gente aprendió a hablar inglés y cuando adoptó la cultura dominante (inglés americana), sus normas y actitudes. Cuando Milton Gordon publicó *Assimilation In American Life* (1964) [Asimilación en la vida americana], el subtítulo del libro *The Role of Race, Religion and Nacional Origins* [El papel de raza, religión y orígenes nacionales] dejó bien claro que la religión jugó un papel importante en la compleja interacción intercultural en los Estados Unidos.

Gordon hace un análisis exhaustivo de las diversas teorías de la interacción cultural de los EE.UU: Anglo-conformidad, crisol de razas y pluralismo cultural. Él concluye que las tres han existido como ideales en la historia de EE.UU., pero que ninguna ha sido totalmente impuesta como norma. Él describe la realidad de EE.UU. como pluralismo estructural, donde hay una buena cantidad de aculturación junto con una separación permanente entre los pueblos, en particular en la esfera religiosa. También reconoce que los pueblos «excluidos», los afroamericanos, los nativos americanos y los latinos (menciona específicamente a los mexicano-americanos), probablemente sobrepasaban el pluralismo estructural hacia el pluralismo cultural.[4] Él les pide a las personas en los Estados Unidos que dejen de insistir en que estas categorías «ideales» han existido como realidad histórica. Llama a tener la voluntad de desarrollar una conversación acerca de cuál de estos modelos funcionaría mejor en los Estados Unidos. Pero reconoce que ninguno de ellos ha sido siempre la política «oficial» del país.[5]

---

4   Reconocemos que se usan varios términos, en cuanto a etnicidad y género, que hacen referencia a las personas en los Estados Unidos que poseen herencia en el mundo hispano hablante. Por lo general usaremos la palabra *latino*; otros preferirán la palabra *hispano*.

5   Milton Gordon, *Assimilation in American Life: The Role of Race, Religion, and Nacional Origins* (New York: Oxford University Press, 1964). En el 2004 Samuel Huntington citó a Gordon en su libro: *Who Are We? The Challenges to America's Nacional Identity* (New York: Simon & Schuster, 2004), pero terminó ilustrando la preocupación de Gordon intentando imponer su interpretación de su «angloconformidad» sobre el pensamiento de Gordon y en la historia de los Estados Unidos (p. 182-84).

A lo largo de la historia de los Estados Unidos también ha habido esfuerzos por pensar de manera diferente en cuanto a este tema. Voces del norte y del sur de América pusieron en duda las actitudes racistas europeas (¿cristianas?) hacia los nativos y los de ascendencia africana. Ya en 1514 Fray Bartolomé de las Casas puso en tela de juicio el maltrato de los españoles (católico-romanos) hacia los pueblos originarios, y más tarde luchó por la igualdad de derechos para los pueblos originarios de las colonias españolas. En la época colonial de América del Norte (1688) los menonitas en Germantown, Pensilvania, fueron los primeros en comenzar las protestas contra la esclavitud, las que más tarde se extendieron a través de muchas iglesias y denominaciones. También ha habido esfuerzos ocasionales para tener cultos de adoración interculturales e interraciales. Por ejemplo, Richard Allen y Absalom Jones, afroamericanos convertidos, adoraron y dieron clases en la Iglesia Metodista Episcopal de St. George (Filadelfia), pero con el tiempo se fueron, a causa de los asientos separados y otras experiencias humillantes. Más tarde formaron la denominación Metodista Episcopal Africana (1816). Se sabe de cultos birraciales entre los metodistas que se extendían hacia el oeste e indígenas americanos a principios de 1800, pero en general, el registro nos dice que los esfuerzos de la misión fueron continuamente minados por el prejuicio, la codicia y la violencia. Mucho más tarde (1906), el avivamiento de la Calle Azusa estuvo marcado por el culto multirracial. Varias iglesias que se desarrollaron en ese movimiento trataron de formar vida multicultural, pero la mayoría se encontró en una situación similar a la de Ia Iglesia de Dios en Cristo. Comenzaron como una denominación multicultural pero en 1914, cuando se enfrentaron a las leyes que prohibían el culto interracial, sus líderes decidieron evitar la confrontación con las normas racistas de la sociedad. Se formaron otras denominaciones en torno a determinados grupos étnicos o en torno a liderazgos de cultura mayoritaria, con iglesias y subestructuras étnicas específicas.

Esta tendencia hacia iglesias con etnicidades específicas, a menudo ha sido vista por algunos como una ventaja para la evangelización en los Estados Unidos y más allá. El Principio de Unidad Homogénea (HUP por sus siglas en inglés) establece que las personas responden más eficazmente al evangelio en las iglesias étnicas o culturales específicas. Por un lado, esto significa que el evangelio puede ser incorporado en cualquier cultura humana. Pero a menudo se ha utilizado como una forma de reducir las demandas del evangelio sobre nosotros y sobre el etnocentrismo de las culturas.[6] Hasta el día de hoy, la gran mayoría de las iglesias en los Estados Unidos tiende a ser étnica o culturalmente específica con los valores y prácticas relacionadas. Incluso las iglesias que intencionalmente se reunieron como una congregación multirracial siguen mostrando el predominio de una cultura.

La historia de nuestro país plantea numerosas cuestiones teológicas y sociales para nosotros cuando tratamos de ser iglesias fieles en medio de un entorno étnico y cultural que cambia rápidamente. Esto nos muestra que sin las iniciativas de Dios que nos transforman personalmente y como grupos, nuestros comportamientos tienden a estar limitados por los hábitos culturales y humanos. Los encuentros con aquellos que eran diferentes, a menudo llevaban a las personas a retirarse y proteger lo que les resultaba familiar. Vamos a abordar las cuestiones teológicas planteadas por esta historia a través del libro, creyendo que la gracia de Dios contrarresta nuestras costumbres y que las Escrituras y el Espíritu Santo dan testimonio y poder para la formación de un pueblo que vive vidas transformadas.

Pero también tenemos que hacernos las preguntas planteadas por Milton Gordon hace casi cincuenta años: ¿Qué modelo (o modelos) refleja(n) mejor la diversidad (todos los pueblos, toda las lenguas, todas las etnicidades) y la unidad apropiada para los Estados Unidos? (Nuestros análisis y esfuerzos a nivel de iglesia están implícitos en las experiencias nacionales.) Aun más central para este libro: ¿cuál es el llamado del evangelio en las iglesias? ¿Cómo pueden las iglesias modelar la reconciliación del evangelio y ser agentes de reconciliación y justicia en nuestras ciudades y en nuestro país? Creemos que la gracia de Dios nos llama más allá del racismo y el etnocentrismo. El asunto es cómo expresar la nueva realidad del evangelio de tal forma que celebre nuestras diferencias y nos lleve a la unidad en Jesucristo.

---

6   Véase el libro de Donald McGavran: *Understanding Church Growth* (Grand Rapids: Eerdmans, 1980) para obtener una descripción completa del Principio de Unidad Homogénea.

Estudio Bíblico: Hechos 2 - Pentecostés, lenguas y culturas

[1] Cuando llegó el día de Pentecostés, estaban todos juntos en el mismo lugar.[2] De repente, vino del cielo un ruido como el de una violenta ráfaga de viento y llenó toda la casa donde estaban reunidos.[3] Se les aparecieron entonces unas lenguas como de fuego que se repartieron y se posaron sobre cada uno de ellos.[4] Todos fueron llenos del Espíritu Santo y comenzaron a hablar en diferentes *lenguas, según el Espíritu les concedía expresarse.

[5] Estaban de visita en Jerusalén judíos piadosos, procedentes de todas las naciones de la tierra.[6] Al oír aquel bullicio, se agolparon y quedaron todos pasmados porque cada uno los escuchaba hablar en su propio idioma.[7] Desconcertados y maravillados, decían: «¿No son galileos todos estos que están hablando?[8] ¿Cómo es que cada uno de nosotros los oye hablar en su lengua materna?

1. Utilice los mapas que aparecen en su Biblia para encontrar los lugares geográficos enumerados en los versículos 9-11. ¿Qué sabe usted acerca de cómo y cuándo los judíos emigraron a esas naciones? (Esta es una fase de lo que se llamó la «diáspora».)
2. ¿De qué se trataba la fiesta de Pentecostés o la Fiesta de las Semanas?
3. En esta iniciativa del Espíritu Santo, ¿qué podemos discernir en cuanto a las prioridades de Dios con relación al evangelio y las culturas?

Como esta fiesta era de solo uno o dos días, y la temporada de unas labores agrícolas intensas, la mayoría de los peregrinos eran de regiones cercanas. Así que los «judíos devotos de todas las naciones» no eran principalmente peregrinos, sino gente que se había trasladado y ahora «vivía en Jerusalén», y es probable que un número significativo de ellos fuera jubilado (que querían pasar en Jerusalén sus últimos años y ser enterrados allí). Hay otro factor de interés cultural: a través del imperio romano, el griego era el lenguaje establecido, y la suposición sería que todos podían hablar griego. Por lo tanto, analice lo siguiente:

4. ¿Hay alguna diferencia en el significado del pasaje si la obra del Espíritu Santo se dirigía de manera significativa hacia los jubilados? ¿Qué oportunidades crea esto?

5. Puesto que el griego era accesible para todos, ¿por qué el Espíritu Santo iniciaría el anuncio en los idiomas locales de la diáspora? ¿Qué podría enseñarnos sobre la manera como Dios quiere encontrarse con las culturas?

AUTOBIOGRAFÍAS CULTURALES: BRANSON Y MARTÍNEZ

Al escribir un libro de texto sobre la identidad étnica somos conscientes de que nuestras propias historias han formado la manera en que pensamos acerca de la iglesia y el origen étnico, las formas en que percibimos nuestro mundo, y las prioridades que le damos a diferentes enfoques para el ministerio. Creemos que los dirigentes y participantes, en cualquier iglesia, pueden beneficiarse del proceso de investigar, escribir y reflexionar sobre sus propias narrativas culturales y étnicas. Sin conciencia de nosotros mismos somos más propensos a malentender a otros y subestimar el impacto que tiene nuestra propia herencia sobre la manera como percibimos, pensamos y actuamos. Escribir una autobiografía cultural personal siempre es selectivo, y los beneficios pueden extenderse cuando volvemos a los recuerdos, o si hacemos una investigación después de que la narración original esté escrita. Para los efectos de este libro, nosotros dos vamos a dar solo un relato inicial. A lo largo de los capítulos añadiremos detalles que son apropiados para determinados temas.

Mark. ¿Cómo puede un chico blanco de Kansas recibir la ordenación de una iglesia pentecostal afro-estadounidense de San Francisco? ¿Cuál es la importancia de casarse con una estadounidense de origen chino? ¿O de enseñar en Perú? ¿O entrenar pastores en Filipinas? ¿O ser miembro de una iglesia japonesa-americana? ¿O enseñar y escribir con un colega mexicano-americano?

Nací en Wichita, Kansas (ambos nombres tienen raíces indígenas en tribus americanas), y tengo una ascendencia europea mezclada, que

es predominantemente escocesa-irlandesa.[7] En el espíritu de la posgue-
rra mis actividades de juegos incluían cantos que hablaban de japoneses y afroamericanos que luego supe eran racistas. Nuestra familia
era conscientemente americana, tenía conexiones ancestrales con los
primeros asentamientos en Virginia, y luego con Benjamin Franklin,
Mary Todd Lincoln y los Hoover. Recuerdo con gratitud a una maestra
afro-americana de la escuela del vecindario, la Sra. Woodard, quien,
como bibliotecaria me ayudó a encontrar un camino hacia los libros.
(En 1970, su esposo, A. Price Woodard, se convirtió en el primer alcalde
afroamericano de Wichita.) A medida que los barrios seguían cambiando, los primeros niños afroamericanos llegaron a mi escuela primaria en
el otoño de 1957.

El señor Gibson, carpintero africano-estadounidense, fue uno de
los empleados más cualificados y de confianza de mi padre, que era
carpintero y contratista. Cuando Wichita enfrentó una crisis económica,
y nuestra familia se trasladó a una comunidad agrícola cerca de la frontera de Colorado, papá le pidió al señor Gibson unirse a él en algunos
proyectos. Como niño de diez años yo no estaba al tanto de las normas
sociales opresivas que le exigían al señor Gibson salir del límite de la
ciudad todas las noches al ponerse el sol. Mi padre, un administrador
creativo, compraba lotes en el lindero municipal para poder ofrecerle
una casa remolque al señor Gibson al lado del proyecto de construcción.
Y debido a que el señor Gibson no podía comer en restaurantes locales,
en ocasiones se unía a nosotros para comidas en días festivos. Yo fui
testigo de su amistad laboral, y solo más tarde mi padre me explicó el
racismo que existía en la ciudad.

Mis años de adolescencia estuvieron influenciados por el movimiento
de los derechos civiles. En la televisión veía manifestaciones, escuchaba a
Martin Luther King Jr., y veía como arrojaban cañonazos de agua a niños
y adolescentes afroamericanos mientras oraban. Cuando vi la pobreza de
los trabajadores agrícolas mexicanos en mi pueblo, que a menudo vivían
en vagones de ferrocarril, me entró la curiosidad acerca de lo que ahora entiendo son los acuerdos sociales y económicos de nuestra sociedad.
También me di cuenta de la manera como el prejuicio racial había sido
una fuerza en mis parientes, resultando en alienación y tristeza.

---

7   James Leyburn. *The Scoth-Irish: A Social History* (Chapel Hill: University of North Carolina Press, 1962). He hecho rastreos a orígenes británicos, alemanes, prusianos, holandeses y
nativos americanos.

Durante los estudios de postgrado participé en el ministerio universitario en las universidades de Claremont (California), primero en la oficina del capellán y luego con InterVarsity Christian Fellowship (IVCF). Todavía estoy agradecido por las amistades interétnicas que trajeron tanta diversidad cultural a mi vida: un estudiante afroamericano con el que normalmente compartía el púlpito en cultos en el plantel, un estudiante chicano que me presentó al movimiento de los trabajadores campesinos y las misas populares (culto católico), y varios estudiantes asiático-estadounidenses que profundizaron mi aprecio por la diversidad de las culturas de Asia. Empecé a leer la Biblia de modo diferente, prestando atención a la diversidad cultural y a la forma en que el evangelio de la reconciliación zanjaba barreras humanas.

A los treinta años me casé con Nina Lau, quien había nacido un año después de que su madre salió de China para reunirse con su marido en Texas. (Cuando Nina estaba en la escuela intermedia la familia se trasladó a Hawái, donde vivían sus parientes.) Como Nina pasó a ser coordinadora nacional para el personal asiático-estadounidense de Inter-Varsity (un total de seis personas en los Estados Unidos), encontramos una profunda amistad y asociación de ministerio entre el personal de la organización que no era euroamericano. Durante varios años trabajé en un comité que reestructuró los procedimientos de gestión y finanzas con el fin de atender de manera más equitativa un ministerio multicultural. Como director de la Fraternidad de Estudiantes de Teología de IVCF, inicié contactos con profesores afroamericanos y latinos, y co-presidí una conferencia internacional sobre la hermenéutica bíblica en Tlyacapan, México, y edité la colección de ensayos con René Padilla.[8]

En 1984, por invitación de Samuel Escobar, un teólogo peruano, pasamos cuatro meses en Lima, Perú. Dicté un curso de seminario, y nos enriquecimos con las amistades y las conversaciones. Breves semanas en Ecuador y Nicaragua también expandieron nuestras perspectivas de esas culturas y la de los Estados Unidos.

Cuando el trabajo de Nina nos trajo a Oakland, California, pasé a ser el decano de un Instituto Bíblico afroamericano. Ubicado en San Francisco desde principios de 1950, era parte de una organización que incluía preescolar, primaria y escuela media. Más tarde, ese mismo año, fui ordenado en el Centro Cristiano de San Francisco, una iglesia pen-

---

8   Mark Lau Branson y C. René Padilla, *Conflict and Context: Hermeneutics in the Americas* (Grand Rapids: Eerdmans, 1984).

tecostal afroamericana. Era un profundo privilegio trabajar en este ministerio y ser bienvenido en los hogares y las amistades. En Oakland, la familia se involucró en la iglesia que se describe al principio de este capítulo, una iglesia que se volvería significativamente multicultural, ya que se reinventó para reflejar el vecindario que había en su entorno. Durante este tiempo, Nina y yo recibimos el regalo de un hijo por nacimiento y otro por adopción nacido en Hong Kong. Durante quince años trabajé entre redes de clérigos, en la organización y el desarrollo comunitario con base eclesial, lo que hizo que mis habilidades interculturales se ensancharan. Para conseguir más capacidades, hice un doctorado en educación internacional y multicultural. En conexión con la organización *International Urban Associates* también pasé un tiempo con líderes de las iglesias de Asia en Tailandia y Filipinas.

Cuando fui invitado por el Seminario Teológico Fuller para unirme a su facultad en Pasadena, nos trasladamos a este nuevo contexto. Durante esta transición, mis amigos clérigos del área de Bay me presentaron a las iglesias afroamericanas de Pasadena. He estado involucrado en varias organizaciones comunitarias ligadas a iglesias y profundamente involucradas en diversas inquietudes urbanas. Mi familia está activa en una iglesia multicultural que tiene sus raíces en la comunidad japonesa-americana, y nuestros hijos viven en una mezcla cultural de escuelas públicas y redes urbanas, junto con las amistades que existen en ese entorno. Juan Martínez, coautor de este libro, me ha invitado a enseñar varios cursos bilingües en el seminario, y otros colegas me han ayudado a conectarme con estudiantes y ministerios afroamericanos y asiáticos. Durante seis años, Juan y yo hemos impartido una materia sobre asuntos étnicos relacionados con las iglesias, y este libro surge de esas clases.

Juan. Por lo general comienzo mi autobiografía cultural dirigiendo la mirada hacia las generaciones de antepasados que me formaron. Cada uno de mis linajes genealógicos me ha dado algo importante que da forma a lo que soy hoy en día. A través de mi abuelo materno, soy parte del clan de los Guerra que vino de España en el siglo diecisiete y se estableció a finales del siglo dieciocho en lo que hoy es el sur de Texas. Los Guerra me dan identidad y raíces. Yo soy parte de la duodécima generación que vino de España y soy ciudadano de sexta generación de Estados Unidos, debido a que Estados Unidos conquistó la tierra de México y convirtió a mis ancestros Guerra en ciudadanos de EE.UU.

La familia de mi abuela materna me une a mi identidad religiosa, y mi realidad mestiza (raza mestiza). Rafaela García, mi tatarabuela materna, de origen mixto indígena y español, se convirtió del catolicismo romano al cristianismo protestante en el sur de Texas, en un momento en que ser latino (mexicano) protestante, era una decisión muy costosa. Ella trajo a su hija, Anita, a la fe, y ellas formaron a mi abuela Juanita Cáceres. Ella siempre oró para que sus hijos entraran en el ministerio. Aunque Juanita murió cuando yo tenía seis años, el legado de estas tres mujeres me ha influenciado a través de mi madre y me dio un profundo sentido de la soberana formación de Dios en mi vida.

La familia de mi padre me formó en otros aspectos cruciales. Mi padre creció en el estado fronterizo mexicano de Nuevo León. Fue a Texas como aventurero, donde conoció a mi madre. Cuando se casó con ella no confesaba ninguna fe. Pero más tarde tuvo una experiencia de conversión profunda que cambió su vida por completo. Se convirtió en el único protestante en su familia y fue condenado al ostracismo por parte de algunos de sus hermanos, pero esta conversión condujo a un llamado al ministerio. Mis padres estudiaron para el ministerio y luego se trasladaron a una pequeña comunidad agrícola en el centro de California (Kettleman City), donde sirvieron entre los trabajadores migrantes por más de treinta años. Ellos modelaron un compromiso de trabajar entre los pobres y marginados, y me mostraron cómo es un compromiso profundo con el ministerio.

Este contexto me enseñó cosas muy profundas en cuanto a la fe, la identidad y el ministerio de la iglesia. No tardé en aprender que la fe es una decisión costosa. Mis ancestros sufrieron a causa de su fe, y mis padres hicieron grandes sacrificios a causa de su fe y su llamado al ministerio. Como hijo mayor de un pastor protestante latino también aprendí que el llamado de Dios al ministerio demanda disposición a sacrificar todo por el servicio. Este sentido de llamado y compromiso ha dado forma a cada una de las decisiones de mi ministerio.

Mi identidad se formó en gran medida por mis antepasados. Yo soy parte de los Estados Unidos, porque los Estados Unidos «emigraron» la frontera por encima de mis antepasados. Pero también tengo una fuerte identidad protestante latina de habla hispana, porque yo crecí en una congregación protestante en la que se hablaba español. Mi compromiso de servir a la comunidad latina fue formado por mis antepasados, mis padres, mi iglesia y mi comunidad.

Como latino-estadounidense comprometido con el ministerio en la comunidad latina, he afrontado a menudo las preguntas y los enfrentamientos de la gente que espera que me «asimile». He sido detenido varias veces por agentes de inmigración, pero también se me ha cuestionado mi identidad por parte de gente que asume que no debo hablar español porque me eduqué en inglés. A menudo tengo que explicar por qué un latino nacido y educado en Estados Unidos, elige hablar español y echar su suerte con los pobres y marginados de la comunidad latina.

Mi propia experiencia me ha recordado lo realmente multicultural que es el término: *latino*. Mi esposa es de Cuba, y hemos tenido que aprender a crecer juntos a través de las vastas diferencias culturales. Nuestros hijos nacieron en California pero fueron criados en Guatemala, donde fui rector de un seminario menonita durante casi nueve años. Ahora estamos de vuelta en los Estados Unidos, viviendo en medio de una ampliación de la realidad multicultural latina. De muchas maneras sentí a Guatemala más como mi hogar, a diferencia de los Estados Unidos, porque no tenía que gastar mi tiempo explicando o justificando lo que soy. Siento que regresar a los Estados Unidos es como volver al exilio, porque Estados Unidos es mi único hogar, aunque es uno que ha cuestionado mi estadía aquí. Sin embargo, es en el exilio donde Dios quiere que sirva.

Debido a que soy hijo de un pastor protestante latino, aprendí varias cosas importantes acerca de la iglesia. Fue nuestro hogar cuando fuimos rechazados por la comunidad latina. También fue el lugar donde mis padres demostraron lo que significa servir a los demás y en el que confirmé el llamado de Dios en mi vida. Pero siempre fue también un lugar con seres humanos verdaderamente destruidos. Experimento pocas ilusiones con la iglesia: es un lugar lleno de personas reales con problemas reales. Sin embargo, me siento feliz sirviendo a la iglesia, aunque a veces ha sido negativo. Aquí mi herencia anabautista entra en función a medida que creo, practico y continúo la lucha en la fe.

Reflexión Personal / Ejercicio en Grupo: Escribir una autobiografía étnica

Empiece reflexionando sobre estas preguntas y tomando notas sobre cada una. Luego tome tiempo para elaborar una narrativa en torno a sus experiencias y la manera como usted interpreta su impacto sobre su identidad étnica. En pequeños grupos, comparta elementos seleccionados de su autobiografía. (Para este ejercicio usamos las palabras «étnicos» y «etnicidad» para referirnos a los elementos culturales y raciales, además de otros factores socio-culturales más importantes.)

1. ¿Qué sabe usted (o puede descubrir) en relación a la etnicidad y el origen nacional de sus padres, abuelos y generaciones anteriores? Si esto es diferente de la herencia de la familia en la que creció, describa esas diferencias.

2. ¿Cuándo fue consciente por primera vez de las categorías étnicas (o raciales)? ¿Cuándo tuvo conciencia por primera vez de personas que eran diferentes?

3. ¿Cómo expresaban sus padres y abuelos asuntos étnicos o le transmitían a usted lo que ellos percibían o pensaban que era importante? ¿Cómo contribuyen otros miembros de la familia a su entendimiento de su patrimonio étnico?

4. Piense en las fases de su vida: infancia, adolescencia, adulto joven, adulto y posiblemente vejez. ¿Cómo le afectó su identidad étnica? ¿Cómo ha cambiado su conciencia? ¿Qué diferencia hizo esto en las relaciones, en el lugar donde usted vivió, en las actividades en las que participó, en su experiencia escolar, y la manera como experimentó su sociedad (ciudad, país)?

5. ¿Cómo ha experimentado los asuntos sociales de la discriminación, los prejuicios y la desigualdad entre los grupos étnicos? ¿Qué recuerda de experiencias de ser tratado de manera injusta debido a su identidad cultural? ¿O de tratar a otros injustamente?

6. ¿Cuál ha sido su experiencia en importantes cruces de frontera (ya sea en viajes, a través de relaciones o en alguna organización)? ¿Qué ha aprendido acerca de los demás y de sí mismo?

7. ¿Cuál es la relación que existe entre su identidad étnica y su fe? ¿Qué diferencia marcó o marca esto en la iglesia? ¿En sus creencias o teología?

8. ¿De qué manera las historias, los valores y las prácticas de su herencia étnica hacen paralelo con el evangelio, o le facilitan y fomentan el ser cristiano? ¿Qué elementos de su herencia étnica le dificultan ser cristiano?
9. ¿Qué es lo que más valora de su herencia étnica? ¿Qué es lo que menos valora?

Mi viaje por la vida me ha llevado a través de pequeños pueblos en el sur de Texas y el centro de California. Como parte de mi formación asistí a un Instituto bíblico de lengua española, obtuve una Maestría en Divinidades en el Seminario Bíblico de los Hermanos Menonitas (Fresno, California), y un Th.M y Ph.D. en el Seminario Teológico Fuller (Pasadena, California). He servido como pastor en el sur de Texas y el centro de California. Durante varios años también estuve a cargo del ministerio latino de mi denominación y comencé un instituto bíblico de habla hispana. El llamado de Dios al desarrollo del liderazgo llevó a nuestra familia a Guatemala. Ahora estoy involucrado en la formación ministerial de líderes latinos en el Seminario Fuller. Soy un anabautista latino evangélico que vive en el exilio en los Estados Unidos. Reconozco que «exilio» es un tema teológico que se ajusta tanto a mi teología anabautista como a la experiencia de mi vida como latino. Si usted me pregunta de dónde soy, tendría que responderle con una pregunta. ¿Quiere saber acerca de mis antepasados, mi nacimiento, mi familia o mi viaje por la vida? Como cristiano creo que Dios está en medio de mi formación para cruzar fronteras culturales, tener conciencia de las personas que son cultural, social o económicamente diferentes, y enseñar a otros que quieren ser servidores del evangelio de la reconciliación. Y así continúo mi andar desde mis raíces latinas hacia el futuro de Dios.

RESUMEN DEL LIBRO

Hemos estado enseñando una materia de seminario sobre las iglesias y etnicidades durante varios años. Los capítulos de este libro se estructuran alrededor del bosquejo de ese curso. Estamos en deuda con Edgard Stewart y Milton Bennett por su libro *American Cultural Pat-*

terns: A Cross-Cultural Perspective.[9] En ese libro clásico, ellos han empleado los recursos de la antropología cultural, la psicología de la percepción y la teoría de la comunicación a fin de explicar y analizar cómo pueden entenderse las dinámicas interculturales en los Estados Unidos. Seguimos sus categorías principales, importamos nuestros recursos tal como están concebidos en la teología (en especial la misionología y la eclesiología) y los estudios en cuanto a liderazgo, y se dan ejemplos de las iglesias de EE.UU. Cada uno de nosotros proporcionó un borrador inicial de cada capítulo, luego trabajamos juntos para aclarar, ilustrar y proporcionar materiales de instrucción.

La primera parte se centra en la relación que existe entre la teología, la sociedad y el origen étnico. Mark redactó el capítulo uno con el fin de enmarcar el libro de texto como una obra de teología práctica y establecer un marco básico con relación al liderazgo. *Praxis* es el término que utilizamos para describir la vida actual de una iglesia que se mueve entre «reflexión / estudio» y «participación / acción». Cada movimiento influye en el otro. El capítulo dos, también elaborado por Mark, ubica nuestro trabajo en las conversaciones actuales en cuanto a eclesiología misional. En el capítulo tres se explican varios conceptos acerca de los contextos sociales, raza y etnicidad, y nuestra preocupación por la vida intercultural.

La segunda parte utiliza los recursos de la antropología cultural para proporcionar información en cuanto a la dinámica humana que varía entre las culturas. En el capítulo cuatro, «Conceptos del Mundo, Realidad y Supuestos», Mark describe cómo el punto de vista de una cultura está siempre en el trasfondo. Llevamos con nosotros, por lo general inconscientemente, una amplia gama de supuestos acerca de lo que es visible o invisible, sobre el tiempo y causa y efecto, y sobre los valores. Juan, en el capítulo cinco, explica de qué manera «El lenguaje, los gestos y el poder» activamente afectan todos los encuentros sociales. Luego, en el capítulo seis, Juan muestra la manera como las diferentes sociedades hacen suposiciones diferentes acerca de las relaciones sociales. Estas

---

9   Edgard Stewart y Milton Bennett, *American Cultural Patterns: A Cross-Cultural Perspective*, rev.ed. (Yarmouth, Maine: Intercultural Press, 1991). Stewart y Bennett muestran su deuda con los marcos teóricos y la investigación de Florence Kluckhohn y Fred Strodtbeck: *Variations in Value Orientation* (Evanston, Ill.: Row, Peterson, 1961); George Foster, *Tradicional Cultures and the Impact of Technological Change* (New York: Harper & Row, 1962); y Robin Williams Jr., *American Society: A Sociologial Interpretation* 3rd ed. (New York: Knopf, 1970).

variantes tienen que ver con clase, estado, redes sociales, relaciones formales o informales, obligación y reciprocidad, cómo se abordan los problemas, y el papel de las relaciones. Juan también redactó el capítulo siete, «Percepción de sí mismo e individualidad», en el que muestra que el concepto que cualquier persona tiene de sí misma está arraigado en su cultura. El concepto de individualismo en la sociedad norteamericana lleva a un «mítico» individualismo que crea un tipo de antiestructuralismo, lo que complica cualquier intento por crear comunidad en la iglesia. El capítulo ocho, «Percepción y pensamiento», del que ambos somos coautores, se basa en el marco de la cosmovisión, a fin de demostrar que incluso lo que percibimos, y nuestra manera de interpretar y pensar acerca de lo que percibimos, está moldeado por nuestras culturas. En las iglesias nuestra capacidad de entendernos unos a otros y trabajar juntos puede fortalecerse al colocarnos «detrás» de los ojos del uno y el otro y prestar atención a la manera como piensan los demás.

La tercera parte del libro se centra en cómo los líderes tienen que trabajar dentro del contexto de estos desafíos. Mark redactó el capítulo nueve, «Comunicación intercultural», que proporciona un marco para la clasificación de las dinámicas de comunicación de un grupo. Este marco le ofrece a una iglesia, que busca su integridad en la comunicación, herramientas que aclararán las formas adecuadas de analizar nuestro mundo, a nosotros mismos y a la vida en común como iglesia. Luego en el capítulo diez, «Liderar el cambio», Mark trabaja con un estudio de caso extendido a fin de mostrar la manera como un pastor puede formar equipos de liderazgo y cómo la iglesia continuamente invierte en el discernimiento y los experimentos. En el capítulo once, «Prácticas para el llamado», Juan describe un conjunto de aptitudes y prácticas que pueden ser de ayuda para llevar a cabo las interrelaciones culturales y el ministerio de la iglesia. Como recurso para la teología práctica, el apéndice incluye una colección de citas que conectan temas teológicos con el tema de la vida intercultural de la congregación.

Los dos hemos trabajado en el liderazgo de la iglesia por décadas, y seguimos siendo miembros activos en nuestras congregaciones y consultores regulares con otras iglesias. Estas experiencias, junto con numerosas conversaciones con otros líderes de iglesia, proveen las ilustraciones de este libro. Si bien todas las historias y los ejemplos en este libro están basados en personas y hechos reales, algunas ilustraciones combinan historias de diversas fuentes, y, salvo para describir nuestros propios papeles en algunas experiencias, modificamos los nombres y detalles de identificación para proteger la privacidad de los involucrados.

A lo largo del libro proporcionamos estudios bíblicos que son oportunos para cada tema específico del capítulo y la agenda más amplia de la vida intercultural. Estos no son paréntesis, sino aspectos esenciales de nuestra escritura. Los versículos de la Biblia por lo general aparecen con las preguntas para análisis, pero si el pasaje seleccionado es más largo, los lectores deben referirse a su propia Biblia para entender el estudio y sus implicaciones. Aunque el libro está diseñado para grupos y clases que pueden trabajar en estos estudios en conjunto, recomendamos encarecidamente que los lectores también trabajen con estos estudios individualmente. No hemos escrito este libro como una defensa bíblica de las iglesias interculturales (algo que otros autores han hecho muy bien),[10] más bien, estos estudios de la Biblia brindan textos importantes y orientación para la interpretación, y dan forma a nuestros compromisos teológicos y misionales.

También hemos incluido ejercicios apropiados tanto para la reflexión personal como para el estudio en grupo. Creemos que la sustancia de este libro no se puede entender adecuadamente si el lector se mantiene a distancia de la materia. Al fomentar la reflexión y la conversación sobre las historias personales y los conceptos diversos, esperamos profundizar la comprensión e incluso estimular compromisos personales.

Cada capítulo contiene una lista de películas sugeridas. Este es un intento por ir más allá del aula (o del estudio personal) y obtener al menos una experiencia mediada de otras culturas. También animamos a los lectores a participar en otras culturas mediante las conversaciones personales y a través de iglesias, barrios y lugares históricos. Además hemos proporcionado una página web con recursos adicionales y oportunidades para análisis [en inglés]: www.churchesculturesleadership. com. Esperamos que profesores, estudiantes y líderes de la iglesia se beneficien y contribuyan al sitio.

Estamos muy agradecidos de las congregaciones, los estudiantes y los colegas que se han comprometido con nosotros durante muchos años con relación a las cuestiones de la vida intercultural en las iglesias.

El Seminario Teológico Fuller nos ha apoyado con el tiempo sabá-

---

10 Véase la lectura sugerida en el capítulo uno.

tico y la ayuda experta de Susan Wood. InterVarsity Press, y en especial Gary Deddo, adoptaron el proyecto y proporcionaron información importante además de orientación. Nuestros amigos de Dayspring Technologies contribuyeron al diseño y la provisión de servicios de hosting para la página web del libro. Agradecemos también a varios de los estudiantes de grado que trabajaron con nosotros: Craig Hendrickson, Arnaldo Soto, Douglas Abel y Agnes Lee.

Además del libro de Stewart y Bennett ya mencionado, nosotros también siempre hemos utilizado en nuestras clases libros de Ronald Takaki (ya sea: *A Different Mirror*, o *A Larger Memory)*, el estudio realizado por Michael Emerson y Christian Smith (*Divided by Faith*) y el estudio posterior de Emerson en cuanto a iglesias multirraciales (*People of the Dream*). Todos ellos han informado y dado forma a este libro. La idea central de este libro no es un asunto sin importancia para nosotros, creemos que la gloria de Dios se experimenta en el contexto y la misión de las iglesias fieles. Y creemos que el amor de Dios para con el mundo, un amor en el que debemos participar, siempre nos llama a la vida intercultural. En la mayoría de los lugares de EE.UU. [y del mundo de habla hispana] la dinámica intercultural ya está activa. Este es un don de Dios y una tarea que debe ser abarcada por las iglesias de Dios.

En el Cine

Estas películas muestran la complejidad de la diversidad étnica y de los encuentros culturales. Algunas trabajan con acontecimientos históricos específicos, mientras que otras representan los tipos de experiencias que los grupos étnicos enfrentan en los Estados Unidos. Las tres últimas indican relatos y las características de la América blanca.

Rosewood (1997). La masacre de ciudadanos negros en Rosewood, Florida, en 1922 por una turba de blancos de un pueblo cercano.

My Family (1995). Las huellas de tres generaciones de una familia latina inmigrante; pruebas, tribulaciones, tragedias y triunfos en Los Angeles.

Letters from Iwo Jima (2006). La batalla de Iwo Jima vista a través de los ojos de los soldados japoneses.

Birth of a Nation (1915). La era de la Guerra Civil, saga en la que los abolicionistas son vistos como la fuerza destructiva y el Ku Klux Klan son los héroes.

Lakota Woman (1994). La década de 1960 es el marco que lleva a un callejón sin salida en el enfrentamiento con las fuerzas del gobierno.

Who killed Vincent Chin? (1987). Un trabajador automotriz culpa a los competitivos fabricantes de automóviles japoneses de las amenazas a su trabajo y mata a un trabajador automotriz chino creyendo erróneamente que es un japonés-americano.

Kite Runner (2007). Un niño afgano lucha con la compleja dinámica familiar y su propia cobardía y engaño; huye de la invasión soviética, y, finalmente, hace su vida en Fremont, California, solo para recibir una inesperada llamada telefónica que lo lleva en un viaje de revelación y redención sorprendentes.

To Kill a Mockinbird (1962). Un abogado blanco, en la época de la Depresión del sur, defiende a un hombre negro contra una acusación falsa de violación. La trama también tiene en cuenta las relaciones del pueblo segregado, la relación del abogado con sus hijos y los prejuicios en contra de un vecino con discapacidad mental.

Grapes of Wrath (1940). Basada en la novela de John Steinbeck en la que una familia de Oklahoma de la era de la Depresión se enfrenta al colapso durante el «cuenco de polvo» (desastre ecológico de los años 30), y sale para California, donde las dificultades continúan. La trama involucra las hipotecas de los bancos, la supresión de los salarios por parte de los terratenientes y tres generaciones de la familia que luchan por sobrevivir.

Extraordinary Measures (2010). Una familia busca tratamiento médico para sus hijos que sufren de una enfermedad rara. Contribuyen a este drama la investigación científica competente, diversas personalidades, finanzas corporativas y personales, relaciones con otras familias, y la amenaza del tiempo que se agota.

PARTE I

TEOLOGÍA Y CONTEXTO

1

TEOLOGÍA PRÁCTICA E INICIATIVAS MULTICULTURALES

Mark Lau Branson

A diferencia de la mayoría de las congregaciones negras de Los Angeles, esta (Azusa Street) era una congregación diferente. Desde el principio, el pastor Seymour visualizaba que pasaría a ser una congregación multirracial y multiétnica. De acuerdo con esa visión, la misión atrajo rápidamente, acogió con beneplácito y mantuvo, por un período prolongado, una membresía que fue ampliamente representativa de los diversos grupos raciales y étnicos: negros, blancos, latinos, asiáticos, y nativos americanos ... Se incluyó a personas de todas las clases. Se ocupó de trabajadores altamente calificados, junto con los analfabetos ... A pesar de ello, la celebración del culto en la misión tenía sin duda, el sabor dominante del carácter afroamericano de sus principales miembros fundadores ... [Además] la tradición de cultos de avivamiento de campo en el oeste americano, tan frecuente entre los blancos, (así como entre los negros), sin duda contribuyó mucho a las misiones, música, predicación y la vida de oración.

Aunque la misión era una congregación de gente común, eran personas hambrientas de Dios ... Estaban dispuestas, si fuera necesario, a violar las restricciones sociales, especialmente con relación a la mezcla de razas. Por alrededor de tres años, confrontado a una prensa secular y religiosa clamorosa, el pueblo de la misión de la Calle Azusa demostró que podía cruzar estas líneas sociales y producir gran fruto mientras lo hacía.[11]

---

11 Cecil M. Robeck. *The Azusa Street Mission and Revival* (Nashville: Thomas Nelson, 2006), pp. 88, 138, 314.

Este relato de la misión de la Calle Azusa, en 1906, trae a la memoria una iglesia cuya vida estaba en marcado contraste con la sociedad y con otras iglesias. Este experimento multicultural fue de corta duración, unos tres años, pero el mensaje de la inclusión radical del Espíritu Santo sigue siendo un aspecto irregular pero notable del movimiento pentecostal en todo el mundo. Existen factores sociales, teológicos, de organización y de personal complejos en la historia de Azusa, tal como lo documenta el historiador Cecil Robeck. Esta complejidad pone exigencias sobre cualquier iglesia que quiera ocuparse de la relación que existe en su propia vida entre los temas teológicos y culturales en la práctica; es por eso que proponemos que las iglesias desarrollen formas más profundas de hacer lo que se llama «teología práctica». En este capítulo se ofrece un vistazo a algunos relatos bíblicos relacionados con nuestro tema, luego se establece un método para nuestro trabajo.

RELATOS BÍBLICOS Y CRUCE DE FRONTERAS

Busca el shalom de Babilonia, donde yo te he enviado al exilio,
y ora al Señor en su nombre, porque en su shalom
encontrarás tu shalom. (Jer 29:7, parafraseado)

¿El shalom de Babilonia tiene que ver con Los Ángeles, Buenos Aires o Madrid en el siglo XXI?[12] ¿Qué sucede cuando leemos las historias bíblicas con relación al cruce de fronteras culturales y ubicamos esas historias junto con las nuestras? Aunque la Biblia no nos proporciona un plan estratégico para la acción, nos proporciona un conocimiento fundamental de lo que Dios está haciendo en el mundo. A medida que leemos sobre el éxodo, el exilio o las primeras iglesias, podemos colocar estas historias a lado de la nuestra con el fin de reconsiderar nuestras percepciones, creencias, hábitos y nuestra imaginación. Trabajamos con la Biblia como un texto autoritativo, y vemos el amor permanente de Dios expresado en iniciativas para formar a un pueblo como comunidad de culto y misión. A través de los siguientes capítulos vamos a estudiar diversos relatos bíblicos. Cuando estudiantes, líderes e iglesias siguen reflexionando sobre estas historias, las debaten, estudian y meditan, per-

---

12 La palabra hebrea para *shalom* abarca toda una serie de rasgos: paz, rectitud, justicia, bienestar, salud y armonía social.

mitiendo que el Espíritu hable, podemos ver nuestro mundo y nuestra agencia de forma diferente.

Estudio bíblico: Jeremías 29 - Exiliados buscan el shalom

[1]Ésta es la carta que el profeta Jeremías envió desde Jerusalén al resto de los ancianos que estaban en el exilio, a los sacerdotes y los profetas, y a todo el pueblo que Nabucodonosor había desterrado de Jerusalén a Babilonia.[2] Esto sucedió después de que el rey Jeconías había salido de Jerusalén, junto con la reina madre, los *eunucos, los jefes de Judá y de Jerusalén, los artesanos y los herreros ...[3] La carta decía: [4] Así dice el SEÑOR Todopoderoso, el Dios de Israel, a todos los que he deportado de Jerusalén a Babilonia:[5] «Construyan casas y habítenlas; planten huertos y coman de su fruto.[6] Cásense, y tengan hijos e hijas; y casen a sus hijos e hijas, para que a su vez ellos les den nietos. Multiplíquense allá, y no disminuyan.[7] Además, busquen el bienestar de la ciudad adonde los he deportado, y pidan al SEÑOR por ella, porque el bienestar de ustedes depende del bienestar de la ciudad».

A principios del siglo VI a. C. cuando Babilonia continuaba su conquista de Judá y obligó a miles de judíos a trasladarse a Babilonia, algunos profetas predijeron un pronto rescate por parte de Jehová. Afirmaron que este retroceso político y militar era temporal. Jeremías había tomado una posición arriesgada e impopular predicando que los reyes de Judá (Joacim y Sedequías) no deberían resistirse a Babilonia. Envió una carta a la población judía exiliada y respondió a los profetas quienes hablaron de la resistencia a Babilonia a la espera de un retorno inmediato: «[8] Así dice el SEÑOR Todopoderoso, el Dios de Israel: "No se dejen engañar por los profetas ni por los adivinos que están entre ustedes. No hagan caso de los sueños que ellos tienen.[9] Lo que ellos les profetizan en mi nombre es una mentira. Yo no los he enviado", afirma el SEÑOR» (Jer 29:8-9). Como reza la cita, les encomendó buscar el shalom de Babilonia. La palabra «shalom», traducida aquí como «bienestar», es un concepto integral de bienestar.

La carta de Jeremías ofrece una perspectiva radicalmente diferente sobre lo que significaba vivir en la capital del enemigo. A pesar de que los judíos habían sido traumatizados por la guerra, por una marcha forzada fuera de su tierra prometida y por los profundos desafíos a su teología, debieron establecerse en un vecindario extraño y buscar el shalom de sus nuevos vecinos.

1. ¿Cuáles podrían ser algunas maneras de describir el estado de la comunidad desterrada, sus esperanzas y temores, su situación, sus opciones?
2. ¿Qué desafíos teológicos enfrentaron? Es decir, ¿cuáles creencias acerca de Dios y su relación con Dios tenían que ser reconsideradas?
3. Jeremías dio instrucciones específicas acerca de las prácticas en las que los exiliados debían participar. (Estaban en oposición a la espera ociosa o la rebelión.) ¿Por qué podría ser que estas actividades habían sido importantes?
4. ¿Cómo imagina Jeremías la manera en que los exiliados deben vivir entre sus vecinos? ¿Qué desafíos y qué beneficios podrían surgir para los exiliados y los babilonios?
5. ¿Esto nos enseña sobre la manera como nos miramos el uno al otro a través de fronteras culturales? ¿Esto nos da perspectivas diferentes acerca de lo que le interesa a Dios? ¿Qué actividades específicas, con base en este texto, pueden cambiar las relaciones entre los vecinos?

El relato de Jeremías no es único, otras narraciones del Antiguo Testamento también proporcionan un fundamento para la vida multicultural: Israel iba a bendecir a las naciones (Gn 12), la ley insiste en dar la bienvenida a los inmigrantes (Dt 10:19; Lv 19:33-34), Dios envió a Jonás para dar testimonio a Nínive; otros profetas le recordaron a Israel sus obligaciones. El Nuevo Testamento utiliza las historias de Israel a fin de enfatizar el amor incluyente de Dios que no tiene fronteras culturales. Por ejemplo, en los primeros años de la iglesia cristiana hubo debates importantes sobre si Dios había destinado el evangelio como regalo exclusivo para los judíos (Hch 15). Los dones visuales y lingüísticos del Espíritu Santo durante la fiesta de Pentecostés (Hch 2) ya habían dejado claro que los judíos helenísticos biculturales y los judíos conversos fueran incluidos, pero ¿y los gentiles? Las Escrituras mencionan personas biculturales que jugaron un papel clave (Moisés, Ruth, Pablo, Timoteo) y gentiles que se incluyen en el linaje judío (Tamar, Rahab, Betsabé). Pero, ¿cómo debe la iglesia comprender su composición social?

Antioquía, la tercera ciudad más grande del Imperio Romano, sería el primer escenario para esta cuestión. Después de que los helenistas judíos creyentes huyeron de Jerusalén debido a la persecución, algunos llegaron a Antioquía y hablaron con los gentiles, que también se hicieron creyentes (Hch 11). La autenticidad de su fe fue confirmada, y la comunidad comenzó a beneficiarse de la enseñanza extensa. ¿Qué tipo de cuestiones culturales encontraron? ¿Hubo alguna tendencia hacia la homogeneización cultural en las reuniones? ¿Los gentiles establecieron una iglesia separada, con la esperanza de atraer a más gentiles, evitando las fuertes incomodidades de una congregación mixta? El Nuevo Testamento solo toma nota de la tendencia de los judíos a segregarse, lo cual fue claramente condenado.

Entre los numerosos relatos, estos episodios indican que Dios quiere que el shalom sea conocido a través de fronteras culturales. Las imágenes escatológicas del libro de Apocalipsis refuerzan esta trayectoria: «[9] Después de esto miré, y apareció una multitud tomada de todas las naciones, tribus, pueblos y lenguas; era tan grande que nadie podía contarla. Estaban de pie delante del trono y del Cordero...» (Ap 7:9). ¿Esto nos ayuda a conocer la conformación de cualquier reunión llamada «iglesia»? ¿Qué tenía en mente Jesús cuando enseñó a los discípulos a orar: «venga tu reino, hágase tu voluntad en la tierra como en el cielo». (Mt 6:10)? ¿Son meros ideales, mientras que las circunstancias y la razón nos dicen que las congregaciones homogéneas tienen demasiadas ventajas de que privarse?

En la diversidad étnica y cultural del Mediterráneo, la iglesia repudió cualquier intento por crear comunidades mono culturales. Aun cuando Pablo tenía una palabra directa en cuanto a las diferencias de clase en Corinto, su solución no fue formar grupos separados, sino minimizar los efectos de sus hábitos diferentes (1 Co 11). En Efesios las iglesias de la región tienen instrucciones de ser culturalmente incluyentes de manera que sean visibles para los extranjeros, incluidos los gobernantes y las autoridades de todo tipo (Ef 4); los textos aquí y en otros lugares indican que esta inclusión no fue previamente una norma. Además de la razón teológica, es una cuestión práctica; el testimonio proporcionado por esta visibilidad se vería cercenado si las personas de diferentes culturas estuvieran en reuniones separadas. A medida que la iglesia se propagaba, el tema de la comunión alrededor de la comida recibió mucha atención. Las prácticas culturales con relación a las comidas indican inclusión y exclusión: ¿A quién se le permite entrar al compañerismo de la mesa? ¿Qué alimentos están permitidos o prohibidos? Pablo tiende a responder a estas preguntas con la prioridad de formar relaciones para la confianza e inclusión. En vez de refrendar actividades ocasionales de vida intercultural, la iglesia debía vivir la vida cotidiana como un pueblo nuevo cuya identidad llevaba el testimonio de la nueva creación. A través de los siguientes capítulos vamos a seguir explorando textos bíblicos, preguntando si ellos cambian la forma en que nos vemos y vemos nuestros contextos.

La vida misional de una iglesia está en el centro del compromiso del evangelio de Dios con el mundo. Hay muchas maneras en que las congregaciones desarrollan sus relaciones y sus actividades a fin de atender a los extranjeros, los migrantes y los que están excluidos por parte de una cultura dominante. La fiesta de Pentecostés hizo que esto fuera obvio: los inmigrantes más pobres que vivían en los alrededores de Jerusalén y los helenistas de todo el Mediterráneo y más al este, fueron el enfoque central del Espíritu Santo, que ministró a través de sus lenguas y sus redes sociales. El Espíritu Santo guía y da poder a la iglesia para salir de las unidades sociales homogéneas de esa época. Los relatos y escritos del Nuevo Testamento muestran una sensibilidad a estas realidades sociales: los idiomas, la opresión, el acceso a los recursos, y cómo se identifica, llama y comisiona a los líderes. En los suburbios de Jerusalén, muchos de los primeros creyentes vendieron sus casas y juntaron su dinero para el beneficio de la vida y misión de la iglesia (Hch 2:43-47). En Corinto, donde la iglesia se reunía en la casa de una familia pudiente, la diversidad económica de la iglesia creó una angustia social significativa, lo que condujo a nuevas prácticas sociales que inicialmente disminuyeron las molestias sociales (1 Co 11:17-34), mientras que, más tarde, una enseñanza más profunda sobre el dinero buscaba estimular una generosidad significativa (2 Co 8:8-15). En Tesalónica Pablo y su equipo empezaron a trabajar para pagar por los alimentos que necesitaban (2 Ts 3:6-13), mientras que él anima a los

Gálatas a compartir sus recursos con los maestros (Gá 6:6). No hay un plan para todas las congregaciones, más bien el Espíritu Santo instruye y capacita a las iglesias para prestar atención a su propia formación en sus contextos culturales, a medida que encarnan el evangelio en un lugar específico.

¿Cómo pueden las iglesias discernir caminos fieles para la vida intercultural? Jesús a menudo utilizó la ficción, gran parte de la Biblia ofrece poesía, Pablo y los profetas a menudo utilizaron metáforas. El misiólogo y obispo Lesslie Newbigin utiliza un conjunto de metáforas para describir a la iglesia como una «señal, anticipo, e instrumento» del reinado de Dios.[13] Si esa gran congregación escatológica, multicultural de Apocalipsis es una imagen del reino de Dios, ¿de qué manera puede cada congregación actual ser una señal que apunta hacia esta realidad? ¿De qué manera las relaciones y ministerios de una iglesia pueden ofrecer a los participantes y visitantes un anticipo de la redención y la reconciliación, de lo que es la salvación completa de Dios? ¿Y cómo puede Dios formar y dar autonomía a las iglesias como agentes (instrumentos) para la reconciliación y el shalom? Creemos que se nos invita a nuevas formas de descubrimiento, imaginación y discernimiento; esto se llama «teología práctica».

PRAXIS, TEOLOGÍA PRÁCTICA Y CULTURAS

Si no hay una estrategia o modelo ideal para todas las iglesias, entonces cada iglesia en particular, por lo general en redes locales y otras asociaciones, debe desarrollar competencias y capacidades específicas para su propia época y lugar. Para poder hacer esto, los líderes de la iglesia necesitan adquirir aptitudes relacionadas a la reflexión teológica; a esto se le denomina teología práctica. Este no es un método que selecciona una teoría y luego la aplica, lo que se denomina «de la teoría a la práctica». El proceso que proponemos es más desordenado, y mucho más que eso. Si una iglesia ha de vivir en respuesta y dependencia de Dios, el discernimiento reflexivo es una práctica continua, arraigada en el entorno actual y las experiencias de la iglesia.

---

13 Lesslie Newbigin, *A Word in Season* (Gran Rapids: Eerdmans, 1994), pp. 60-63.

Durante mi época en el seminario yo (Mark) estuve trabajando como pasante en la oficina del capellán de una universidad cercana. Debido a la diversidad étnica que había en el plantel, me encontraba en la vía rápida para aprender acerca de las diversas maneras en que los cristianos expresaban su fe. Mi pasado del medio oeste estadounidense, escocés e irlandés, me marcó como alguien que «decía las cosas como son». Es decir, las palabras tenían para mí un significado literal básico, las conversaciones debían estar ordenadas de manera lógica y secuencial, y la oración también debía estar dentro de estas normas de hablar, ordenada y sencilla. Entonces Keith, un estudiante afroamericano y predicador pentecostal ordenado, me invitó a una reunión estudiantil de oración. Después del energético cantar y de un devocional (breve exposición de la Biblia), comenzó la oración y no era ni ordenada ni expresada de manera clara. Como yo conocía y confiaba en Keith, y muchos de estos estudiantes se estaban convirtiendo también en mis amigos, pude soportar mi malestar y mis reservas, pero mi mente no dejaba de gritar: «¡ella no puede decir eso!» ... «¡Eso no es cierto!» ... «¡lo que dice no es en serio!» Con las numerosas voces orando en voz alta al mismo tiempo, pude ver las manos de Keith sobre la cabeza de una estudiante mientras la instruía en voz alta: «Ora todos los días, tus oraciones bloquean las puertas del infierno. ¡No fallan! ¡No dejes de orar un solo día o esas puertas fallarán!» Esto sucedía en medio de muchas otras oraciones expresadas enérgicamente: «ayúdala, Señor». «¡No fallan!» Si mal no recuerdo, había otras oraciones que no cuadraban con mi teología, pero no me cabe duda de que estos hermanos y hermanas cristianas estaban realmente sintiendo la oración con nuestro Dios.

En los siguientes días mi cerebro teológico discutió con Keith: «Que ella siga orando o no, esto no cambia las puertas del infierno. Ese es territorio divino».

Pero algo más también sucedió. Empecé a recordar que Jesús, y muchos otros personajes bíblicos, usaban un lenguaje similar al de Keith. Las conversaciones, la instrucción y las

> *oraciones a menudo incluían metáforas y analogías. Los profetas y los apóstoles hablaban del sol, la luna y las estrellas fugaces cuando los imperios estaban siendo reorganizados. Jesús indicó que prescindiendo de los ojos de uno se eliminaría la lujuria. Con estas reflexiones fui capaz de escuchar y entender mejor la manera como este grupo de africanos americanos participaba entre sí y con Dios en la oración. También tuve la oportunidad de comenzar un camino mucho más largo de cambios en cuanto a mi vida de oración, y cómo participo dando forma a la oración grupal.*

Este acercamiento a la teología práctica, el movimiento continuo que va desde la experiencia a la reflexión y el estudio, y luego a las acciones y experiencias nuevas, es lo que llamamos praxis. Este término es a menudo malentendido como «práctica» en referencia a cómo primero se entiende mentalmente un concepto o una teoría y luego se aplica en una situación de la vida real. Pero la praxis es, en realidad, todo el ciclo de reflexión y estudio, por un lado, y por el otro el compromiso y la acción. En mi experiencia de la oración pentecostal, mis conceptos anteriores acerca de la oración, basados en estudios y experiencias anteriores, no eran adecuados para esta nueva experiencia. A medida que escuchaba y observaba, luego de haber entablado amistades, mi «conocimiento» estaba siendo cambiado. Por lo tanto, en una reflexión y estudio posterior fui capaz de ver las Escrituras de una manera diferente, e incluso ver y cambiar mis propias prácticas personales y ministeriales.

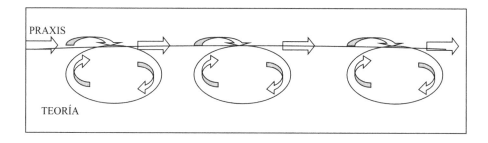

Figura 1.1 – Ciclo de Praxis

El educador brasileño Paulo Freire previó la praxis como la forma de traer un cambio social significativo a las personas.[14] Contrastó la praxis con lo que llamó el enfoque «bancario» de la educación, en el que el profesor simplemente vierte la información en el estudiante, y el papel del alumno es recibir la información y utilizarla o dárselo a otra persona. Por lo tanto, para los estudiantes la educación es pasiva (no se supone que deban ser pensadores creativos), y esto solo perpetúa las normas culturales de quienes determinan lo que debe ser transmitido. En cambio, Freire quería que los hombres y las mujeres se convirtieran en «creadores de cultura», personas que realmente le dan forma a su propia cultura y contexto mediante la obtención, a través de la praxis, de una más profunda y más significativa relación con el mundo. Quería que el conocimiento fuera más que información bancarizada, quería que el conocimiento tuviera un papel vivificante para alimentar a las personas y las comunidades a fin de cambiar sus contextos, al mismo tiempo que ellos mismos estaban siendo cambiados a través del ciclo de reflexión-acción.[15] Freire vio la necesidad de contrarrestar la hegemonía de las grandes estructuras sociales, y creyó que una comunidad de personas podría obtener las capacidades para crear el conocimiento que necesitaba para lograr un cambio. Él sabía que la educación bien podría ser dirigida hacia la conformidad con los poderosos, o que podría ayudar a que todos se volvieran participantes en la creación de la cultura en la que vivían. Este concepto de la praxis puede ayudar a los líderes de la iglesia a enmarcar maneras para que las iglesias no solo entiendan su contexto ministerial, sino que también introduzcan cambios en sus congregaciones y en sus contextos sociales.

Así que en una iglesia, la praxis es el ritmo constante que incluye el estudio y la reflexión (incluyendo el trabajo con la teología y otros materiales teóricos) en continua interacción con el compromiso y la acción. La capacidad de una iglesia para discernir y participar en la voluntad de Dios es mayor cuando este ritmo tiene los recursos necesarios y es intencional. Así que la forma de adoración actual de la igle-

---

14 Paulo Freire, *Education for Critical Consciousness* (New York: Continuum, 2005).

15 Véase Ibíd., pp. 100-101. Aunque conceptualmente diferente, la obra de Freire es consecuente con el énfasis de Aristóteles en que la praxis incluye los verdaderos fines o significados en una acción. Mi énfasis es que la praxis es una forma de vida que permite que los textos de nuestro pasado, nuestras experiencias actuales y la sustancia de nuestra esperanza escatológica entren en juego, mediante la obra del Espíritu Santo en la vida en curso de nuestra iglesia.

sia es una praxis, sea o no que se hable de las teorías. La adoración de una iglesia probablemente refleja las tradiciones históricas y la manera como ellas transmiten las Escrituras. Además, la adoración refleja el patrimonio cultural y el contexto actual. También refleja las prioridades y las aptitudes de los líderes de adoración, que han estado presentes durante décadas (o más recientemente), y la estética de los líderes y de los fieles. Así que la adoración es un conjunto de prácticas en las cuales la teología, la cultura y las experiencias ya están integradas. Toda iglesia tiene también una praxis con relación a la manera en que ellos, como un todo, consideran e interactúan con sus vecinos geográficos o con personas de diferentes trasfondos étnicos. ¿De qué manera incorporan una existencia social que hace hincapié en: «mantenerse juntos, cuidar de nosotros mismos y tener cuidado con cualquier cosa extraña?». ¿O de qué forma creen y actúan como si iniciar la hospitalidad y la piedad, especialmente con aquellos que son nuevos o diferentes, o necesitados, fuera la alegría y el desafío del evangelio? Las iglesias son formadas por los hábitos, los cuales se forman a través de décadas y siglos mediante la interacción de la reflexión y la acción. Nuestros hábitos y prejuicios individuales están determinados por los hábitos y prejuicios del grupo, ya sea que el grupo sea nuestra iglesia o alguna otra influencia social identificable.

El teólogo Pat Keifert a menudo les recuerda a los estudiantes y a los pastores: «¡La experiencia no nos enseña nada!». Entonces, cuando aparecen miradas cuestionadoras entre los que están escuchando, continúa: «Nadie aprende de la experiencia. Uno solo aprende de la experiencia en la que uno reflexiona y articula».[16] Creemos que las iglesias se benefician cuando intencionalmente reflexionan teológicamente sobre la vida de una iglesia y su ministerio. Podemos darnos cuenta que algunos de nuestros hábitos están llenos de piedad y fidelidad, pero otros hábitos demuestran que tenemos que ser convertidos. Esta no es cuestión de encontrar nuevas reglas o estrategias y aplicarlas. Tampoco necesitamos aclarar primero nuestras doctrinas con la esperanza de que los problemas sean entonces arreglados. En su lugar, tenemos que analizar cuidadosamente los diversos factores, conversar con un interés genuino con relación a las voces que nos rodean, aprender nuevas técnicas de pensar y tener en cuenta las iniciativas del Espíritu.

---

16 Pat Keifert, confirmado en correo electrónico personal el 27 de noviembre de 2008.

Con el fin de dar forma a una praxis que sea apropiada para los líderes y las congregaciones, proponemos cinco pasos interactivos para la reflexión teológica.[17] (1) *Mencione* y *describa* su praxis vigente con relación a algún aspecto de la vida de la iglesia. Este trabajo de observación y descripción, centrado en un tema seleccionado, le impone un tipo de límite al proceso. También le hace a usted consciente de que está comenzando con un conjunto de experiencias, y de que usted no se involucra en un estudio como una pizarra vacía. Cuando le sea posible, incluya voces múltiples en la descripción y dé la bienvenida a perspectivas divergentes. (2) *Analice* su praxis, buscando entender todas las influencias y consecuencias, mediante el uso de los recursos de su propia cultura. Este trabajo incluye el uso de las perspectivas de las ciencias sociales, la historia, las humanidades y la filosofía. También aprendemos del estudio organizacional y las teorías de la comunicación. (3) *Estudie y reflexione* sobre las Escrituras, la teología y la historia del cristianismo con respecto a su praxis y su análisis. Creemos que las Escrituras tienen un carácter autoritativo único para las iglesias, que estos relatos, oraciones, profecías y cartas nos muestran la manera como Dios ya ha hablado y trabajado en lugares específicos. Además, creemos que las Escrituras, cuando nos ocupamos de ellas en oración, nos ayudarán a entender nuestro contexto y lo que Dios quiere hacer entre nosotros y a través de nosotros.[18] Por muchos siglos otros creyentes han leído

---

17 Este método, desarrollado por Mark Lau Branson, está basado en el libro de Thomas Groome, *Sharing Faith, A Comprehensive Approach to Religious Education and Pastoral Ministry* (Eugene, Ore.: Wipf & Stock, 1999), con influencia significativa del libro de Ray Anderson: *The Shape of Practical Theology: Empowering Ministry with Theological Praxis* (Downers Grove, Ill.: InterVarsity Press, 2001); también está basado en los libros de Alan Roxburgh and Fred Romanuk, *The Missional Leader: Equipping Your Church to Reach a Changing World* (San Francisco: Jossey-Bass, 2006); y Gerhard Heitink, *Practical Theology: History, Theory, Action Domains* (Grand Rapids: Eerdmans, 1999).

18 A lo largo de este libro proporcionamos textos bíblicos junto con preguntas y comentarios; y hemos visto cómo tales textos han sido usados por Dios en nuestras propias iglesias. No leemos la Biblia cómo plan estratégico que especifica tácticas, sino que creemos que su lectura crea una conciencia, una manera de ver e interpretar nuestras situaciones, y que a veces nos llama a prácticas que nos ayudan a percibir y actuar fielmente. No podemos ofrecer aquí un recuento completo de métodos para la interpretación, o una fórmula para saber qué hacer con un texto cuando usamos el ciclo de la teología práctica, pero podemos mencionar libros que nos han ayudado. Además de aquellos que recomendamos a lo largo del libro, que específicamente tratan asuntos de cultura y cruce de fronteras, nos hemos beneficiado de los siguientes libros: Joel Green: *Seized by Truth: Reading the Bible as Scripture* (Nashville: Abingdon, 2007); Richard Hays: *The Moral Vision of the New Testament* (San Francisco: HarperSanFrancisco);

estos textos bíblicos, orado a Dios y trabajado juntos en sus propias localidades. De sus vidas tenemos credos, relatos históricos y tradiciones teológicas; todos ellos están disponibles para ayudarnos en nuestro propio discernimiento y nuestras propias prácticas. Las iglesias necesitan recurrir a su herencia, así como también a intérpretes bíblicos y recursos teológicos de fuera de su cultura. (4) *Recuerde* y *hable* de historias de su iglesia y sus propias vidas personales relacionadas con el tema que están tratando. Estas pueden ser historias que tengan en cuenta sus propios malentendidos y su rebeldía, o puede encontrar relatos que estén llenos de sabiduría y de fe. (5) Corporativamente *disciernan* y *den forma* a su nueva praxis mediante el trabajo con los resultados de los pasos uno a cuatro y luego en oración nombren lo que ustedes creen que son sus prioridades. Concéntrese en lo que cree que Dios está haciendo en su vida y en su contexto, y experimente con alternativas, que le llevarán hacia compromisos con praxis nuevas.

Hay algunos supuestos detrás de este método de la teología práctica. El grupo metafórico de Newbigin, que ya hemos mencionado, de que la iglesia es una señal, instrumento y anticipo del Reino de Dios, nos proporciona una manera de entender cada iglesia local y prever el papel de la iglesia global. Debido a que la mayor parte de nuestra atención en este libro se concentrará en iglesias locales, creemos que las metáforas de Newbigin son útiles. Creemos que el Espíritu Santo está presente y activo en las iglesias y en el mundo.

El amor de Dios para con el mundo se expresa en las iniciativas actuales del Espíritu, como alguien que ama, sana, enseña, reconcilia, convence y persuade. Puesto que la iglesia debe participar en la vida y en las actividades de Dios, creemos que nuestro trabajo es discernir maneras en que podemos entrar activamente en la iniciativa divina en el mundo. ¿Qué está haciendo Dios en nosotros y en nuestro alrededor? ¿Qué quiere hacer Dios?[19] El propósito de la reflexión teológica es ayudarnos a ser más sabios y más fieles en el discernimiento y la participación.

Stephen Mott: *Biblical Ethics and Social Change* (New York: Oxford University Press, 1982); y Glen Stassen y David Gushee: *Kingdom Ethics: Following Jesús in Contemporary Context* (Downers Grove, Ill.: InterVarsity Press, 2003).

19 Este marco está bien explicado en el libro de Craig Van Gelder: *The Ministry of the Misional Church* (Grand Rapids: Eerdmans, 2007).

El trabajo bíblico y teológico de la teología práctica (paso 3) es particularmente retador. Además de la cantidad y diversidad de materiales bíblicos, hay un corpus enorme de comentarios y escritos teológicos, que va desde siglos pasados hasta llegar a obras contemporáneas, y es imposible tener todo eso en cuenta. Es importante entender que ninguna iglesia entra en este trabajo como una pizarra en blanco. Como se destaca en el ciclo de teología práctica, una iglesia ya tiene experiencias y tradiciones que han dado forma a la manera como leen (o malinterpretan) las Escrituras, qué perspectivas teológicas declaran suyas, y cómo esas afirmaciones dan forma (o no dan forma) a sus actuales prácticas. Es decir, lo que utilizan (la Biblia y varios documentos teológicos) y la manera en que interpretan esos recursos, está influenciado por sus propias situaciones y sus propios hábitos. Este enfoque contextual de los materiales también es cierto dentro de esos mismos materiales, las obras de Moisés y Jeremías, Lucas y Pablo se formaron dentro de situaciones históricas, y los credos y otros documentos de la historia de la iglesia (incluida la teología sistemática) siempre se sitúan en lugares y momentos específicos, entre personas específicas y en medio de hechos concretos. Esto no los hace menos valiosos, sino que muestra la manera en que Dios está más comprometido con el mundo y sus situaciones reales y no con ideales atemporales.

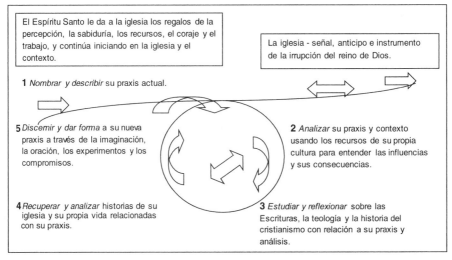

Figura 1.2 – Pasos de la teología práctica

Esta realidad puede servir de guía para el trabajo de la iglesia en la teología práctica. Cuando se identifica un marco temático (paso 1), y se entiende mejor el contexto social (paso 2), entonces se pueden encontrar y explorar materiales bíblicos y teológicos que no solo se refieren al tema sino también a su propia situación. Por ejemplo, el enfoque de Jesús en alcanzar a judíos pudo haber tenido una finalidad temporal, contextual, pero sus conexiones explícitas con gentiles y sus enseñanzas más adelante (Mt 28, Hch 1) se parecen más a la situación que enfrentan nuestras iglesias. Entonces, una iglesia se pregunta: ¿cómo nos ayudan estos textos a comprender las prioridades de Dios, especialmente para nosotros? El estudio de la teología también necesita ocuparse de los contextos de su formulación, porque las exposiciones que se formaron en ambientes homogéneos tienden a ser diferentes de las que se forman en situaciones heterogéneas. Es decir, si los que escriben la teología estuvieron atentos y en conversación con la diversidad social, su lectura de las Escrituras y su consciencia de la iniciativa de Dios, esto los llevaría a escribir teología que responde a esa realidad. Por lo que una iglesia se preguntaría: ¿Qué situaciones estaban enfrentando estos líderes eclesiales? ¿Cómo ayudaron o dificultaron la vida y misión de la iglesia estas presentaciones teológicas? ¿Qué nos ayudaría a ver y actuar como pueblo de Dios en nuestro contexto? Los líderes tienen una importante labor al ayudar a las iglesias a encontrar recursos bíblicos y teológicos que pueden aclarar y cuestionar las prácticas de sus iglesias, y ese trabajo requiere de una capacidad con la literatura y con las redes colegiales. Entonces, los relatos de la situación, los textos bíblicos y las declaraciones teológicas se pueden integrar a las conversaciones de la iglesia. Esto se hace con oraciones expectantes de que el Espíritu Santo le dará a la iglesia el poder, el valor y la sabiduría para ver lo que Dios ve y preocuparse por lo que Dios se preocupa.

En el apéndice, hemos proporcionado una variada colección de declaraciones teológicas de una diversidad de escritores contemporáneos. Estos breves párrafos muestran la manera como estos autores trabajan con la teología cuando nos habla dentro del contexto de la diversidad cultural. Los temas teológicos incluyen el Espíritu Santo, la escatología, la eclesiología, la cruz, el perdón, así como otros temas. Ya hemos escrito en cuanto a nuestra convicción de que el Espíritu Santo hace partícipes a las iglesias contemporáneas en el discernimiento y la misión. En el capítulo dos proporcionaremos nuestros propios comentarios teológicos con relación a la interfaz de la eclesiología, la reconciliación, la Trinidad y la misiología. Además, los estudios bíblicos en cada capítulo están seleccionados por su relevancia para la vida y la misión congregacional en el contexto de la diversidad social.

Preguntas para la Teología Práctica

1. ¿Cuál es nuestra praxis y situación actual? Empiece por describir las actividades y el contexto con relación a un tema, o un aspecto de la vida y el ministerio.
2. ¿Qué recursos culturales pueden ayudarnos a entender e interpretar nuestra situación y la presencia de Dios y su llamado a nosotros? Esto incluye las ciencias sociales, la filosofía, los estudios culturales, la teoría crítica, los medios de comunicación y la historia social.
3. ¿Qué recursos cristianos, de nuestra propia herencia cultural y de otras culturas, nos pueden ayudar a entender e interpretar nuestra situación y la presencia de Dios y su llamado? Reflexione sobre narrativas bíblicas relacionadas, episodios de la historia de la iglesia, teología y credos.
4. ¿Qué sabemos acerca de nuestra iglesia y de nosotros mismos que nos puede ayudar a comprender e interpretar nuestra situación y la presencia de Dios y su llamado? Contemos historias de nuestra vida personal y de la historia de nuestra iglesia que sean oportunas, y escuche ideas que cambien nuestra forma de entender el tema.
5. ¿Cómo podemos discernir y participar en lo que la Trinidad inició en nuestro contexto? A la luz de lo que estamos aprendiendo, y prestando atención a lo que estamos escuchando en oración expectante, ¿qué podemos imaginar como modelo futuro para esta praxis? Dé forma a experimentos que adapten actividades actuales o inicie nuevos, y decida en cuanto a criterios para evaluar compromisos potenciales a largo plazo.

Aunque se ha descrito una secuencia de pasos para utilizar la teología práctica, el proceso se parece más a una espiral que tiene múltiples puntos de entrada y bucles. El proceso puede ponerse en marcha cuando un estudio bíblico lleve a algunos miembros de la iglesia a hacer preguntas nuevas. O tal vez cuando alguien haya tenido una experiencia en el barrio y esta experiencia lleve a nuevas conversaciones y preguntas en la iglesia. Cuando un número de personas se da cuenta de la importancia de la situación, se le da más intencionalidad (y tiempo) al proceso. En el centro de la espiral, el proceso puede requerir regresar a un paso anterior. Por ejemplo, si estoy hablando de mis propias raíces irlandés-escocesas, entonces tal vez sea necesario volver al análisis (paso dos) con el fin de comprender la influencia de los escoceses e irlandeses, y estudiar (paso tres) la historia de mi Iglesia Presbiteriana. Así que estaba recordando mi herencia étnica (el cuarto paso), entonces me dediqué a los pasos dos y tres. Si Dios quiere usar mi reflexión en la vida de mi iglesia, involucraría a algunos otros miembros, probablemente yendo al paso uno de modo que podamos describir la manera como nuestra iglesia vive con su propio patrimonio étnico, cuando interactúa con su propio contexto. Se crean otros lazos cuando un estudio bíblico nos muestra que tenemos que hacer un mejor análisis local o cuando un proceso de discernimiento nos impulsa a regresar a los pasos anteriores. Todos estos recursos, estas historias y cualquier información recopilada, interactúan en nuestro intento por ver de manera diferente, hacer preguntas santas y consideradas, y discernir el camino hacia adelante. Es importante destacar que este proceso de teología práctica tiene el objetivo de interactuar fielmente con nuestro mundo; estas actividades no son praxis a menos que nuestra participación con Dios en nuestro contexto nos esté moldeando continuamente.

Reflexión Personal / Ejercicio en Grupo: Investigar la historia cultural de la congregación

Pequeños grupos de participantes pueden seleccionar iglesias cercanas para investigar. Las iglesias, elegidas con especial atención a la variedad étnica, deben tener por lo menos treinta años de edad. Se pueden utilizar varios recursos: páginas web, publicaciones (artículos de prensa archivados o material denominacional), archivos de la iglesia, registros denominacionales, o entrevistas con el personal, otros líderes, miembros mayores y vecinos que puedan tener información a pesar de que no sean participantes. Algunas posibles preguntas son:

1. ¿Cuáles son las raíces étnicas y culturales de la iglesia en los Estados Unidos y, posiblemente, en otros países?
2. ¿Hubo cambios en la composición étnica de la congregación? Si es así, ¿por qué?
3. ¿Hubo cambios en el origen étnico de los pastores?
4. ¿Qué cambios demográficos han afectado a la comunidad? ¿Alguna vez se reubicó la iglesia? Si es así, ¿se tomaron en cuenta cambios demográficos al trasladarse?
5. ¿Existe alguna relación entre las raíces culturales de la iglesia y su tradición teológica (tales como luterana sueca, o bautista latina)?
6. Haga preguntas acerca de las formas particulares en que las actividades o relaciones o las estructuras organizativas exhiben la identidad cultural.
7. ¿Cuál es la relación que existe entre la cultura (o culturas) de la iglesia y la(s) cultura(s) del contexto local?
8. Durante este trabajo, reflexionen sobre las maneras en que ustedes son similares o diferentes a las personas de la iglesia y su contexto. ¿Estaban enterados de qué tan bien o mal preparados estaban para entender lo que estaban investigando?

TEOLOGÍA PRÁCTICA Y VIDA INTERCULTURAL

¿Cómo puede la teología práctica serle útil a la inquietud de este libro de que haya vida intercultural en las iglesias? Este es un breve resumen de los cinco pasos tal como podrían proporcionar un enfoque para una cuestión específica en una iglesia. En capítulos posteriores se proporcionan recursos específicos para cada paso.

1. La iglesia describe su situación actual con relación a la homogeneidad o heterogeneidad étnica y sus relaciones y prácticas entre sí, en su barrio y en relación a su contexto más amplio.

2. Analizan su entorno, incluyendo datos demográficos, historia, puntos de vista, recursos culturales tales como las artes y las fuerzas sociopolíticas que los formaron a ellos y su contexto. (En capítulos posteriores se amplía este análisis.)

3. Luego, a medida que estudian los textos bíblicos, la historia de su iglesia, y las tradiciones teológicas y creencias (en relación a la encarnación, la Trinidad, el evangelio, el amor de Dios para con el mundo

y el significado de ser una iglesia), ponen estos relatos y creencias junto a su praxis y análisis actual. Esto permite hacer un replanteamiento de las prácticas, al surgir preguntas, reconsiderar las tradiciones y escuchar las voces bíblicas.

4. Cuentan sus propias biografías étnicas, la historia de la diversidad étnica y cultural de su congregación, y las historias de cruce de fronteras y de interactuar con personas que son diferentes. Las perspicacias de los pasos anteriores a menudo crean mayor claridad con relación a estos relatos.

5. La iglesia, en actitud de oración, entra en discernimiento, preguntando a Dios: «¿Qué estás haciendo?» y «¿Qué quieres?». Ellos dan forma a una nueva praxis a través de la imaginación, la planificación, los experimentos, las evaluaciones y el compromiso.

Esta ilustración indica los tipos de recursos que una iglesia necesita a fin de interactuar con las complejidades de la vida intercultural. Inicialmente, es necesario que haya la voluntad, a lo menos entre algunos líderes y miembros, de hablar sobre la interrelación de la fe cristiana y el origen étnico. A pesar de que una iglesia pueda entrar en el método en cualquier momento, con el tiempo es necesario realizar cada paso. En sus conversaciones iniciales sobre la praxis actual de la iglesia, es necesario que haya una honestidad básica con relación a su situación, sus prácticas, sus creencias. Todo esto es objeto de análisis y de cambio, pero sí proporciona una foto instantánea de su realidad actual.

Entonces, cuando los participantes comienzan a hacer un análisis más profundo (paso 2), tienen los beneficios de la existencia de numerosos recursos. Además de las estadísticas básicas acerca de la iglesia y su contexto, hay otros bienes culturales que profundizan el entendimiento.

A medida que una iglesia de Oakland, California, comenzaba a profundizar sus conexiones ministeriales con su vecindario, los miembros se volvían más conscientes de que era necesario darle nueva atención a su propia diversidad étnica, así como a la diversidad de su contexto. A través de conversaciones con los vecinos y al investigar en bibliotecas y museos, aprendieron cómo su ciudad había sido reformada por la Segunda Guerra Mundial. Después del bombardeo de Pearl Harbor, el gobierno de los EE.UU. inició un plan masivo para crear

instalaciones para la construcción de una flota marina lo su-
ficientemente grande como para ganar la guerra en el Pacífi-
co. Este plan requería el reclutamiento de miles de personas,
principalmente del sur, incluyendo gran número de afroameri-
canos, lo que cambió la composición étnica de estas ciudades.
Pero el cambio a largo plazo también fue económico. Al final
de la guerra, miles de trabajadores estaban desempleados,
muchos de ellos afroamericanos, y mientras los Estados
Unidos pusieron millones de dólares en esfuerzos para
reconstruir Japón y Europa, estas comunidades portuarias
se quedaron en gran medida por su cuenta, sin alternativas
adecuadas de manufactura o fuentes cívicas. Mientras
los miembros de la iglesia se enteraban de esta historia,
lograban nuevas perspectivas en cuanto a la relación que
existía entre la diversidad étnica y la disparidad económica.
Lograron un nuevo respeto por las personas involucradas en
esfuerzos que duraron décadas por, en palabras de Jeremías,
«buscar el bienestar de la ciudad». Profundizaron su propia
participación con diversas organizaciones urbanas que se
involucraban en desafíos urbanos, tales como Hábitat para la
Humanidad, el Instituto del Pacífico para las Organizaciones
Comunitarias (Pacific Institute for Community Organizations)
e iglesias afro-americanas vecinas.

Cualquier iglesia que quiera aprender y ser formada por la agenda divina del evangelio de reconciliación tendrá que estudiar su contexto histórico. Las relaciones interculturales, dentro y entre las iglesias de Oakland, se pueden fortalecer a medida que se estudian las historias culturales. Para profundizar en el conocimiento de la cultura del uno y del otro, las iglesias también pueden utilizar películas, novelas y poesía. Pueden visitar museos y sitios culturales. Estos recursos todos son formas de estudiar y reflexionar sobre la vida, contexto y situación de la iglesia. Muchos de los capítulos de este libro se han desarrollado para hacer frente a las complejidades de este análisis. Las lecciones de la antropología cultural nos pueden ayudar a entendernos el uno al otro; las perspectivas de la teoría organizacional y de liderazgo pueden aclarar las dinámicas que experimentamos. Al igual que los otros pasos de este método de teología práctica, el análisis no se debe hacer una sola vez; es un trabajo continuo de la iglesia.

Como ejemplo de la tercera etapa, este capítulo incluye una breve exploración del libro de Jeremías. Si una iglesia estuviera usando el método que hemos indicado, entonces se debiera estudiar este relato bíblico y reflexionar sobre él, entre muchos otros. A pesar de que vamos a interactuar con algunos otros pasajes, las iglesias necesitarán recursos más amplios. ¿Qué tipo de cruce de frontera se encuentra en los Evangelios, los Hechos o las cartas de Pablo?

El tercer paso también incluye el estudio de la teología y de la historia de la iglesia. Nuestra preocupación por crear relaciones y organizaciones que demuestren una vida intercultural está ligada con numerosos temas de la teología cristiana, sobre todo la antropología, la soteriología, la Trinidad, la eclesiología, la escatología y la misiología. También hay asuntos específicos del discipulado cristiano que surgen de nuestra teología de la santificación, tales como la reconciliación, el perdón, el amor, la justicia, la verdad, el sacrificio propio, la paz, la hospitalidad y la generosidad. Adicionalmente, los relatos de la historia de la iglesia, y los continuos avances en la teología histórica, se incluyen en los estudios del paso tres. El cruce de fronteras, el encuentro de diferencias culturales, y el lidiar con la inclusión y el prejuicio son temas que siempre están presentes en las historias de expansión misional de la iglesia. En las notas históricas modernas proporcionadas en la introducción, nos referimos a la larga historia de prejuicio y discriminación en las iglesias de América del Norte. Hay historias importantes de inclusión como la de los menonitas de Pensilvania, pero son escasas. En los últimos años un número creciente de congregaciones en EE.UU. está experimentando con diversas formas de vida. Exploraciones teológicas sobre la Trinidad, la eclesiología y la esencia misional de la iglesia merecen mención especial (véase «Libros seleccionados sobre temas teológicos» en el capítulo 2). Si los líderes eclesiales tienen la intención de comprometerse seriamente con nuestras responsabilidades en un entorno multicultural, estos recursos no se pueden ignorar.

El cuarto paso es el de recordar y contar historias. Las actividades de autorreflexión, que son muy importantes para los cristianos individualmente y para las congregaciones en su conjunto, hacen más probable que podamos obtener nuevos conocimientos, discernir el toque de

Dios y ser más fieles en nuestros hábitos y actividades. Ya estábamos formados antes de que encontráramos nuevas experiencias e información; esta formación puede dificultar o ayudar nuestra fidelidad. Tal como enfatiza Freire, la conciencia de nosotros mismos y nuestra situación contribuye a la posibilidad de que podamos ser sujetos creativos en vez de ser solo objetos. Si somos conscientes de las historias y los hábitos que hay detrás de nosotros, podemos ser más capaces de edificar a partir de las fortalezas y buscar alternativas a nuestras debilidades. En la introducción, ambos proporcionamos una breve historia personal. Los lectores necesitan saber que nosotros, como autores, también tenemos puntos de vista y prioridades que surgen de nuestras historias. Nuestros conocimientos y motivaciones, nuestros puntos ciegos, y nuestra sabiduría, están enraizados en nuestras autobiografías (véase: «Escribir una autobiografía étnica» en la página: 28). La investigación de las raíces culturales de la iglesia puede incluir búsquedas en los registros de la iglesia, en los registros denominacionales, en otras publicaciones locales y entrevistas.[20]

Varios años después de que la iglesia de Oakland comenzara a estudiar la historia de su ciudad, utilizó otros dos medios para profundizar sus conocimientos culturales. La mayoría de los miembros formaron pequeños grupos, cada uno de ellos organizado para desarrollar un determinado compromiso misional en su contexto. Decidieron utilizar parte de sus reuniones semanales para compartir lo que llamaron sus «autobiografías culturales». Algunos miembros ya eran muy adeptos en estas historias, pero otros tuvieron que conectarse con sus padres y familiares para conocer más. A veces se veían sorprendidos por las similitudes, tales como las historias de dos jóvenes, uno mexicano y el otro vietnamita, cuyas familias habían huido de diferentes tipos de opresión (económica y política) para llegar a los Estados Unidos. En otras ocasiones, se volvieron más conscientes de las raíces culturales que había detrás de sus diferencias.
Con el fin de ampliar estos conocimientos culturales inicia-

---

20 En cuanto a entrevistas, véase: Robert Weiss, *Learning from Strangers: The Art and Method of Qualitative Interview Studies* (New York: Free Press, 1995).

les, la iglesia decidió conectar las historias personales con películas. (Esto se relaciona con el análisis que se señala en la segunda etapa con respecto a nuestra necesidad de utilizar todo tipo de recursos culturales para entender la praxis actual y futura.) Cualquier grupo de personas con identidad étnica compartida podía escoger una película para que todos la vieran. Después de la película, los que eligieron la película se ubicaban en una «pecera»; debían analizar algunas preguntas mientras los demás escuchaban. En primer lugar, para conectar las autobiografías con la película, hablaban de cómo se identificaban con personajes o acontecimientos de la película. Luego trataban otras dos preguntas: ¿Qué elementos de la cultura suya hacen que sea difícil comprometerse con la fe cristiana?, y ¿qué elementos de su cultura son paralelos a las enseñanzas cristianas y refuerzan su fe? El contenido de estas conversaciones fluyó por medio de numerosas conversaciones informales a través de toda la iglesia.

Los registros históricos de la iglesia de Oakland contaban las historias de las varias veces cuando la iglesia se trasladó. En cada situación las razones citadas para el traslado tenían que ver con un barrio que cambiaba. Nunca se especificó que esta congregación euro-americana no sabía cómo relacionarse con sus vecinos afroamericanos. A medida que la ciudad continuaba su diversificación, más miembros se trasladaron a los suburbios. Con el tiempo pocos miembros aún vivían en el vecindario de la iglesia. Después de un par de décadas de disminución en la membresía, un pequeño grupo diverso de adultos y familias comenzó a reconsiderar un futuro en la iglesia. Al estudiar la historia, reunirse con los vecinos y estudiar las Escrituras, se dieron cuenta de que cualquier esperanza de ser sostenida como una iglesia multicultural requeriría una atención al lamento. Necesitaban conocer los errores del pasado; se dedicaron a realizar ritos litúrgicos de confesión e intercesión; celebraron la esperanza de amistades y redes que les dieron acceso a un futuro diferente.

Como parte del cuarto paso, las congregaciones también tienen que reflexionar sobre sus autobiografías corporativas y tales reflexiones pueden conducir a actividades litúrgicas tales como la confesión y el lamento, así como a la alabanza y la celebración.

Sin un análisis y autorreflexión continuos de esta iglesia, ellos no habrían sido capaces de dar la bienvenida a los desafíos que enfrentarían. Este acercamiento al discernimiento se convertiría en una nueva praxis, observada en el paso cinco.

El quinto paso es una mezcla creativa, en oración, de los elementos que mueven a una iglesia hacia una nueva praxis. En el capítulo nueve vamos a dar más detalles sobre como dirigir hacia cambios profundos en la organización. La teología práctica pone de relieve que las nuevas iniciativas no solo son básicamente nuevos programas o pasos estratégicos. Más bien, todo el aprendizaje interactivo de los otros pasos entra en discernimiento en oración. En el paso cinco, una iglesia genuinamente busca entender la gracia de Dios (que es la palabra teológica para lo que solemos llamar «iniciativas») con relación a sí mismos y su contexto. Este discernimiento es posible solo con un compromiso continuo con el contexto, en la confianza de que el Espíritu Santo ya está obrando. Varios capítulos de este libro, sobre las diferencias culturales que tenemos en cuestiones tales como las relaciones, las visiones del mundo y las percepciones, son muy importantes cuando nos involucramos con aquellos que son culturalmente diferentes. Estos temas son relevantes ya sea que la diferencia esté dentro de una congregación o con los vecinos. Entonces, a medida que una congregación experimenta con las actividades, los ministerios y las relaciones, todos los recursos de la teología práctica se emplean continuamente. El compromiso básico de una iglesia al discipulado y el ministerio en un contexto multicultural, a través de experimentos y discernimiento, se convierte en un conjunto de compromisos y prácticas que llevan las marcas de la vida intercultural.

TRÍADA DE LIDERAZGO

Algunos enfoques al liderazgo, especialmente en organizaciones formadas por jerarquías o por teorías modernas de administración, se centran en expertos que tienen respuestas y que pueden gestionar y controlar los resultados. De acuerdo con estos marcos, la dirección la fija el pastor al estilo «CEO» (Chief Executive Officer), a veces con la participación de una junta, luego estas metas se anuncian a la iglesia y se comercializan y se estructuran en la vida organizacional. Creemos que el liderazgo de la iglesia requiere de otro enfoque; vamos a introducir un marco básico aquí y proporcionaremos más detalles en el capítulo diez.[21] Aquellos que están en el liderazgo deben estar atentos a tres esferas de actividades. Cada esfera requiere percibir, interpretar y actuar sobre situaciones de actualidad. El *liderazgo interpretativo* trata los significados: proporciona las fuentes y la orientación necesaria para dar forma a una comunidad de estudiantes que presta atención e interpreta los textos y los contextos. El *liderazgo relacional* da forma a todas las relaciones humanas (internas y externas) y se ocupa de la salud y la sinergia de esas relaciones. El *liderazgo implemental* guía e inicia actividades y estructuras para que una iglesia encarne significados y relaciones conforme al evangelio. A pesar de que esta descripción presenta esferas separadas, ellas se superponen y deben permanecer conectadas vitalmente. Si pierden su cohesión, el resultado es la disfunción de la organización.

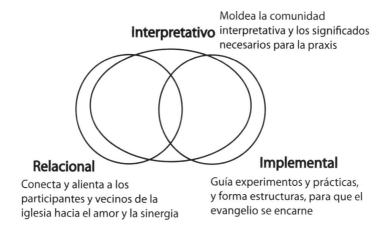

Interpretativo Moldea la comunidad interpretativa y los significados necesarios para la praxis

Relacional Conecta y alienta a los participantes y vecinos de la iglesia hacia el amor y la sinergia

Implemental Guía experimentos y prácticas, y forma estructuras, para que el evangelio se encarne

Figura 1.3. Tríada de Liderazgo

Liderazgo Interpretativo. El liderazgo interpretativo tiene que ver con entender y formar significados. ¿Qué significa creer en el evangelio?

---

21 Véase: Mark Lau Branson, *Ecclesiology and Leadership for the Missional Church,* en: *Missional Churches in Context,* ed. Craig Van Gelder (Grand Rapids: Eerdmans, 2007); y Mark Lau Branson, *Forming God's People,* en: *Leadership in Congregations,* ed. Richard Bass (Herndon, Va.: Alban Institute, 2007).

¿De qué manera nos ayudan los detalles de nuestra herencia teológica a escuchar a Dios, y a participar en la forma en que está guiando el Espíritu? ¿Qué es lo que necesitamos saber acerca de nuestro contexto? El liderazgo interpretativo desarrolla entornos y proporciona recursos para que una iglesia pueda conectarse con el proceso de la teología práctica. En cada paso hay trabajo con relación a las observaciones, las conversaciones y las interpretaciones, todo en servicio de la construcción de los significados necesarios para la nueva imaginación, el discernimiento comunitario y la formación de nuevas praxis. Por ejemplo, en el paso dos, los líderes orientan la investigación y el análisis que aporta nuevos conocimientos, nuevas conversaciones y nuevos significados.

Los líderes ayudan a los participantes a usar sus propios conocimientos y aptitudes, o buscar recursos adicionales, para ver su praxis actual a la luz de las perspectivas socio-culturales, los estudios de medios de comunicación, las perspectivas organizacionales, el discernimiento psicológico y la teoría de la comunicación. El liderazgo interpretativo es necesario en entornos formales e informales, en conversaciones, predicaciones y enseñanza, así como en la escritura y la oración.

Liderazgo Relacional. El liderazgo relacional se ocupa de todas las dinámicas humanas que existen entre los participantes de la iglesia y el mundo que les rodea. Una iglesia está conectada a los grupos sociales actuales que existen entre los miembros y dentro del contexto: las familias (inmediatas y extendidas), amistades, equipos de trabajo, compañeros de oración, vecinos, compañeros de escuela, compañeros de trabajo y asociaciones civiles. Todo el trabajo de la teología práctica —el ciclo que se repite de praxis-teoría-praxis— se procesa dentro de relaciones. Si bien hay tareas individuales, los líderes están comprometiendo a la iglesia en numerosas configuraciones sociales que requieren comportamientos que son de utilidad para los objetivos de discernimiento y acción fieles. Así que, los líderes deben identificar las relaciones importantes, crear nuevas conexiones, comprometer a grupos existentes, fomentar conversaciones e incentivar acciones nuevas. Será una tarea ardua hacerle frente a los conflictos y la intransigencia; hábitos sociales saldrán a la superficie y crearán resistencia al movimiento del Espíritu. El liderazgo relacional proporciona conocimiento, iniciativas y recursos para moldear a la iglesia y sus conexiones contextuales a fin de que la vida de Dios entre nosotros sea tangible, expresiva y redentora.

Liderazgo Implemental. El liderazgo implemental se ocupa de reformar e iniciar actividades y estructuras que son consistentes con la labor interpretativa y relacional. Las estructuras organizativas de una iglesia provienen de diversas fuentes, las normas de su contexto sociocultural y el origen étnico, la herencia de una tradición denominacional o teológica, las ideas de los miembros a través de los años, y los numerosos recursos ofrecidos en libros y seminarios. Este trabajo implemental tiene que ver con prácticas regulares tales como el culto, el gobierno y la educación; tiene que ver con todo, desde los itinerarios, la señalización y la autoridad. El liderazgo implemental enfoca en las actividades y estructuras, descubre las fuentes de aquellas formas de vida, ayuda a descubrir el fruto y las consecuencias, y alienta los experimentos con nuevos enfoques que conducen a los compromisos con las modalidades que son útiles para la vida y misión de la iglesia.

El liderazgo no se trata de un individuo o un grupo pequeño que tiene grandes ideas y hala o encamina una iglesia hacia su visión. El liderazgo tiene que ver con la configuración de un entorno en el que el pueblo de Dios participa en el ciclo de acción-reflexión a medida que adquiere nuevas capacidades para discernir lo que Dios está haciendo entre y alrededor de ellos. Cada participante en los equipos de liderazgo, los que llevan los títulos y los que no tienen ese reconocimiento, tienen fortalezas específicas que son útiles para esta tríada. A medida que trabajan juntos pueden recomendar y fomentar los dones de los demás, adquirir nuevas perspectivas y capacidades, descubrir un imaginario social[22] específico para ellos y su entorno, y participar en la vida redentora del evangelio.

PARTICIPACIÓN EN LA TEOLOGÍA PRÁCTICA

El propósito de nuestro escrito es ayudar a los líderes de la iglesia a ver de otra manera, a adquirir las aptitudes y las capacidades necesarias para contextos multiculturales, y crear ambientes que hacen que las iniciativas de reconciliación de Dios sean visibles y poderosas. Los líderes pueden alentar y guiar a una iglesia a tomar en cuenta las histo-

---

22 El imaginario social de un grupo es esa serie de auto entendimientos, prácticas y expectativas que proporcionan su identidad y les da el sentido de ser un grupo. Véase el libro de Charles Taylor: *Modern Social Imaginaries* (Durham, N.C.: Duke University Press, 2004). Estos asuntos de identidad de grupos recibirán más atención en el capítulo tres.

rias bíblicas y pedir al Espíritu Santo crear nueva vida entre nosotros a través de estos textos. Necesitamos técnicas para ver nuestras iglesias con precisión como los sistemas complejos y cambiantes que son. Con el fin de hacer esto, ofrecemos un método básico de la teología práctica a fin de conectar los diversos aspectos de la praxis de la Iglesia. El capítulo dos ofrece algunos recursos teológicos específicos, seguido por un capítulo sobre los marcos socioculturales, además de perspectivas en cuanto a los términos fluidos de la diversidad racial y cultural. Luego, cada uno de los siguientes capítulos ofrece una perspectiva particular sobre este ministerio, una manera de ver y actuar que es particularmente importante para la vida intercultural.

En el Cine

En estas películas, ¿cómo ve a la gente tratando de entender su contexto, lo que Dios (o varias fuerzas) intenta, y cómo deben responder?

Entertaining Angels. La historia de Dorothy Day (1996). Dorothy Day no parece ser una «santa», pero su peregrinación personal, y las realidades sociales de la era de Depresión en Nueva York, encienden una pasión que genera controversia para la iglesia acerca de cómo debe ser vivida la fe.

Triología de El Señor de los Anillos (2001, 2002, 2003). Historia de JRR Tolkien sobre una peligrosa misión para destruir un anillo de gran alcance, incluyendo los diversos participantes (hobbits, humanos, elfos, enanos), las fuerzas del mal y reflexiones sobre el poder, la bondad, el sentido individual y el destino del mundo.

Los Dioses Deben Estar Locos (1980). Un nativo descubre una botella de Coca Cola y la lleva de regreso a su pueblo, donde cada vez provoca conflictos hasta que decide devolverla al dios que cree que la envió, lo que resulta en un encuentro con la civilización de occidente, que incluye a un biólogo torpe y a un revolucionario despótico.

ECLESIOLOGÍA MISIONAL Y CONTEXTO DE LA IGLESIA

Mark Lau Branson

En un libro de estudios de caso sobre iglesias, los autores describen la transformación de una iglesia pequeña que se enfrentaba a un conjunto de decisiones: «En lugar de un ministerio básico de compasión a favor de los pocos miembros sobrevivientes, tendrían que enfocarse en contar las buenas nuevas de Jesucristo en su comunidad. En lugar de la predicación de las Escrituras como fuente de consuelo para el remanente fiel, tendrían que proclamar el llamado de Dios a fin de difundir el evangelio a los de su comunidad que eran pobres en espíritu, así como en la realidad. En lugar de cuidar de los suyos, tendrían que alcanzar a otras personas. En lugar de buscar consuelo para sí mismos, tendrían que hacer un compromiso radical de vivir fielmente como misioneros en un mundo herido que necesitaba desesperadamente experimentar el amor de Dios y su salvación». En los siguientes años la iglesia reorganizó su vida en torno a pequeños grupos que estaban comprometidos a un «viaje interior» de prácticas espirituales y un «viaje exterior» de compromisos misionales específicos. «El enfoque no está en el éxito tanto como en la construcción y el alcance, el crecimiento espiritual interno y externo, y vidas vividas en fidelidad a Jesucristo en medio de una cultura no cristiana».[23]

Cuando la palabra *misión* se utiliza en una iglesia de EE.UU., los oyentes probablemente piensen en naciones extranjeras o localidades

---

23   Lois Barrett et al., *Treasure in Clay Jars: Patterns in Missional Faithfulness* (Grand Rapids: Eerdmans, 2004), pp. 16, 22. Branson estuvo en el equipo pastoral de esta iglesia.

urbanas o rurales angustiadas en EE.UU. El trabajo de la misión es a menudo delegado a un comité o a alguien del personal, y la mayor parte de la vida congregacional se lleva a cabo sin hacer referencia a esos ministerios. La participación principal de un miembro de la iglesia en esas actividades tal vez esté limitada a donaciones especiales, proyectos breves y quizás viajes misioneros a corto plazo. A veces se les pide a los miembros que sean voluntarios en actividades y los líderes invierten tiempo en la creación de programas y publicidad para aumentar ese voluntariado. Este entendimiento reciente tiene defectos teológicos y ministeriales significativos.

Esto significa que hay una importante *labor teológica* que hacer aquí. En este capítulo vamos a describir una eclesiología que requiere de atención a Dios, el uno al otro y al mundo que Dios ama. Estas esferas de atención y práctica no pueden ser separadas; las iniciativas divinas nos enseñan que estas esferas que se superponen deben estar conectadas.

FORMACIÓN DE LA IGLESIA

A medida que proporcionamos un marco para la comprensión de las etnicidades y culturas, también es necesario proporcionar marcos para la comprensión de la iglesia. Nuestro enfoque aquí está en congregaciones locales, un cuerpo social real, encarnado, ubicado, que el apóstol Pablo denomina: «el cuerpo de Cristo». Tal iglesia siempre es de redes y parte de la iglesia global, pero nuestro énfasis está sobre un grupo de personas que con regularidad se reúnen cara a cara para el culto, el aprendizaje, el cuidado, y que viven en su propio contexto, inquietas por el testimonio y las buenas obras.[24] Al describir un pueblo que se llama «iglesia», debemos tener en cuenta la interacción entre su identidad corporativa (quiénes son) y su agencia corporativa (lo que hacen). Nuestra identidad y nuestra agencia son interactivas: lo que hacemos da forma a nuestra identidad, y lo que somos da forma a nuestras actividades.

Nuestro trabajo demuestra un compromiso hacia una comprensión particular de la eclesiología que tiene sus raíces en la encarnación y en la cruz. Como Pablo escribió a los Colosenses: «Porque a Dios le agradó

---

24 Nuestro enfoque en este concepto de iglesia —una congregación en una red de otras iglesias y estructuras organizacionales más amplias—, no es el único significado de la palabra. La palabra «iglesia» también es usada para referirse a la presencia en todo el mundo de creyentes, o para designar sistemas particulares de creyentes, tales como denominaciones. Como nuestro tema es la vida intercultural en una congregación, tenemos este concepto de iglesia en el fondo.

habitar en él con toda su plenitud y, por medio de él, reconciliar consigo todas las cosas, tanto las que están en la tierra como las que están en el cielo, haciendo la paz mediante la sangre que derramó en la cruz» (Col 1:19-20). En numerosos lugares en todo el Nuevo Testamento y tal vez sobre todo en 2 Corintios 5:17-21 y en Efesios 1:7-10, 2:14, 4:01, «la agenda única» divina de reconciliación es explícita.[25] Esa reconciliación de las cosas «tanto las del cielo como las de la tierra» (Ef 1:10), que se define y se gana en la vida, muerte y resurrección de Jesucristo, debe ser incorporada y proclamada por la iglesia en el poder del Espíritu Santo. Esta reconciliación es ante todo una iniciativa de Dios (que es lo que significa la palabra «gracia»), y responde a las numerosas formas de pecado y el mal que conocemos. La carta a los Efesios llama a la iglesia a que: «vivan de una manera digna del llamamiento que han recibido» (Ef 4:1).[26] Si bien existen numerosas fuerzas personales y sociales que obran en contra de la iniciativa divina, creemos que el llamado principal de las iglesias, a medida que adoramos y estudiamos, servimos y damos testimonio, es vivir ese llamado como «señal, anticipo e instrumento» del amor reconciliador de Dios.

Por lo tanto, la identidad y la agencia de la iglesia se forman por la manera en que atendemos a Dios, el uno al otro y al mundo en que vivimos, a la luz de nuestra vocación de ser reconciliados y reconciliadores. Los líderes tienen la labor de enfocar la atención en la interacción de los significados, las relaciones y las prácticas que forman a esas personas como una iglesia de reconciliación. Como lo muestra la ilustración que aparece en la apertura de este capítulo, esta vida de prestar atención no es pasiva, requiere de compromiso, aprendizaje constante y participación activa en los tres campos. Usamos los términos *formación espiritual*, *formación congregacional* y *formación misional* a fin de describir este conjunto continuo y complejo de perspectivas y actividades.

---

25 Samuel George Hines y Curtis Paul DeYoung, *Beyond Rhetoric: Reconciliation as a Way of life* (Valley Forge, Penn.: Judson, 2000), p. 24.

26 Es importante observar que el verbo es un plural, que este «llamado» es para el cuerpo, y Efesios 4 sigue tratando la manera como los dones y los rasgos de carácter son avivados en las interacciones de personas individuales en el contexto de una comunidad.

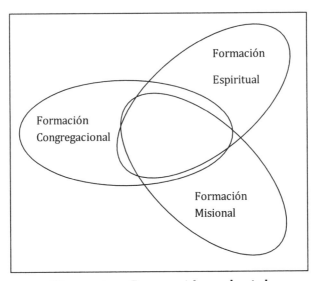

Figura 2.1. Formación eclesial

La formación espiritual tiene que ver con ocuparse de Dios, aprender acerca de las actividades y el carácter de Dios, y participar en la vida de Dios y sus iniciativas. Nos formamos espiritualmente cuando nos ocupamos de los relatos de las Escrituras, el estudio de las historias y tradiciones de la iglesia, la adoración, cuando le damos la bienvenida a la gracia y el perdón de Dios en nuestras vidas, y también cuando describimos nuestras vidas y anhelos en oración, escuchamos la voz de Dios, y actuamos en congruencia con la gracia divina. La espiritualidad tiene que ver solo con algunas prácticas específicas o tener una conducta; no es una esfera etérea desvinculada del mundo físico. Dios no solo creó, sino que también participa en el mundo, y cualquier forma de recibir y participar en el compromiso de Dios es «espiritual». Teológicamente, nuestra formación espiritual se da en el contexto de la Trinidad, la auto-revelación de Dios y su presencia constante con nosotros como Padre, Hijo y Espíritu Santo, mostrando unidad y diversidad. La teología cristiana nos llama la atención a la vida íntima de la Trinidad (una *pericoresis* o morada mutua, y la danza de la intimidad, la unidad y el sometimiento que no niega la diferencia)[27] y las expresiones externas de

---

27 Tal vez iniciado por Pseudo-Cyril; véase Colin Gunton, *The One, the Three, and the Many* (Cambridge: Cambridge University Press, 1993), pp. 163-79 y 214-31; y Miroslav Volf, *After Our Likeness: The Church as the Image of the Trinity* (Grand Rapids: Eerdmans), pp. 208-20.

la Trinidad (morada y participación en el mundo, en particular, el Padre envía al Hijo; el Padre y el Hijo envían al Espíritu). Por otra parte, Dios está en nosotros y nosotros estamos en Dios. Nuestra receptividad y participación en las iniciativas de la Trinidad es a lo que nos referimos como «espiritualidad», y es siempre corporativa y personal; nunca es solo una cuestión de perspectivas y prácticas privadas. Nuestro compromiso con la vida intercultural tiene su base aquí: Dios (Padre, Hijo y Espíritu Santo) encarna e inicia el amor que abraza la diferencia y cruza fronteras, y nos llama a un evangelio de reconciliación y amor.

La formación congregacional se refiere a la manera como nos atendemos el uno al otro en nuestras iglesias. Otro término apropiado es «formación social». Tenemos numerosos relatos en las Escrituras, en la historia de la iglesia y en nuestras propias vidas sobre la manera como la gracia de Dios se hace visible y disponible a través de los que nos rodean. La ley y los profetas nos enseñan acerca de las prioridades de Dios en cuanto a relaciones, tiempo, dinero, justicia y misericordia. Pablo da consejo regular acerca de cómo nos tratamos unos a otros y cómo la justicia se plasma en la iglesia. Las metáforas del Nuevo Testamento son abundantes e informativas: cuerpo de Cristo, templo del Espíritu Santo, hogar, asamblea de ciudadanos, nueva raza, real sacerdocio, sacrificio vivo. Todas nuestras amistades, grupos, argumentos, vínculos, los nacimientos y las muertes se insertan en la vida relacional de la iglesia. Los afectos y las actividades de un grupo son alterados por el llamado de Jesús a amarnos unos a otros, a atender a cualquier persona que esté marginada por los supuestos y las rutinas, y a ser especialmente conscientes de cuando importamos los prejuicios de una sociedad a nuestra vida de iglesia. La vida de la congregación a menudo es el crisol en el que nos enfrentamos a nosotros mismos, mencionamos esas creencias y patrones de comportamiento que perjudican a otros, y experimentamos la gracia de Dios que nos hace una nueva creación. La reconciliación con Dios está siempre ligada a la reconciliación social, esta es la gracia y el trabajo de formación de la congregación, y requiere de un liderazgo relacional competente.

La formación misional tiene que ver con la manera como Dios forma a una iglesia para participar en el amor de Dios para con el mundo. Desde Abraham, Dios ha estado dando forma a un pueblo cuya vida refleja la bondad y el amor de este Dios que crea y redime. Cada congregación es tanto llamada como enviada; el llamado nos reúne para escuchar, entender y aceptar nuestra vocación de que somos enviados al mundo por causa del evangelio. Como agentes del reino de Dios, las iglesias se engranan con las personas y los poderes de su contexto. Este es un compromiso de formación mutua —cualquier iglesia es cambiada por su contexto (de maneras apropiadas y, a menudo en formas que contradicen el evangelio)— y una iglesia encarna e inicia las gracias de Dios por medio del amor, la justicia, la sanidad, la paz, el testimonio, la invitación y la proclamación. Vamos a prestar más atención a la formación misional en la siguiente sección.

Este marco, la tríada de la formación espiritual, congregacional y misional, proporciona una forma básica para que nosotros examinemos la identidad y la agencia de la iglesia. Los líderes de una iglesia necesitan encauzar y nutrir a la iglesia con respecto a estas formas de prestar atención (a Dios, el uno al otro y al mundo), y poner en marcha actividades que expresen la gracia de Dios. Nuestra herencia étnica integra posturas, hábitos, vocabulario y marcos mentales a nuestra formación espiritual a medida que buscamos prestar atención a Dios, personal y colectivamente. Nuestra formación social (congregacional) está influenciada por los modos de relación, organización y cuidado de nuestro origen étnico y nuestro pasado cultural. Y nuestra formación misional hace uso de las fortalezas y debilidades de cómo nuestras historias culturales han formado la manera en que interactuamos con personas extrañas o buscamos la paz y la justicia.

Reflexión Personal / Ejercicio en Grupo: Experiencias personales de misión

Haga una lista de las diversas experiencias que ha tenido en las que usted estuvo interactuando con personas de fuera de la iglesia con fines del evangelio. Estas pudieron haber sido obras de misericordia y justicia, proyectos de servicio, evangelismo, viajes misioneros, conversaciones con amigos o vecinos, la asociación con otros para hacer un vecindario más humano y así sucesivamente. En primer lugar, en silencio, y luego en grupos, reflexione sobre las siguientes preguntas:

1. ¿Cuáles fueron los objetivos, las hipótesis teológicas y los resultados de estas actividades?
2. ¿Hubo momentos en que el alcance fue una actividad programada, que tal vez requirió de personal y de una importante planificación?
3. ¿Surgieron algunas experiencias en entornos aparte de las actividades programadas?
4. ¿Experimentó nuevas asociaciones o conversaciones significativas?
5. ¿Se daba cuenta de que Dios iba delante de usted?
6. ¿Cómo fue cambiado/a usted?

IGLESIAS MISIONALES

La conversación sobre la iglesia misional fue desarrollada e energizada por el obispo Lesslie Newbigin, quien, después de décadas de trabajar con la Iglesia del Sur de India, regresó a Inglaterra y encontró una iglesia que estaba profundamente fuera de contacto con su contexto cultural. En la India había practicado prioridades misionales claves: participar en y comprender una cultura, interactuar con la cultura con actividades y palabras apropiadas, y acompañar a los creyentes nuevos en la conformación de una comunidad de fe (iglesia) apropiada para la presencia misional de Dios en ese entorno. Ahora veía que las iglesias en Inglaterra necesitaban esas prioridades misionales, y también trajo ese desafío a los Estados Unidos.[28]

En uno de los libros de texto básicos del movimiento de la iglesia misional, Darrell Guder conecta nuestras creencias acerca de Dios con nuestra comprensión de la eclesiología (nuestras creencias acerca de la iglesia):

Hemos aprendido a referirnos a Dios como un «Dios misionero». Así que hemos aprendido a entender la Iglesia como un «pueblo enviado». «Como el Padre me envió a mí, así yo los envío a ustedes» (Jn 20:21). Esta reorientación misional de nuestra teología es el resultado de un despertar bíblico y teológico amplio que ha comenzado a escuchar el evangelio de una manera fresca. El carácter y propósito de Dios, como Dios que envía, o Dios misionero, redefine nuestra comprensión de la Trinidad ... Este punto de entrada trinita-

---

28 Para obtener información actualizada en cuanto a la manera que esto se está viviendo en Inglaterra, véase: *Mission-Shaped Church at* www.cofe.anglican.org/info/papers/mission_shaped_church.pdf.

ria a nuestra teología de la Iglesia, necesariamente cambia todos los acentos en nuestra eclesiología.[29]

Como señaló Guder, esta eclesiología misional se basa en la doctrina de la Trinidad, donde vemos la naturaleza «enviadora» de Dios.

El Padre envía a Israel y a los profetas; a continuación, el Padre envía al Hijo; el Hijo sopla el Espíritu sobre los discípulos, y el Padre y el Hijo envían al Espíritu a la la iglesia. Jesús ora al Padre concerniente a los discípulos: «Como tú me enviaste al mundo, yo los envío también al mundo» (Jn 17:18). El nuevo énfasis, en el marco de la iglesia misional, es que la misión no es una actividad entre muchas otras, mucho menos una opción para algunos cristianos especialmente dedicados. Por el contrario, la esencia de Dios es misional, la misión se encuentra en el corazón mismo de la Trinidad, nosotros (como iglesias) estamos «en Dios», y Dios (como Trinidad) está en el mundo de Dios y en las iglesias de Dios. El término en latín *missio Dei* captura esta comprensión: Dios es un Dios misional que actúa misionalmente precediendo y luego dando forma y enviando la iglesia al mundo. Así que, por definición (hablando teológicamente), una iglesia debe ser misional en su núcleo. La misión es parte de la esencia de la iglesia.

Desde los primeros relatos sobre los discípulos, y en los primeros años de la iglesia, se supone este carácter de *enviado*. Por nuestra propia naturaleza como seguidores de Jesús, somos un pueblo enviado. Esto no quiere decir que todos somos itinerantes mudándonos de un lugar a otro, sino que donde quiera que estemos, sabemos que nosotros mismos debemos ser enviados al mundo como iglesia de Dios por causa del evangelio. La carta a los Efesios llama esto nuestra vocación: «Yo … les ruego que vivan de una manera digna del llamamiento que han recibido» (Ef 4:1). Al desarrollarse ese capítulo de Efesios, este llamado se conecta al hecho de Jesús ser enviado al mundo y la entrega de dones a la iglesia, razón por la cual estamos equipados para el crecimiento continuo (cantidad y madurez). El Nuevo Testamento tiene pocos mandatos sobre actividades misionales porque se asume a través de los textos el *carácter* misional y la *vocación* específica.[30]

---

29 Darrell Guder, ed., *Missional Church: A Vision for the Sending of the Church in North America* (Grand Rapids: Eerdmans, 1998), pp. 4-5.

30 Este tema está bien desarrollado por Darrell Guder en conferencias (en inglés) en iTune-

Tal vez algunas afirmaciones de la conversación en cuanto a la iglesia misional, tomada de los libros principalmente mencionados anteriormente, pueden aclarar las características distintivas:

- Una iglesia debe ser señal, anticipo e instrumento del Reino de Dios.

- Dios es un Dios misional que forma a la iglesia a imagen de Dios.

- No es que una iglesia tenga una misión, sino más bien que la misión de Dios tiene una iglesia.

- Una iglesia es enviada a ser testigo en su ubicación.

- El *Missio Dei*, que brota de la Trinidad que envía, implica una iglesia misional.

- Una iglesia misional pregunta: «¿Qué ya está haciendo Dios en nuestro contexto y cómo participamos?». Una iglesia entonces también se pregunta, ¿qué quiere hacer Dios en este contexto?[31]

A pesar de que los credos históricos y estas afirmaciones teológicas más recientes nos ayudan a enmarcar nuestra comprensión, la eclesiología debe entenderse con referencia a un lugar específico, con relación a las características específicas de Dios en esa ubicación, en ese lugar en particular. Todos nuestros textos del Nuevo Testamento son de este tipo, siempre en referencia a iglesias específicas, su gente y sus contextos socioculturales. El teólogo Craig Van Gelder hace hincapié en la importancia del contexto de una iglesia:

Así como las congregaciones son siempre contextuales, sus ministerios también siempre son contextuales: El Espíritu dirige a las congregaciones dentro de contextos particulares. El ministerio solo se puede dar en relación a un contexto particular, y, mientras el ministerio se da, las congregaciones desarrollan prácticas específicas para ese contexto. Esto significa que todas las formas del ministerio

---

sU: <http://deimos3.apple.com/WebObjects/Core.woa/Browse/fuller.edu.1302926166>.

31 Estas preguntas, y la teología que hay detrás de ellas, están bien desarrolladas en Craig Van Gelder, *The Ministry of the Misional Church* (Grand Rapids: Baker, 2007).

van a demostrar los patrones y la forma de la cultura en la que esa congregación está ministrando.[32]

El marco de la iglesia misional requiere que profundicemos nuestro conocimiento de nuestros contextos, incluyendo las etnicidades y culturas, para que podamos llegar a ser más capaces de desarrollar un liderazgo inteligente y eficaz en nuestras iglesias. Estos asuntos de las características sociales son la sustancia y la identidad de la comunidad humana. Ellos son el contexto de pecado y redención, de la bondad y la maldad, de las heridas y la sanidad. Para una iglesia en la que los participantes se involucran entre sí y con sus vecinos, los rasgos culturales e historias específicas forman las vías para que se lleven a cabo las conversaciones. Dios nos envía y nos da poder para este compromiso.

FUERZAS SOCIALES

Esta conversación sobre la eclesiología misional se ha dirigido principalmente a iglesias que se han formado en la cristiandad. La *cristiandad* es la situación histórica en la que las estructuras nacionales y las estructuras de la iglesia están entretejidas y los participantes asumen que el gobierno, las iglesias y los ciudadanos comparten una amplia agenda. Muchas iglesias que fueron plantadas en los Estados Unidos tuvieron sus raíces en la cristiandad protestante europea. Este marco protestante es remanente histórico de la fusión del Imperio Romano-Iglesia Católico Romana, el cual pasó este entendimiento a las iglesias protestantes de Europa en la que las normas nacionales a menudo eran las normas de la iglesia.[33] Incluso, aunque las iglesias oficiales del Estado ya no existen, en gran parte, resultado de una fase histórica llamada el «disestablecimiento» de la iglesia, no es raro, incluso ahora, que líderes y miembros de las iglesias crean que ocupan un lugar privilegiado en la sociedad. En otras palabras, muchas de las *estructuras* del esta-

---

32 Craig Van Gelder, «Missiology and the Missional Church in Context» en: *The Missional Church in Context*, ed. Craig Van Gelder (Grand Rapids: Eerdmans, 2007), p. 41.

33 La historia del catolicismo en América Latina también experimentó la cristiandad, pero en un contexto Católico Romano, lo cual produjo resultados diferentes. Estas variaciones han influenciado las perspectivas de los inmigrantes latinos en los Estados Unidos. También, la Iglesia Católico Romana de los Estados Unidos nunca estuvo en una posición privilegiada paralela al protestantismo. Pero el espíritu del protestantismo de establecimiento ha influenciado más allá de sus propias fronteras.

blecimiento han desaparecido, pero el *espíritu* del establecimiento aún sigue. La relación confusa que hay entre las iglesias y las estructuras gobernantes de la sociedad ha llevado a menudo a malentendidos en relación a la naturaleza de la iglesia y su propósito. El marco misional de la iglesia explícitamente resalta los valores del disestablecimiento, para que nuestro papel eclesial en la sociedad pueda ser redefinido y nuestra teología y nuestra finalidad misional puedan ser aclaradas.

Entender a la iglesia como una «sociedad de contraste» ayuda a reorientar los supuestos de la cristiandad. Numerosas metáforas del Nuevo Testamento indican la forma como la iglesia hizo declaraciones en cuanto a su papel en la presencia de Dios y su misión: Jesús (y no César) es la Luz, el Salvador, el Pan y el Señor; la iglesia es un reino de sacerdotes, un ejército, una compañía de extranjeros, una reunión cívica (*ekklesia*), una ciudad en una colina —todos descriptores que ponen en contraste a la iglesia con las reivindicaciones religiosas y políticas de la Roma imperial. Tal como escribe el teólogo Barry Harvey:

> Cuando la iglesia adoptó este término [*ekklesia*] para definir su asociación, en lugar del de los antiguos gremios o clubes cívicos, se estaba reclamando la condición de una asamblea pública de la totalidad social. Los bienes y actividades de este cuerpo político particular, sin embargo, no eran los de la polis griega o los del Imperio Romano. Por el contrario, la asamblea del régimen mesiánico de Dios ordenó la vida de sus miembros de manera tal que ponía en duda virtualmente todas las convenciones sociales, políticas y económicas de su tiempo.[34]

Este es el reto del contexto: ¿cómo debe una iglesia estar al tanto e involucrada en un contexto, mientras no se deja definir por las autoridades y los supuestos de ese contexto? Si no nos entendemos a nosotros mismos como privilegiados dentro de las estructuras de gobierno (el espíritu de la cristiandad), sino más bien la voz y la personificación de las prioridades de Dios para con los hombres y las mujeres, y para el bienestar de nuestra comunidad, ¿en qué tipo de personas tenemos que convertirnos? ¿De qué manera podemos estar en contraste con las fuerzas de nuestros entornos sociales y culturales, y en qué manera podrían

---

34 Barry Harvey, *Can These Bones Live?* (Grand Rapids: Brazos, 2008) p. 102; véase también Barry Harvey, *Another City: An Ecclesiological Primer for a Post-Christian World* (Valley Forge, Penn.: Trinity Press International, 1999).

esas realidades sociales ser coherentes con la vida del evangelio? Al igual que los judíos en el exilio que estudiamos en Jeremías 29, cuando estamos sin las prerrogativas de privilegio, ganamos capacidades para ver el mundo a través de los textos bíblicos sobre ser «extranjeros y peregrinos» que prestan atención con ojos de justicia, compasión y buena vecindad.

Las conversaciones misionales de la iglesia desafían otra gran fuerza histórica. Durante el último siglo, las iglesias de EE.UU. a menudo han considerado sus estructuras y actividades a la luz de conceptos desarrollados por las corporaciones occidentales. Este marco hace hincapié en la jerarquía, los líderes expertos y los departamentos fragmentados de especializaciones funcionales. Las empresas se centran en la definición de commodities (bienes de consumo) y servicios (programas para los consumidores), y la comercialización de esos productos y actividades. Aunque esta influencia ha sido más notable entre las iglesias euro-americanas, otras también han adoptado aspectos de estas modalidades organizacionales.[35] Quienes plantan nuevas iglesias pueden creer erróneamente que escapan de las fuerzas sociales que dan forma a iglesias más antiguas, pero la observación cuidadosa demuestra que esto es ingenuo. Habrá diferencias significativas en la manera como las diversas iglesias expresan las normas sociales, pero por ahora solo es necesario darse cuenta de las principales fuerzas de la sociedad que han dado forma a nuestras iglesias y que socavan nuestra identidad misional.

Estas dos fuerzas de la sociedad, los restos de la cristiandad y el marco de las corporaciones estadounidenses, se encuentran entre muchas otras influencias que han formado a las iglesias de EE.UU. La conversación sobre la iglesia misional busca traer a la superficie estos temas y encontrar una reformulación fiel y fundamentada teológicamente para la iglesia en los EE.UU.[36]

---

35   La globalización ha traído influencias occidentales a las iglesias de todo el mundo, incluyendo algunos modos operativos (véase Mark Noll, *The New Shape of World Christianity* [Downers Grove, Ill.: InterVarsity Press, 2009]). En los Estados Unidos, miembros de un grupo minoritario a menudo interactúan con la cultura dominante en dos direcciones a la vez, a lo mejor resistan ciertas normas dominantes y, simultáneamente, imiten ciertos aspectos de esas normas.

36   Para una introducción, véase Alan Roxburgh and M. Scott Boren, *Introducing the Missional Church* (Grand Rapids: Baker, 2009). Otras voces importantes han influenciado la discusión de la iglesia misional, incluyendo a los misionólogos Lesslie Newbigin y David Bosch, y a los teólogos Kart Barth y Jürgen Moltmann. En décadas más recientes, y enfocándose especí-

Muchas naciones del mundo nunca han experimentado la cristiandad, ni han sido tan fuertemente influenciadas por las estructuras corporativas modernas, por eso los inmigrantes de esos países llegan a los Estados Unidos con variadas suposiciones en cuanto a la relación que existe entre las religiones y el ambiente sociopolítico. Algunos han experimentado diversos tipos de deferencia o antipatía hacia el catolicismo romano u otras iglesias cristianas, otros vivieron con diversos tipos de alineación religiosa, tal vez entre culturas islámicas o hindúes. Las iglesias en los Estados Unidos entre los no euro-americanos, tales como las afro-americanas y las iglesias hispanas, no tienen una tradición de asumir que las estructuras de gobierno están alineadas con sus iglesias. Hay una gran diversidad en cuanto a la forma en que han tratado de evitar enredarse o buscar influencia en la estructura social y política. Por lo tanto, las diferencias culturales y los relatos de migrantes dan forma a la manera como las iglesias entienden y practican sus relaciones con sus vecinos y sus barrios. Las convicciones teológicas y las prioridades del ministerio también varían en cuanto al cruce de fronteras —el nivel de importancia que se da a la conexión con personas de otras culturas, y el valor atribuido a la formación o participación en una iglesia multicultural—. Nuestro abrazo de la eclesiología misional es una afirmación de los principios básicos que hemos señalado, de que debemos participar en la *missio Dei*, y que una iglesia tiene que prestar atención e interactuar con los pueblos y las estructuras de su contexto. Somos conscientes de que algunas iglesias étnicas tienen una historia más larga de prácticas misionales, pero también somos conscientes de que el cruce de fronteras culturales rara vez ha sido una prioridad para las iglesias de los EE.UU.[37]

---

ficamente en las iglesias euroamericanas de EE.UU., Darrell Guder, Craig Van Gelder, Lois Barrett, George Hunsburger y Pat Keifert han sido parte de la conversación.

37 Por ejemplo, las preocupaciones de las iglesias latinas por involucrarse en los barrios y prestar atención a la diversidad cultural, se han expresado en libros como el de Manuel Ortiz, *The Hispanic Challenge: Opportunities Confronting the Church* (Downers Grove, Illinois: InterVarsity Press, 1994), y C. René Padilla y Yamamori Tetsunao, eds, *La iglesia local como agente de transformación: Una eclesiología para la misión integral* (Buenos Aires: Ediciones Kairos, 2003). Desde una perspectiva afroamericana, muchos libros se ocupan de lo que tiene que ver con la participación en una comunidad. En cuanto a la reconciliación social, véase Samuel George Hines y Curtiss PaulDeYoung: *Beyond Rhetoric: Reconciliation as a Way of Life* (Valley Forge, Pennsylvania: Judson, 2000), Howard Thurman, *With Head and Heart: The Autobiography of Howard Thurman* (Nueva York: Harcourt Brace, 1979); Korie Edwards, *The Elusive Dream: The Power of Race in Interracial Churches* (Nueva York: Oxford University Press, 2008) y Spencer Perkins y Chris Rice: *More than Equals: Racial Healing for the Sake*

Incluso con estos distintivos entre diversas iglesias, la sociedad de EE.UU. tiene un impacto cultural sobre todos los grupos. Por ejemplo, como sociedad prestamos menos atención al «lugar», por lo que incluso cuando las iglesias reúnen a sus miembros en un edificio, puede no haber ninguna relación significativa con otras personas de esa área. Estas normas sociales, que de diversas formas afectan a todas las etnicidades, a menudo forman nuestra comprensión de «iglesia» más que los recursos teológicos que afirmamos. Nuestras percepciones, formadas en este contexto social, afectan la manera en que participamos de las prioridades del evangelio con relación a nuestros vecinos.

IMAGINACIÓN Y LIDERAZGO

Las *formas* en que una iglesia encarna este rasgo pueden variar en función de la composición particular de esa iglesia y el contexto en que se encuentra. Pero estamos haciendo algunos supuestos fundamentales que son tanto teológicos como prácticos. El primer supuesto se refiere a la fuente de la imaginación misional de la iglesia. El enfoque de la vida de la iglesia que ya se señaló, con base en el estilo de las empresas de EE.UU., hace hincapié en el liderazgo profesional responsable por la visión de una empresa y cómo implementa esta visión; todos los demás en la empresa se emplean para llevar a cabo esa visión. No es raro en las iglesias que el clero, a veces con un pequeño grupo de líderes, decida en cuanto a una visión que los miembros (o pequeños grupos de voluntarios) deben poner en práctica. Esto a menudo lleva a una respuesta más pasiva o nominal entre muchos de los miembros de la iglesia; el trabajo del ministerio es para unos pocos, mientras todos los demás están en función de apoyo, a menudo participando como consumidores que escogen actividades basadas en preferencias personales. Esto también se traduce en una alta rotación de miembros.

Una creencia fundamental de las iglesias misionales es que la imaginación misional de Dios está entre el pueblo de Dios. Esto significa que, según lo dicho por Roxburgh y Romanuk, «el futuro de Dios está entre la gente común y corriente de Dios».[38] El Espíritu Santo reside en las igle-

---

of the Gospel, rev. ed. (Downers Grove, Illinois: InterVarsity Press, 2000).

38   Alan Roxburgh y Fred Romanuk, *The Missional Leader* (San Francisco: Jossey-Bass, 2006), p. 20. Existen otros autores y oradores que afirman una agenda misional, pero no están persuadidos de que congregaciones existentes puedan ser transformadas. En nuestras propias prioridades para la eclesiología misional y hacia la vida intercultural, obviamente creemos que las iglesias

sias, en medio de aquellos, jóvenes y viejos, que han entrado en pacto con Dios. De acuerdo con Roxburgh y Romanuk, esto implica que:

> ... en el fondo, la iglesia misional es la manera en que cultivamos un entorno congregacional en el que Dios es el centro de la conversación y Dios da forma al enfoque y el trabajo de la gente. Creemos que este es un cambio en la imaginación de la mayoría de las congregaciones; es un cambio en la cultura de la vida congregacional. El liderazgo misional consiste en dar forma a la imaginación cultural dentro de una congregación en donde la gente discierne lo que Dios podría estar haciendo entre ellos y en su comunidad.[39]

Estudio Bíblico: Lucas 10:1-11 - El envío de setenta discípulos

[1] Después de esto, el Señor escogió a otros setenta y dos para enviarlos de dos en dos delante de él a todo pueblo y lugar adonde él pensaba ir.[2] «Es abundante la cosecha —les dijo—, pero son pocos los obreros. Pídanle, por tanto, al Señor de la cosecha que mande obreros a su campo.[3] ¡Vayan ustedes! Miren que los envío como corderos en medio de lobos.[4] No lleven monedero ni bolsa ni sandalias; ni se detengan a saludar a nadie por el camino. [5] Cuando entren en una casa, digan primero: "Paz a esta casa". [6] Si hay allí alguien digno de paz, gozará de ella; y si no, la bendición no se cumplirá.[7] Quédense en esa casa, y coman y beban de lo que ellos tengan, porque el trabajador tiene derecho a su sueldo. No anden de casa en casa. [8] Cuando entren en un pueblo y los reciban, coman lo que les sirvan.[9] Sanen a los enfermos que encuentren allí y díganles: "El reino de Dios ya está cerca de ustedes".

---

pueden experimentar un cambio profundo y duradero en su propia identidad y organismo. Véase también: Alan Roxburgh, *Missional Map-Making: Skills for Leading in Times of Transition* (San Francisco: Jossey-Bass, 2010).

39   Roxburgh and Romanuk, *Missional Leader*, p. 26. «Las comunidades misionales . . . están aprendiendo que necesitan escuchar y discernir una vez más lo que está sucediendo a la gente en la congregación y en la comunidad, y luego hacer estas preguntas: ¿Qué le está sucediendo a la gente? ¿Si las escucháramos y les diéramos voz, qué podría estar diciendo Dios en las historias y narrativas de las personas en una congregación? ¿De qué maneras podría estar Dios ya adelante de nosotros y estar presente en las personas de nuestra comunidad? ¿Cómo podríamos unirnos a Dios en lo que ya está sucediendo?» (Traducción libre) (Ibíd., p. 24).

[10] Pero cuando entren en un pueblo donde no los reciban, salgan a las plazas y digan:[11] "Aun el polvo de este pueblo, que se nos ha pegado a los pies, nos lo sacudimos en protesta contra ustedes. Pero tengan por seguro que ya está cerca el reino de Dios"».

Este es un ejercicio de lectio, a menudo denominado «permaneciendo en la Palabra», que combina lectura en voz alta, lectura en silencio y escucharse cuidadosamente el uno al otro en expectativa de que el Espíritu Santo sea un maestro activo entre nosotros. Dos personas leerán el pasaje en voz alta para toda la clase (o pequeño grupo). Siguen 5-15 minutos para la lectura y meditación personal. Los participantes deben leer todo el pasaje otra vez, 2-3 veces, imaginando la narración de la historia. A medida que se lea, tenga en cuenta cuando un verso o unas pocas palabras parecen requerir su atención. Puede experimentar esto por simple curiosidad o porque su cerebro está tratando de encontrar un significado, o porque el Espíritu Santo quiere su atención. Vuelva a esa parte del pasaje, vuélvalo a leer varias veces, y medite sobre lo que puede ser importante o le llame la atención. Cuando se reúnan otra vez para conversar, en primer lugar escuchen a aquellos que encontraron algo que les llamó la atención y vean si hay experiencias comunes u observaciones relacionadas. Pasen tiempo hablando sobre la manera como sus experiencias tienen que ver con sus relaciones, o las de su iglesia, con su contexto (barrio, redes, etc.).

Además de los estudios bíblicos que hemos incluido en cada capítulo, recomendamos que repita este ejercicio, con este pasaje, en varias ocasiones a medida que se lee el libro. Las observaciones le llevarán a explorar por qué el contexto social es considerado una amenaza, qué tipo de medidas e intercambios les permiten a los discípulos dar forma a los ambientes de conversación en un pueblo, de qué manera la iniciativa de Dios se adelantó a los discípulos, cuya hospitalidad es importante, y cómo los elementos culturales juegan un papel. En oración y estudio comiencen a sugerir analogías con su propia iglesia y su contexto. (También consideren el uso del pasaje de Jeremías del primer capítulo para este método lectio.)

¿Qué cambiaría en una iglesia si ella creyera que la imaginación misional de Dios estaba entre los miembros comunes y corrientes de la iglesia? ¿Cómo responderían los participantes si interactuaran con las Escrituras, los vecinos y el Espíritu con la expectativa de que Dios revelaría una vida misional justo en su contexto? Imagine grupos de miembros de la iglesia continuamente organizados en torno a las oportunidades misionales del barrio y a lo largo de las redes de relaciones de la iglesia. Considere qué pasaría si los miembros de la iglesia llegaran a creer que no son únicamente soportes, sino que también están en el corazón mismo de la presencia misional de Dios y que el Espíritu Santo puede darles la visión y la pasión, además de dones, para que sean agentes del evangelio de Dios. Este es un supuesto clave: que la imaginación misional de Dios está en el pueblo de Dios.

Francis tiene casi noventa años de edad. En un estudio bíblico eclesial, en el que se dio un tiempo y atención significativos a pedirle a Dios que les mostrara a los participantes cómo la iglesia debía vivir misionalmente en su ciudad, ella observó el énfasis en los pasajes sobre la importancia de los hogares y las comidas. Cuando Jesús iba al frente de sus discípulos por Palestina, y cuando él envió a sus discípulos como ministros, a menudo ellos conversaban con otras personas en el hogar y durante las comidas. Siendo japonés americana de segunda generación, Francis pensó en los amigos que no eran cristianos o que no habían participado activamente en una iglesia. Ella decidió invitarlos a tomar el té, y le pidió a otra amiga de la iglesia (más joven) unirse a ella. Entre otros temas, Francis describió cómo experimentó su iglesia como un lugar de culto participativo, un lugar de amistades profundas y de oración sanadora. Sus amigos participaron activamente en la conversación. Unas semanas más tarde, un par de ellos se ofrecieron para ayudar en la cocina de la iglesia durante un festival anual (una manera de pasar tiempo con sus amigos sin mayores compromisos), y luego comenzaron a visitar los servicios de adoración. Se conectaron con otros miembros. La clase bíblica oró, con alegría, a medida que Francis hacía estos recuentos. Otros participantes en la clase fueron anfi-

triones en asados para sus vecinos y profundizaron relaciones a lo largo de la cuadra, organizando una venta de segunda que incluyó a toda una cuadra.

La iglesia misional necesita una visión diferente del liderazgo, y la desarrollaremos más plenamente en el capítulo diez. A modo de introducción, solo queremos hacer hincapié en lo que Roxburgh y Romanuk escribieron, de que el trabajo de los líderes de la iglesia es dar forma a un entorno en el que la imaginación misional de Dios, que está a disposición de los miembros, se pueda discernir y en la que se pueda tomar parte. ¿Cómo pueden los líderes de la iglesia ayudar a las personas en toda la congregación a ver las Escrituras, su contexto y a sí mismos de una manera congruente con el amor de Dios para con ellos y para con el mundo que les rodea? Cuando nuestra vida en común (en el culto, las comidas, el estudio, la oración y el cuidado) ayuda a cada miembro a poner atención a la imaginación misional del Espíritu, se gana la capacidad para discernir las prácticas concretas y específicas para el vecindario y sus redes. ¿De qué pueden hablar, orar, experimentar e innovar los miembros para que se encuentren a sí mismos formados por un Espíritu misional? Todas estas preguntas engranan con el método de la teología práctica desarrollado en el capítulo uno. Todo lo que presentamos en este libro de texto tiene la intención de guiar y fortalecer a los líderes eclesiales para que sean más capaces de hacer este trabajo.

LA GEOGRAFÍA Y LAS REDES

¿Cuál es la relación que existe entre una iglesia y su ubicación? ¿Es la geografía un factor maleable y algo incidental en la vida de la iglesia? ¿Eliminan las redes digitales la importancia del lugar? Como lo explicamos a través del libro, la sociedad en la que se incorpora una iglesia tiene una influencia poderosa en la manera como esa iglesia se entiende a sí misma. En la sociedad de EE.UU. hay numerosas influencias que atentan contra el valor del lugar: las tecnologías de la comunicación y el transporte, la prioridad de contar con una fuerza laboral móvil, y la prescindibilidad de la creación (la naturaleza) para el capital. ¿De qué forma las fuerzas y los recursos de la sociedad facilitan o son detrimento para la vida y misión fiel de una iglesia? En particular, ¿qué influencia a una iglesia a retirarse de su contexto local o a prestar atención a su ubicación geográfica? Las iglesias también están conectadas con su entorno a través de redes de relación —las personas que vemos regularmente como familia y amigos, en la vida cívica, en el trabajo y en la escuela—. A veces las relaciones son estrictamente funcionales, tal vez permiten la cooperación básica o de cortesía, pero no proveen muchas posibilidades para que haya conversaciones. Sin embargo, otras relaciones sociales, tal vez por la iniciativa de Dios, crean espacio para que exista un compromiso más profundo.

¿De qué manera pueden los relatos bíblicos explicar estas conexiones misionales para que lo entienda una iglesia? Queremos hacer hincapié en dos respuestas: vecindarios y redes. La comunidad exiliada (observada en nuestro estudio de Jeremías) fue llamada específicamente a ocuparse de su nueva ubicación. En el estudio de Lucas 10, en este capítulo, Jesús envió a sus discípulos a las aldeas para que fueran agentes de sanidad y testimonio en esos lugares específicos. Él se estaba aprovechando de las conexiones ya existentes de un lugar en el que la palabra podría extenderse a causa de la proximidad. Cuando una iglesia establece sus actividades comunitarias (reuniones, cultos, clases) en un barrio, entra en el amor misional de Dios para con ese lugar y su gente. Existen implicaciones similares con relación a los lugares residenciales y movimientos de los miembros cuando están significativamente dispersos unos de otros. Tal vez la atención enfocada y la oración pueden revelar oportunidades cuando varias familias se encuentran en proximidad la una de la otra. A lo mejor tengan la vocación de vivificar el cuidado de Dios para con el vecindario y los vecinos.

Además de estar ubicada (viviendo entre los vecinos) una iglesia también tiene redes. Por *red* queremos decir que tiene relaciones a través de familias, amigos, colegas y otras asociaciones. A veces esas redes incluso traspasan las fronteras nacionales. Por ejemplo, los dones y el testimonio de Pentecostés, en un principio difundidos a través de los barrios de Jerusalén, parece que se abrieron camino a través de líneas relacionales helenistas. Estas historias de Jesús siguieron extendiéndose, a medida que se contaban, entre los artesanos y obreros en los callejones y las calles de ciudades y pueblos, y a través de una red de sinagogas en todo el Mediterráneo. Tal vez empresarios que viajaban, tales como Lidia en Filipos y Priscila y Aquila, trajeron los beneficios de las conexiones de su ruta comercial. Observe cómo estos dos enfoques (barrios y redes) están interconectados; el creciente número de iglesias llevó el testimonio a las comunidades, creando más conexiones de red, lo que llevó a más iglesias en más barrios.

Tabla 2.1. Énfasis de la iglesia: El cambio a lo misional

La espiritualidad se centra en mi intimidad con Dios.	La espiritualidad es nuestra atención y nuestra participación en las iniciativas de Dios.
La iglesia envía misioneros a otras partes, a otros lugares.	Las iglesias son enviadas por Dios para exhibir y proclamar el evangelio en los lugares donde radican.
Los líderes de la iglesia crean planes para llevar a cabo el alcance misionero y reclutan voluntarios para que ayuden.	Los líderes de la Iglesia crean un entorno en el que la gente puede discernir y participar en las iniciativas de Dios.

CONCLUSIÓN: LAS IGLESIAS EN CONTEXTO

Creemos que ni la ubicación de la iglesia ni sus redes son accidentales o incidentales, más bien creemos que la iglesia necesita interactuar en persona, en oración y en imaginación. Habrá variaciones en la energía utilizada, oportunidades disponibles e innovaciones intentadas. Como supuestos de la iglesia misional que ya se han señalado, el liderazgo de una iglesia puede crear un entorno en el que los corazones y las mentes, y la imaginación de la iglesia, entren más plenamente en el amor de Dios para con el mundo, y eso lleva a una encarnación del evangelio que se extiende a propios y extraños. De especial interés para nosotros son las oportunidades que hay dentro de las propias redes de relaciones de la iglesia, y en el barrio de la iglesia, que requieren de cruce de fronteras culturales.

Lecturas adicionales: Libros Básicos sobre Iglesia Misional

Guder, Darrell. *The Missional Church: A Vision for the sending of the Church in North America.* Grand Rapids: Eerdmans, 1998.

Newbigin, Lesslie. *The Gospel in a Pluralist Society.* Grand Rapids: Eerdmans, 1989.

Van Gelder, Craig. *The Essence of the Church.* Grand Rapids: Baker, 2000.

———. *The Ministry of the Missional Church.* Grand Rapids: Baker, 2007.

Roxburgh, Alan, and Fred Romanuk. *The Missional Leader.* San Francisco: Jossey-Bass, 2006.

Roxburgh, Alan, and M. Scott Boren. *Introducing the Missional Church: What It Is, Why It Matters, How to Become One.* Grand Rapids: Baker, 2009.

En el Cine

Preste atención a la manera como estas dos películas expresan dudas acerca de lo que Dios está haciendo en el mundo, y cómo se supone que debemos tomar parte con Dios en esa tarea.

The Mission (1986). Misioneros jesuitas españoles del siglo XVIII tuvieron total éxito en convertir nativos de América del Sur y ayudar a inaugurar el cambio radical de la cultura en sus tribus, solo para protegerlos después cuando España vende su territorio a favor de la esclavista Portugal.

Avatar (2009). Después de haber establecido una base en otro planeta, terrícolas riñen cuando las prioridades comerciales y militares son desafiadas por antropólogos sociales y un novato inexperto parapléjico que se une a los nativos.

ESTRUCTURAS SOCIOCULTURALES, ORIGEN ÉTNICO E IGLESIAS

Mark Lau Branson y Juan Francisco Martínez

Cuando William y Nadine Wilson llegaron como nuevos pastores, la pequeña iglesia afro-americana del barrio en el centro estaba compuesta por hombres y mujeres de edad avanzada, santos y santas que sabían que la fidelidad requeriría un cambio. William era consciente de que el barrio ahora estaba predominantemente compuesto por inmigrantes latinos, así que empezó a estudiar español. Sharon, una diaconisa en la iglesia, habló con Nadine acerca de las personas sin hogar en la comunidad. Ella y su esposo, Thomas, querían ofrecerles a lo menos una comida ocasional. Pronto se reunieron con otros cocineros, incluyendo algunos de iglesias cercanas, y comenzaron a servir una comida semanal.

Si la iglesia fuera solamente una entidad invisible, amorfa, entonces la historia, el contexto cultural, el origen étnico y social, serían secundarios o aun irrelevantes. Pero las iglesias son grupos reales, físicos, ubicados, influenciados por sus países, sociedades, culturas y comunidades. El evangelio trata con seres humanos, con cuerpos y pertenencias, y la salvación tiene que ver con las realidades físicas ahora, y después con nuestros cuerpos resucitados y un nuevo cielo y tierra.

Cualquier entendimiento de la vida intercultural tiene que tener sentido en nuestro contexto —las ubicaciones físicas y sociales reales y cambiantes de nuestras iglesias—. Cuando el evangelio forma a las personas lo hace dentro de sus contextos sociales y culturales. En este capítulo queremos considerar la manera como el contexto social, y nuestras definiciones de etnicidad, cultura y raza, afectan la eclesiología misional que busca desarrollar una vida intercultural.

NUESTROS CONTEXTOS SOCIALES: SOCIEDAD, CULTURA, COMUNIDAD

Las iglesias existen en medio de otras estructuras tales como los grupos étnicos, las naciones, los barrios locales o los movimientos migratorios mundiales. Hay varios términos comunes utilizados para describir y delinear estas estructuras sociales. Los términos son maleables, y los escritores difieren en su definición exacta, pero es importante explicar la forma en que enmarcaremos conceptos y usaremos estos términos a través del libro.

Los sociólogos Talcott Parsons y Edward Shils conceptualizaron un marco social con la tríada de un *individuo* que vive en relación con una *sociedad* y una *cultura*.[40] Estamos especialmente interesados en su descripción de la sociedad como un sistema de relaciones estructuradas, tales como las consagradas en diversos sistemas de tamaño medio como las economías regionales y las ciudades, y en sistemas macro tales como las corporaciones y las naciones (y, para nosotros, las entidades globalizadas, como las corporaciones multinacionales y las redes financieras). Estas estructuras existen para organizar a la gente hacia las metas de la sociedad, incluso si los asuntos de cultura y personales deban ser disminuidos. Parsons y Shils examinaron cuatro dimensiones de una sociedad: la dimensión social (las formas en que una sociedad define, asigna y utiliza las relaciones sociales), las dimensiones económicas (la manera de definir, asignar y usar los recursos); dimensiones políticas (las normas para la definición, asignación y uso del poder), y aspectos jurídicos (enfoques estructurales para la legitimidad individual e institucional). Esto significa que diferentes sociedades tienen maneras particulares de definir puestos de trabajo y carreras, dinero y banca, gobierno y autoridad, así como también leyes y su aplicación.

En medio de las sociedades, según Parsons y Shils, la cultura es el sistema de patrones e interconexiones de ideas y creencias, símbolos, y sentimientos y valores. El misiólogo Pablo Hiebert se basa en este trabajo e incluye mapas mentales, cosmovisiones, el sincronismo y el

---

40 Talcott Parsons and Edward Shils, eds., *Toward a General Theory of Action* (Cambridge, Mass.: Harvard University Press, 1951).

diacronismo.[41] Una cultura (por lo general formada por una herencia étnica y tal vez por estar en un lugar geográfico durante un período de tiempo) se puede identificar por la forma en que un grupo de personas imagina y vive lo que significa ser humano, la manera como se relacionan con creencias acerca de lo sobrenatural, o lo que suponen en cuanto a la creación y su relación con ella. Estas creencias son encarnadas, así que, las ideas en cuanto a la propiedad de la tierra o la mayordomía de la tierra como un regalo, afectarán la manera en que la cultura interactúa con la creación. Las culturas también son creadas y configuradas por símbolos, ya sea idioma o monedas o lo que se denomina el «ambiente construido» (tales como edificios e infraestructuras). Varios de estos temas serán examinados más detalladamente en los siguientes capítulos. Entonces, la *sociedad* tiene que ver más con medios de institucionalización para servir los objetivos de las grandes entidades sociales; la *cultura* representa significados entretejidos que se han desarrollado con el tiempo y se transmiten a los niños de una cultura, o a otras personas que entran a la cultura.

Pero también tenemos otra categoría social, cuando se habla de iglesias, debido a que una congregación no es ni una sociedad ni una cultura, y tiene que relacionarse con las realidades sociales y culturales de su contexto. Una congregación en Estados Unidos puede estar compuesta por personas de varias culturas: chino-estadounidenses (de varias generaciones), afroamericanos (ya sea inmigrantes recientes o descendientes de personas obligadas a emigrar como esclavos), o personas de una o varias herencias del norte de Europa. Tales iglesias están en medio de la sociedad de EE.UU. y las realidades de la globalización, mientras que también son moldeadas (de diversas maneras) por las culturas étnicas.

A la tríada de Parson y Shils proponemos plantear una cuarta entidad social, —comunidad— a fin de añadir claridad conceptual. Comunidad ha llegado a significar muchas cosas: una red de profesionales (la comunidad médica), un barrio, o un grupo muy temporal de estudiantes universitarios en un dormitorio. Como se mencionó anteriormente, estas explicaciones pretenden aclarar la manera como se usan los términos

---

41   Paul Hiebert, *The Gospel in Our Culture: Methods of Social and Cultural Analysis,* en *The Church Between Gospel and Culture: Emerging Mission in North America,* ed. George Hunsberger and Craig Van Gelder (Grand Rapids: Eerdmans, 1996). El sincronismo está relacionado con las categorías y la lógica insertadas en nuestro entendimiento de la realidad; el diacronismo está relacionado con los largos relatos o secuencia de eventos cuyo interés básico es la manera como hacemos significados sobre nuestras propias vidas.

en este libro. Pero este no es un asunto cualquiera, estos conceptos son tan importantes para la comprensión de las iglesias que, por ejemplo, incluso si «comunidad» no es la palabra preferida, todavía necesitamos algo que comunique este cúmulo de significados. Una comunidad puede estar compuesta por personas de una cultura o de varias culturas. Una comunidad por lo general está situada en medio de varias sociedades. Por ejemplo, una comunidad en la sociedad de EE.UU. también está dentro de las estructuras sociales de una ciudad y un estado, mientras que también está funcionando dentro de las estructuras de la globalización económica.

Históricamente, las iglesias en los Estados Unidos a menudo unificaron comunidad y cultura. Muchas denominaciones de EE.UU. fueron formadas por comunidades étnicas, originalmente provenientes de Europa, que mantuvieron sus propias identidades a través de la iglesia y de la vida comunitaria. Un grupo de inmigrantes con raíces étnicas comunes se agrupaba en una ciudad o un barrio urbano en el que la iglesia tenía un papel decisivo. Muchas de las denominaciones de hoy, o las parroquias católicas, tuvieron originalmente un adjetivo étnico o nacional frente a sus nombres, por ejemplo, los bautistas alemanes, el Pacto sueco, los católicos ucranianos. Esto cambió a medida que la sociedad de EE.UU. los empujaba a nuevas relaciones e interacciones multiculturales que causaron que estas denominaciones repensaran su papel como iglesias en este país. También se produjeron nuevas relaciones sociales a través de los cambios generacionales y geográficos. La diversidad de experiencias eclesiales ha aumentado aun más debido a la inmigración más reciente proveniente de diferentes partes del mundo; tiene sus raíces en ambientes que no han experimentado las distintas fases de la vida multicultural en sus contextos o iglesias.

Josiah Royce escribió que los elementos de memoria, cooperación y esperanza son esenciales para la comunidad.[42] Primero, las *memorias* que surgen de las historias de un grupo específico de personas, y su vida en común, contribuyen a la comprensión de un grupo sobre sí mismo, su mundo, sus prioridades, sus formas de hacer las cosas y la manera como se imaginan el futuro. La memoria viene de una serie de interpretaciones comunes de experiencias y conversaciones que se han desarrollado

---

42 Josiah Royce, *The Problem of Christianity* (1913; reprint, Chicago: University of Chicago Press, 1968), p. 262.

durante años. Algunos recuerdos pueden ser adoptados, como cuando una iglesia adopta recuerdos bíblicos («¿estabas allí cuando crucificaron a mi Señor?») o continúa una tradición (como las de John Wesley y William Seymour).[43] Sin embargo, para ser una comunidad, un grupo específico de personas también debe tener recuerdos de su propia vida compartida: nacimientos y defunciones, alegrías y tristezas, las idas y venidas, el pecado y el perdón, el ministerio, como también la misericordia y el amor. Estas historias se acumulan, y la identidad y las actividades de la comunidad son renegociadas continuamente en el tejido de tales narrativas.

En segundo lugar, Royce especifica que una comunidad de personas convive con un tipo de *cooperación* que requiere que los significados compartidos se expresen en tareas comunes de uno al lado del otro. Una comunidad tiene acuerdos o convenios implícitos y explícitos que se han incorporado en la forma de educar a los niños, cómo se comunican, trabajan, comen y bailan; es esta superposición de varias prácticas compartidas lo que distingue a una comunidad de otros grupos que comparten actividades ocasionales o especializadas. El sociólogo Robert Bellah las denomina «prácticas de compromiso» porque «definen los patrones de lealtad y obligación que mantienen viva a la comunidad».[44] Entre las iglesias, por ejemplo, la historia adoptada de William Seymour llevó a prácticas bien conocidas como la oración pentecostal, o a menos conocidas como las prácticas interraciales de adoración.[45] En algunos contextos actuales de los EE.UU., las iglesias comparten las prácticas de mantenimiento de vida transnacional, especialmente en las comunidades latinas, donde se mantiene un compromiso geográfico en dos [o más] países.

En tercer lugar, un grupo no es una comunidad a menos que comparta *esperanza*, lo que significa que usan el pronombre *nosotros* en referencia a un futuro imaginado y realizable. Una comunidad proyecta

---

43 En cuanto a John Wesley, véase Richard Heitzenrater, *Wesley and the People Called Methodists* (Nashville: Abingdon, 1994); en cuanto a William Seymour, véase: Cecil M. Robeck, *The Azusa Street Mission and Revival* (Nashville: Thomas Nelson, 2006), especialmente el capítulo 4.

44 Robert Bellah et al., *Habits of the Heart: Individualism and Commitment in American Life*, rev. ed. (Berkeley: University of California Press, 1996), pp. 153-54.

45 Robeck, *Azusa Street Mission.*

su vida colectiva hacia el futuro, lo que es su imaginario social. Al desarrollar los talentos personales o descubrir una enfermedad, o imaginar nuevas formas de vida, no están solos, van a vivir en el futuro con esta comunidad.

Tabla 3.1 Sociedad, cultura y comunidad

Sociedad	Cultura	Comunidad
Compuesta por sistemas micro y macro que estructuran las formas en que una sociedad, a través de múltiples culturas y comunidades, establece y persigue objetivos: • Las estructuras sociales definen, asignan y proveen para el uso de las relaciones • Las estructuras económicas definen, asignan y proveen para el uso de los recursos • Las estructuras políticas definen, asignan y proveen para el uso del poder • Las estructuras legales definen, asignan y proveen para el uso de la legitimidad	Encarna una matriz de patrones sociales: • Normas (cosmovisión, creencias, valores y prácticas) • Tradiciones (herencia) • Significados entretejidos (cómo se entienden y se encarnan los valores) • Desarrollo (aprendizaje entre los nacidos en la cultura, enculturación para los que vienen de fuera) • Representación simbólica (imaginación, medios de comunicación) • Percepción (la manera en que la información sensorial es filtrada, recibida, procesada) • Conación (carácter, tendencias, sabiduría) • Extensión (estilos de encuentro con extranjeros)	Un grupo local de personas: • Recuerdos de experiencias compartidas y relatos heredados de sus predecesores • Actividades cooperativas, el uno al lado del otro, enraizadas en significados y metas compartidas • Esperanza e imaginación compartidas en cuanto a la futura vida en común • Intimidad relativa, proximidad y permanencia • Asociación no especializada, cara a cara • Se adapta, se resiste, abarca, y desafía las influencias de las sociedades y las culturas

Estas cualidades de la comunidad, —recuerdos compartidos, cooperación, esperanza— se aclaran aun más por otra serie de descriptores. El cardenal Avery Dulles se basa en el trabajo del sociólogo Charles Cooley para observar que una comunidad tiene relativa proximidad, permanencia e intimidad. Ninguno de estos son absolutos, pero en comparación con las prácticas y las lealtades de otras asociaciones, una comunidad está mucho más comprometida con las relaciones a largo plazo, de cara a cara, que son más frecuentes y menos especializadas.[46]

Royce distingue entre «la vida social muy organizada» de una sociedad y este concepto de «la vida de la verdadera comunidad».

«Hay una fuerte oposición mutua entre las tendencias sociales que aseguran la cooperación a gran escala, y las mismas condiciones que interesan al individuo en la vida común de ... la comunidad».[47] En otras palabras, la sociedad y la comunidad a menudo trabajan una en contra de otra; la pretensión de la sociedad por los recursos y el poder, puede militar contra los pactos y prácticas de una comunidad, o una comunidad puede reclamar las prerrogativas que la sociedad considere injustas o problemáticas para aquellos que están fuera de la comunidad. Así que, una comunidad, tal como la iglesia, tiene que estar atenta a las definiciones o significados que ha recibido de la sociedad y de las culturas, y necesita poner a prueba esos significados a la luz del evangelio.

Las comunidades se están convirtiendo en realidades menos comunes en los EE.UU. Numerosas fuerzas sociales tienen otras prioridades que nos afectan: la economía quiere una mano de obra móvil, la autorealización empuja hacia decisiones relacionadas con la carrera y los gustos individuales; el consumismo, como priorización de las opciones, nos lleva a ver la ubicación como una preferencia del consumidor. Bajo estas fuerzas sociales, las tareas que anteriormente aceptaban las comunidades (educación de los hijos, el cuidado a las personas de edad avanzada, empleo de personas para sustento personal y comunitario) son llevadas a cabo (o no) por la sociedad y sus instituciones. Sin la introducción de un conjunto completo de argumentos, simplemente queremos señalar que muchas características del discipulado y de la misión cristiana necesitan algo similar a estas características que describen a una comunidad. Aunque siempre hay razones por las que Dios llama a las personas a trasladarse (permanente o temporalmente), siempre existe la necesidad de que haya «discípulos residentes», personas lo suficientemente estables como para ser formadas en el amor y ser una presencia visible como «cuerpo de Cristo» en una ubicación específica.

---

46 Avery Dulles, *Models of the Church*, rev. ed. (New York: Doubleday, 1987), p. 47. Dulles references C. H. Cooley, R. C. Angell and L. J. Carr, *Introductory Sociology* (New York: Scribners, 1933), p. 55.

47 Royce, *Problem of Christianity*, p. 262.

En muchos lugares de EE.UU., las únicas facetas de una «iglesia» de larga duración, son los edificios y las normas de la organización («gobierno»). Los pastores y las personas entran y salen, pero los edificios y el gobierno son algo más estables. Así que la comunidad humana es vista como una elección de estilo de vida, pero las fuerzas de la sociedad tienen prioridad, y las cualidades más profundas de las relaciones humanas se descartan. Para que nuestra prioridad en el cruce de las fronteras étnicas tenga sentido, las congregaciones deben asumir las características básicas descritas aquí, bajo este concepto social denominado comunidad. Sin iglesias que incorporen estos rasgos, la vida intercultural se convierte en otra opción temporal del consumidor.

Reflexión Personal / Ejercicio en Grupo: Características personales e influencias sociales

Este ejercicio se basa en su autobiografía cultural, tal como se explica en la introducción.

1. Con base en su autobiografía cultural, haga una lista de 3-4 características, valores o patrones de actividades, que están arraigados en su cultura y los cuales usted muestra. Analice y compare su lista con otros en su grupo.

2. Considere la influencia de la configuración de la sociedad de su país (y la globalización) en sus valores, formas de pensar y en sus actividades. Enumere 3-4 de tales características. Compare su lista con otros y consideren la adición de elementos entre sí. Después, hablen de cómo estos patrones sociales interactúan con sus características culturales, observando especialmente la manera como la cultura es «estrujada» por la sociedad.

3. Al trabajar con la definición que se le da en este capítulo a la palabra comunidad, describa el grupo más importante con el que ha estado asociado que posee estas características. (Puede que usted se haya considerado miembro de la comunidad, o alguien involucrado, pero que no sea un miembro pleno.) ¿Qué influencias tuvo en el grupo la sociedad de su país y cualquier cultura específica?

SEÑALES DE IDENTIDAD: LA RAZA Y LA ETNICIDAD

A pesar de que usamos vocablos para definir grupos raciales y étnicos, y asumimos que todo el mundo sabe lo que significan estos términos, en realidad estos han sido fluidos y carecen de bases sólidas. En la sociedad de EE.UU. la vida congregacional existe dentro del contexto de acuerdos socialmente construidos en cuanto a raza y etnicidad. En particular, raza es un concepto que ha variado a lo largo de los años. Los debates en cuanto a las definiciones biológicas de raza han sido poco convincentes. Durante las décadas anteriores a la fundación de la nación, Benjamin Franklin explicó su forma de clasificar las razas:

> El número de personas puramente blancas en el mundo es proporcionalmente muy pequeño. Toda África es negra o leonada. Asia, principalmente es leonada. América (con exclusión de los recién llegados) es totalmente así. Y en Europa, los españoles, italianos, franceses, rusos y suecos, son por lo general lo que llamamos de tez morena; al igual que los alemanes también, solamente exceptuando a los sajones, que con los ingleses, conforman el principal Cuerpo de los Blancos en la faz de la Tierra. ¡Ojalá que su número se incrementara![48]

La sociedad del Nuevo Mundo, como estructura económica antes de la independencia del gobierno de EE.UU., ya había construido raza como una estera económica, un medio para distinguir entre los nativos europeos o para aclarar cuáles seres humanos podían poseer a otros seres humanos. Por ejemplo, los estados crearon leyes que codificaron el porcentaje de sangre afro-americana que sería necesario para que una persona fuera clasificada como negroide; era común que una persona con un octavo de ascendencia africana fuera clasificada de esta manera. Utilizando la misma lógica, pero invirtiendo las categorías, Papa Doc Duvalier, el ex dictador de Haití, insistió en que la población de Haití era 98 por ciento blanca, porque la mayoría de los haitianos era por lo menos un octavo blanca.[49] Las clasificaciones de las razas son «taxono-

---

48 Benjamin Franklin, «Observations Concerning the Increase in Mankind» (1751), *The Papers of Benjamin Franklin*, Yale University Press <www.franklinpapers.org>.

49 Barbara Field, «Ideology and Race in American History», en: *Region, Race and Reconstruction: Essays in Honor of C. Vann Woodward*, ed. J. M. Kousser and J. M. McPherson (New

mías populares» —métodos socialmente conformados para la clasificación de las personas—. Existen numerosas diferencias físicas entre los seres humanos, y ningún rasgo específico o en grupo es adecuado para un sistema biológico de identificación.

Pero aunque raza es una «taxonomía popular» no quiere decir que no sea significativa o poderosa, simplemente complica la investigación y la conversación. Estas clasificaciones afectan a todas las personas de una cultura o sociedad, y nuestras normas e imaginación, así como los comportamientos, se alinean con los mitos que definen y dan forma a estas clasificaciones. En los Estados Unidos nuestro idioma, el censo nacional, y muchos investigadores utilizan cinco categorías de clasificación de las razas: blanca, negra, asiática / pacífica, nativos americanos e hispanos. (La hispana es considerada una cultura multirracial en el censo de los EE.UU., pero más a menudo es tratada como la quinta categoría racial). Existe una importante presión social, sobre cualquier persona en los Estados Unidos, para identificarse con una de estas razas. Esto significa que otros conceptos sociales importantes tales como la etnicidad o el origen nacional, con frecuencia son reducidos al mínimo en favor de este sencillo sistema de clasificación de raza.

Aunque la clasificación de cinco categorías es ampliamente utilizada, el sociólogo Michael Emerson postula que los Estados Unidos reconoce dos «culturas / razas / etnicidades nativas»: blanca y negra. Las naciones antiguas de indios americanos y los pueblos hispanos o franceses, que llegaron antes que los colonos europeos, no son tratados como nativos por la sociedad llamada «los Estados Unidos». A pesar de que tuvieron una vida previa aquí, no tienen un papel central en la manera como los Estados Unidos históricamente se han definido a sí mismos. Todos los otros grupos étnicos son inmigrantes (extranjeros) que tienen que aprender a adaptarse a las dos razas dominantes.

El marco de Emerson podría ayudar a explicar por qué las iglesias que son racialmente diversas son menos propensas a tener blancos y negros en importantes porcentajes, iglesias que Emerson denomina «congregaciones de la cultura americana mixta».[50] (Esto es solo para los negros de EE.UU., no para los inmigrantes de África y el Caribe.) Esto

---

York: Oxford University Press, 1982), p. 26.

50   Michael Emerson, *People of the Dream: Multiracial Congregations in the United States* (Princeton, N.J.: Princeton University Press, 2006), p. 138.

trae un enfoque único a las complejidades de orientar iglesias hacia este tipo de inclusión.

> Personas de ambas culturas nativas de EE.UU. creen que tienen, por lo menos, el mismo derecho a practicar su cultura; tienen poco interés en renunciar a ella; tienen una cultura de oposición, por lo que la adopción de una puede ser vista como negación de otra; tienen culturas que se han institucionalizado; ... tienen siglos de heridas raciales. Por el contrario, los que viven en culturas inmigrantes en general vienen a los Estados Unidos anticipando adaptarse a una cultura estadounidense.[51]

Debido a esta distinción histórica, existen retos que son únicos y complejos para las iglesias multirraciales que incluyen un porcentaje significativo de blancos y negros. No está claro la manera como este marco se aplica a la profundamente arraigada presencia de la cultura hispana en este país.[52] Todo esto sostiene nuestro principal punto de que a pesar de que la raza es un factor sin definiciones fisiológicas sostenibles, es un factor poderoso debido a las diferencias culturales.[53]

La etnicidad, también un concepto social, por lo general se refiere a un grupo cultural con conexiones comunes tales como la biología, la herencia, la lengua, la religión y la geografía o los patrones de migración. En los Estados Unidos, el término puede referirse a los grupos que han sido identificables desde hace siglos, como el chino, o los que se han «nombrado» más recientemente, como los hispanos.[54] Como grupo étnico, los latinos / hispanos se identifican a través de su patrimonio lingüístico, el español, y algunas conexiones de herencia a través de

51 Ibid., p. 139.

52 El análisis estadístico de Emerson es completo e indica las dificultades únicas que él afirma. No obstante, si las iglesias católico-romanas fueran puestas en conjunto, porque hay otras influencias que crean inclusión en esos contextos, las iglesias blanco-latinas posiblemente serían casi tan raras.

53 En su investigación en cuanto a las iglesias multirraciales, la más extensa hasta la fecha, creemos que Emerson debe ir más allá del análisis social y trabajar mucho con los factores culturales para explicar sus datos. Este es el trabajo interdisciplinario que necesita de la investigación continua entre los que estamos interesados en la formación de la vida intercultural en las iglesias.

54 El uso actual del término «hispano» en Estados Unidos fue iniciado por la Oficina del Censo en la década de 1960 y fue utilizado por primera vez en el censo de 1970.

la geografía de las Américas; puesto que esta categoría incluye a personas de muchos trasfondos «raciales», no siempre está claro cómo se está utilizando en los Estados Unidos. Otros grupos étnicos, como los escoceses-irlandeses, se identifican por la geografía de los patrones de inmigración y algunos patrones de conducta menos identificables. Los judíos son principalmente identificados por las creencias y prácticas religiosas de sus antepasados. Tal vez el rasgo más importante es que las personas de un grupo étnico pueden contar una historia particular, o aprender una narrativa que los abarque. Esta narración es moldeada en formas que son identificables a cada persona en el grupo y (tal vez de otras maneras) a los foráneos. Estas historias podrían incluir la geografía de los antepasados, las causas de la migración, las experiencias de la vida en Estados Unidos, y cualquier asunto relacionado como la lengua, la opresión, la oportunidad, los alimentos, los hábitos y las características de las relaciones.

A lo largo de este trabajo raramente usaremos raza como un concepto principal, aunque es necesario en algunos relatos de opresión o en referencia a estadísticas comúnmente disponibles. A veces se utiliza el término *racismo* para describir el abuso de poder de un grupo étnico sobre otro, en particular, perpetrado por la cultura euro-americana, a fin de mantener la dominación.[55] También reconocemos que vivimos en una sociedad racializada, en la que la categoría de raza se utiliza como marco para la definición de muchos aspectos de nuestro contexto: política, economía, derecho, educación. Esto significa que es difícil dar un discurso completo sobre estos temas en términos descriptivos o prescriptivos, sin hacer referencia a raza. A veces, otros conflictos interétnicos son descritos como racismo, pero no vamos a utilizar el término de esa manera. El racismo también se extiende a las perspectivas intraétnicas, en las que los prejuicios de la cultura dominante se incrustan en los grupos minoritarios, y luego ellos miden grados de blancura. Personas que no son consideradas «blancas», no obstante, se consideran mejores que los que ellos perciben como más oscuros que ellos mismos. Entre los latinos y los afroamericanos, personas de piel más clara a veces tratan de «pasar» (buscar que los consideren blancos o por lo menos más blancos). En vez de convertirse en una prueba de que raza no es una ca-

---

55 Véase especialmente: Michael Emerson and Christian Smith, *Divided by Faith: Evangelical Religion and the Problem of Race in America* (New York: Oxford University Press, 2000).

tegoría objetiva, la gente de piel más clara, que aceptan estas categorías, refuerzan el concepto de raza.

Vamos a utilizar el término *etnicidades* en referencia a las *culturas*, como se explicó anteriormente, y vamos a utilizar estos dos términos casi de manera intercambiable. Asumimos que el mejor acceso que tenemos para entender las relaciones que hay entre congregaciones y etnicidades es a través de historias —personales, sociales, culturales—. Algunas veces los datos demográficos pueden ayudar, tales como información en cuanto a la población, o los ingresos o la vivienda, pero solo si esos datos son interpretados. En otras palabras, es en el hecho de encontrar y contar, de ajustar nuestras historias, de escuchar y preguntar, y recibir los relatos de los demás, así como también en el de crear nuevas narrativas en conjunto, que adquirimos comprensión y nuevas oportunidades.

En el desarrollo de los Estados Unidos como país, y dentro de su sociedad dominante, ha habido históricamente una serie de narrativas que definen la forma como deben relacionarse los diversos grupos étnicos y raciales entre sí. Históricamente, solo la gente que se define como blanca podía participar en la sociedad dominante. La definición ha cambiado para incluir la mayoría de la gente de descendencia europea. Pero hasta hace poco, la gente no definida como blanca no era bienvenida en el proceso. Cada discurso define un «ideal» social, la forma en que sus proponentes asumen que deberían ser las cosas. El modelo de *anglo-conformidad* asume que, dado que la cultura dominante en los Estados Unidos tiene una base inglesa, entonces, todos los nuevos inmigrantes se deben conformar a esa cultura. Una variante de este concepto, la *olla de crisol*, asume que los diversos grupos étnicos en los Estados Unidos deben ajustarse a un modelo común, pero uno en el que cada grupo contribuya a la nueva cultura que se crea. El tercer modelo principal asume que el *pluralismo cultural* satisface mejor a la sociedad de EE.UU., una situación en la que cada grupo mantiene muchas de sus características distintivas, a pesar de que se identifica con una sociedad común. Milton Gordon sostuvo en la década de 1960 que cada uno de estos modelos era un ideal con una larga historia en los Estados Unidos, pero que ninguno describe completamente la realidad.[56]

---

56 Milton Gordon, *Assimilation in American Life: The Role of Race, Religion, and National Origins* (New York: Oxford University Press, 1964).

La cuestión de las relaciones interculturales también tiene que lidiar con el tema del idioma. Cada uno de los relatos tiene una respuesta diferente; los dos primeros asumen que existe un lenguaje común, el inglés, específicamente el inglés estadounidense. Pero siempre ha habido otros idiomas hablados en el país, y en la actualidad los Estados Unidos es el cuarto país más grande de habla española del mundo. No está claro si a otros idiomas aparte del inglés se les dará un espacio en la estructura social de los Estados Unidos.

VIDA INTERCULTURAL

Dado que este es un trabajo sobre teología práctica (como se explica en el capítulo uno), se basa en historias personales y de grupo, recursos intelectuales y culturales, textos bíblicos y teológicos, y perspectivas de la comunicación y el liderazgo con el fin de promover la vida intercultural. Creemos que cada vez que sea posible, las iglesias deben seguir cruzando los límites culturales con los vecinos y desarrollar la vida intercultural dentro de sus congregaciones. Los marcos que desarrollamos y las aptitudes que promovemos pueden servir a los lectores no solo en la vida congregacional, sino también en las relaciones con otras iglesias, organizaciones y vecinos. Creemos que las cuestiones de la cultura y la etnicidad son importantes y que podemos dar forma a la comunidad intercultural en las iglesias no ignorando lo particular, sino afirmando nuestro policentrismo, comprometiendo nuestras propias historias y creando nuevas historias de responsabilidad mutua y de vida misional compartida.[57]

Hace varios años, Manuel Ortiz describió varias formas en las que las iglesias y las comunidades se relacionan entre sí. Habló de dos tipos principales de vida intercultural de la iglesia. El primero es a través de *iglesias multicongregacionales*, donde diversas congregaciones étnicas y / o lingüísticas mantienen vida corporal separada, pero trabajan juntas y celebran su identidad común en Jesucristo a través del culto y las actividades del ministerio. El segundo es la *iglesia multiétnica*, en la que aquellos de varios orígenes étnicos y culturales trabajan juntos para formar una congregación. Ortiz describe las variaciones que hay en cada

---

57 Igualmente, David Hollinger, entre otros, demandó un marco social que fuera más que denominar nuestras identidades étnicas y proclamar nuestros derechos: *Postethnic America* (New York: Basic Books, 2005).

uno de estos modelos y las implicaciones de cada uno para el ministerio.[58] Los asuntos de la vida intercultural se aplican en ambos modelos,
aunque los matices a menudo serán diferentes. A veces, el lector puede
notar que nuestras experiencias diferentes (Juan y Mark) se muestran a
través de la forma en que manejamos temas específicos.

Estudio Bíblico: Gálatas 3:23-29 - Entender nuestras diferencias

[23] Antes de venir esta fe, la ley nos tenía presos, encerrados
hasta que la fe se revelara.[24] Así que la ley vino a ser nuestro
guía encargado de conducirnos a Cristo, para que fuéramos
*justificados por la fe.[25] Pero ahora que ha llegado la fe, ya no
estamos sujetos al guía. [26] Todos ustedes son hijos de Dios
mediante la *fe en Cristo Jesús,[27] porque todos los que han sido
bautizados en Cristo se han revestido de Cristo.[28] Ya no hay
judío ni *griego, esclavo ni libre, hombre ni mujer, sino que todos
ustedes son uno solo en Cristo Jesús.[29] Y si ustedes pertenecen
a Cristo, son la descendencia de Abraham y herederos según la
promesa.

En Gálatas 3:23-29 Pablo describe las nuevas relaciones que existen
por Jesucristo. Nuestra relación con Dios ha cambiado, y esto tiene
implicaciones para nuestras relaciones humanas. Para aclarar este
punto, en el versículo 28 Pablo menciona las principales divisiones
que hay entre los seres humanos en su época y la nuestra: étnicas,
socioeconómicas y de género. Estas son divisiones reales que crean
diferencias reales en nuestro mundo. Pero Pablo nos invita a reconocer
que si el evangelio de hecho ha creado el cambio, estas diferencias
ya no pueden definirnos o definir nuestras relaciones en la iglesia.
Estas diferencias son reales, con todo, están siendo transformadas
por el evangelio. El pasaje nos invita a vivir las implicaciones de la
transformación en nuestras interacciones de día a día como creyentes
en Jesucristo.

---

58 Manuel Ortiz, *One New People: Models for Developing Multiethnic Church* (Downers Grove, Ill.: InterVarsity Press, 1996).

1. De acuerdo con este capítulo, ¿cuáles son algunas de las principales diferencias y divisiones existentes en su sociedad? ¿Cómo son similares o diferentes a las que Pablo describe desde el primer siglo?
2. Las diferencias descritas por Pablo son muy reales. ¿De qué manera reconocemos tanto la realidad de las diferencias como también afirmamos que el evangelio transforma esas diferencias?
3. Al pensar en su propia identidad, ¿qué partes considera fundamentales y cuáles secundarias? ¿De qué manera esta diferencia afecta la forma en que usted lee este pasaje?

Nos hemos beneficiado enormemente de las últimas investigaciones y análisis sobre congregaciones *multirraciales*. Para los sociólogos que están dirigiendo estas investigaciones, dos supuestos afectan sus análisis: (1) utilizan raza, el sistema de clasificación de cinco categorías, para la mayoría de sus investigaciones y análisis, y (2) suelen usar el 80 por ciento como un marcador, por lo que «una congregación multirracial es aquella en la que ningún grupo racial comprende el 80 por ciento o más de las personas».[59] Si bien hay algunas pruebas de que este tipo de iglesias se encuentra en un punto de inflexión,[60] existen importantes factores culturales que pueden hacer que este marcador del 20 por ciento sea importante o insignificante. Por ejemplo, en una iglesia euro-americana que ha sido afectada por la cultura dominante durante décadas, incluso si el 20 por ciento de los participantes son personas de otras etnicidades, es probable que la *cultura* de la iglesia se mantenga sin cambios. Es decir, las percepciones, las costumbres, las estructuras y las prácticas son asumidas y tienen mucha influencia. Si hay diversidad étnica, sobre todo si esa diversidad se distribuye entre varios grupos, es menos probable que la estabilidad cultural cambie. Así que, a pesar de que la raza proporciona a los sociólogos una forma de clasificar y observar la vida de la iglesia, creemos que la *cultura* y la *etnicidad* son la clave para las realidades humanas y sistémicas que se resisten o potencialmente abracen la vida intercultural que promovemos. En general, no creemos que

---

59 Emerson, *People of the Dream*, p. 35.

60 Ibid., p. 35 n.3.

un cambio cultural se vuelva definitivo cuando un grupo étnico todavía tiene el 80 por ciento de los participantes activos. Sin embargo, creemos que los grupos muy pequeños en una iglesia, aunque sean menos del 20 por ciento, pueden proporcionar experiencias significativas que comienzan a reenfocar la atención, las experiencias y los compromisos.

Así que hemos emprendido un proyecto más complejo, y por lo tanto menos exacto, que el de los sociólogos en cuyo trabajo nos basamos. Compartimos una agenda con los que quieren que las iglesias sean modelos y agentes de la reconciliación racial y de la diversidad auténtica.[61] Sin embargo, estamos eligiendo enfocar en la etnicidad y la cultura por varias razones: (1) Las categorías raciales, como un supuesto sistema de clasificación, pueden tener un efecto opresivo sobre los grupos étnicos. Entre los estadounidenses de origen asiático existen importantes diferencias culturales entre filipinos americanos y coreanos americanos, así como hay diferencias entre los afroamericanos de la herencia de la esclavitud, que han estado en los Estados Unidos por generaciones, y los afroamericanos con raíces caribeñas o africanas recientes. Sin embargo, las categorías de raza a menudo se nos imponen, ya sea debido a la comodidad de la apariencia física o por las necesidades institucionales de cuantificar a las personas y porque vivimos en una sociedad racializada. Creemos que es importante que las iglesias valoren y trabajen en la diversidad étnica. (2) Las categorías de raza son demasiado simples para las experiencias de la vida diaria donde los rasgos culturales son la cuestión principal. Un factor importante es que las culturas no son estáticas, sino maleables a medida que las experiencias y las historias cambian. Entonces, la complejidad de la vida multicultural puede beneficiarse de diversas disciplinas académicas (por ejemplo, la antropología cultural, la hermenéutica y la construcción social, y la teoría de cambio de liderazgo/organización). (3) A pesar de que deseamos promover iglesias multirraciales, también queremos ayudar a las iglesias que están haciendo el muy difícil trabajo de dar forma a las iglesias multiétnicas, incluso cuando las fronteras raciales no han sido cruzadas. Hay retos importantes en las iglesias pan-latinas, pan-asiáticas y pan-africanas, y los temas que abordamos son importantes para esos esfuerzos.

---

61   Estamos especialmente en deuda con Michael Emerson, Christian Smith, Curtiss De-Young, George Yancey y Karen Chai Kim, quienes lideran la investigación académica y los profundos análisis que son de utilidad para las iglesias de EE. UU.

CONCLUSIÓN: IGLESIAS EN CONTEXTO

Las congregaciones necesitan explorar las historias de su propia herencia étnica, y las de las culturas circundantes, con el fin de entender su propia identidad y su papel en el mundo. Creemos que la matriz de marcos que ofrecemos puede incrementar las capacidades de una iglesia para cruzar fronteras y llegar a ser más inclusiva. Hay numerosos adjetivos que se utilizan comúnmente para describir estos objetivos: integración, diversidad, inclusión, heterogénea, multirracial, multicultural, multiétnica. Los términos pueden fácilmente llegar a ser demasiado estáticos o ser manipulados por las agendas partidistas. Nosotros preferimos el término *intercultural* como una forma de enfatizar una relacionalidad continua, dinámica de los diversos pueblos. Queremos seguir una agenda que reconoce la naturaleza de las relaciones y contextos siempre cambiantes de nuestras iglesias, que especifica un compromiso real y reciprocidad, y que pone atención a los relatos de grandes y pequeñas similitudes y diferencias. Michael Emerson, en *People of the Dream*, argumenta a favor lo que él llama los «americanos de sexta», una clasificación de las personas que no encajan *culturalmente* en las cinco categorías raciales (a veces porque también están racialmente mezclados).

Creemos que esto es similar a los objetivos interculturales que promovemos: la formación de personas e iglesias que son fundamentalmente cambiadas en su encuentro con los demás. Muchas de las particularidades de cada cultura étnica se conservan, a veces alteradas, a medida que una nueva cultura se forma en la congregación y se desarrollan nuevas identidades policéntricas. Como se subraya en la investigación de Emerson, las personas en las iglesias multirraciales no tienden a perder la conciencia y el compromiso con importantes elementos de su identidad cultural; el aprendizaje y experimentar la vida con personas de otras culturas pueden profundizar la apreciación que uno tiene de su propia cultura. No existe un mapa claro hacia las metas de la vida intercultural; cada iglesia y cada contexto son profundamente singulares, pero creemos que hay importantes formas de prestar atención, de experimentar, motivarnos unos a otros y beneficiarnos de la obra de reconciliación generativa del Espíritu Santo.

Nuestras iglesias no nacen de la nada, incluso las plantaciones de iglesias son profundamente formadas por el entorno social en el que viven los participantes, y que da forma a su contexto antes de crear una vida en común. La claridad en cuanto a nuestro pacto de vida como una comunidad o comunidades, las fuerzas sociales que nos forman, y las realidades culturales de nuestro contexto y de la iglesia pueden ayudar para que la vida intercultural sea una expresión visible y tangible del evangelio.

En el Cine

El festín de Babette (1987). Una francesa refugiada entra en la casa de un pastor y sus dos hijas mayores de edad en un pueblo danés aislado con valores puritanos austeros del siglo XIX. Después de trabajar durante muchos años como sirvienta y cocinera, las circunstancias producen una sorpresa culinaria increíble y una revelación igualmente impresionante, con un impacto en toda la aldea.

Torino (2008). Walt Kowalski, veterano descontento de la guerra de Corea y viudo reciente, se queja de los vecinos que son inmigrantes Hmong, pero se introduce en las fiestas de la familia y el entorno complejo y peligroso de los adolescentes.

PARTE II

PERSPECTIVAS SOCIOCULTURALES

COSMOVISIONES, REALIDAD Y SUPUESTOS

Mark Lau Branson

Paulo Freire, quien se convirtió en Ministro de Educación de Brasil, fue formado con un fundamento teológico que incluía creencias en cuanto a la humanidad, la creación y Dios. Esto lo llevó a ver la educación como un modo de remodelar las cosmovisiones, y, de esta forma, prestar atención a la cultura y su gente. La educación patrocinada por el gobierno suele centrarse en la creación de una ciudadanía que apoye y haga sacrificios por el gobierno y sus principales socios, tales como la industria y las dinastías acaudaladas. Freire sabía que la cosmovisión de la clase alta, y la cultura dominante, era que ellos podían cambiar las cosas —tenían un poder real para dar forma a su mundo—. Utilizando sus conceptos, ellos sabían que eran «los creadores de la cultura». También sabían que los campesinos y los obreros (sobre todo los pueblos indígenas y también los descendientes de esclavos africanos) tenían una cosmovisión en la que ellos no eran creadores culturales; creían que solo podían aceptar su situación y trabajar en el mundo que se les dio. Todos ellos vivían y trabajaban de acuerdo con su cosmovisión; Freire buscó, entonces, maneras de cambiar la cosmovisión de aquellos que pensaban que eran impotentes. En su trabajo, especialmente en el noreste de Brasil, Freire desarrolló un enfoque a la alfabetización que se inició con la reformulación de la cosmovisión de la cultura, a fin de que los estudiantes comenzaran a creer que eran sujetos y no objetos pasivos. Como sujetos, tenían la vocación de cambiar su mundo para ser creadores de cultura.[62]

---

62 Más tarde Freire fue arrestado y exiliado por el gobierno brasileño, ya que entendió que este trabajo de alfabetización amenazaba sus sistemas. Él continuó su trabajo primero en Chile, luego en el Concilio Mundial de Iglesias. Véase: Paulo Freire, *Education for Critical Consciousness* (New York: Crossroad, 1974).

COSMOVISIONES Y CRUCE DE FRONTERAS

Todos somos criados en el contexto de una cultura y su cosmovisión. Una cosmovisión es un tejido complejo y multifacético de creencias, a menudo sumergidas, con relación al mundo, lo que es, cómo interactúan sus partes y el lugar de la humanidad. Una cosmovisión nos forma como seres oprimidos u opresores, o bien sea como seres capaces o no de ciertas habilidades o actividades físicas, valorados por los demás, o desechables.

Comprendidos en este tejido existen cuestiones de nacimiento y muerte, la vida después de la muerte, la salud biológica y psicológica, tiempo y lugar, la suerte y el destino y la agencia. La cosmovisión también da forma a nuestra comprensión de la creación, lo que es visible y lo invisible y cómo relacionarse con ello. Todos los temas de nuestros siguientes capítulos están relacionados con la cosmovisión, por lo que en este capítulo se abordarán conceptos mayores y la interacción de las múltiples cosmovisiones en las que vivimos. Estudiaremos la manera como un filósofo, Jürgen Habermas, y el misionólogo Louis Luzbetak, explicaron el papel de las cosmovisiones. Siempre que las iglesias estén involucradas en el cruce de fronteras étnicas, sus líderes tienen que adquirir destrezas no solo para ellos mismos, sino también para formar a sus iglesias a fin de que vean y comprendan las cosmovisiones, las suyas y las de aquellos con los que interactúan.

Habermas, los mundos de la vida y las concepciones del mundo. Jürgen Habermas, filósofo alemán, propone un marco conceptual que nos puede ayudar en la comprensión de la manera como una cultura puede ser entendida e incluso reformada. En el contexto de las grandes estructuras sociales de la economía de mercado y las varias estructuras de las naciones y la globalización, concibe «mundos de la vida», conceptos del mundo y capacidad comunicativa. Un *mundo de la vida* es la cosmovisión completa de una cultura; *los conceptos del mundo* proporcionan medios conceptuales para entender un mundo de la vida; la *capacidad comunicativa* entre las personas les da a ellas la capacidad de comunicarse plenamente y con integridad en cuanto a su mundo y cómo vivir en él.[63]

---

63 Jürgen Habermas, *The Theory of Communicative Action*, vol. 2, trans. Thomas McCarthy (Boston: Beacon, 1987). Elegimos trabajar con Habermas puesto que su marco de trabajo es menos estático que otros en cuanto a cosmovisiones y porque él propone medios para aumentar las capacidades de un grupo para la comprensión y la acción cooperativa. Vamos a

Los participantes están en un *mundo de la vida*, constituido por la cultura y la lengua, y no son capaces de salir de él o de objetivarlo (esto es, separarse a sí mismos de él y verlo desde «afuera»). Un mundo de la vida es un preconsciente social y un contexto personal, y tiene elementos que perduran y elementos que son más fluidos. Mientras que el mundo de la vida (con sus recursos y carencias) está en el fondo, asumido, los participantes actúan de acuerdo con numerosos supuestos no mencionados con relación a sus acciones, incluyendo temas como la ubicación, el tiempo, los objetivos y las palabras. Por ejemplo, en una congregación, con el mundo de la vida (incluida la herencia, la teología y otras normas) en el fondo, un grupo de personas participa en un tiempo de adoración dominical. Algunos pueden planificar o prepararse para liderar, otros pueden realizar determinadas tareas, como recepcionistas o ujieres, o músicos. Las actividades de los participantes y los líderes simplemente pueden surgir de siglos de supuestos, o quizás han determinado recientemente un conjunto más nuevo de normas. Mientras que las acciones pueden originarse del hábito o de una nueva planificación, el marco más amplio es preconsciente y no discutido. Este es el mundo de la vida y todas las culturas, grandes y pequeñas, siguen adelante con la vida diaria mientras que este fondo es inconsciente y es asumido.

Sin embargo, cuando los participantes conscientemente problematizan una situación (lo que significa que están prestando atención a algo y conversando al respecto, a menudo debido a que algunos problemas se están reconociendo), están manejando algún segmento definible de su mundo de la vida común que, de ese modo, lo pasan del preconsciente al consciente.

Conceptos del mundo proporcionan acceso conceptual al mundo de la vida. Hay diversas circunstancias y motivaciones para mover algo de nuestro mundo de la vida inconsciente a algún tipo de discusión a fin de poder prestarle atención. En cuanto a nuestra vida como cristianos, cuando encontramos personas o experiencias que no encajan con nuestras suposiciones, podemos beneficiarnos si tomamos conciencia de nuestros supuestos, y del hecho de que podemos ser capaces de trabajar con otros en el examen de nuestros hábitos y creencias. Tenemos que ir más allá de nuestro mundo de la vida anterior, en el que ya todo está interpretado (significados asignados), de manera que podamos obtener los

---

interactuar más con él en el capítulo nueve, con relación a la comunicación.

beneficios de las nuevas ideas, acuerdos y acciones que resultan.[64] Dar forma a una congregación hacia el entendimiento mutuo es una cuestión de liderazgo interpretativa, discernir cuándo y cómo hacer visibles elementos de los mundos de vida de la congregación.

Por ejemplo, las circunstancias pueden haber traído nuevas personas a la adoración, o ciertos participantes pueden decidir que quieren una voz en la formación del culto. Esta problematización puede dar a los participantes acceso al usualmente invisible mundo de la vida. A medida que este conjunto de acciones continúa, los conceptos del mundo están en juego. Al problematizar algunos aspectos de la adoración —la música, el uso de las Escrituras, el papel del pastor y otros líderes, las actividades de los participantes—, estos elementos son traídos a la conciencia por un grupo de personas que comienzan a explorar sus conceptos del mundo. En otras palabras, lo que antes era inconsciente, parte del mundo de la vida, ahora necesita ser conceptualizado. Los líderes tienen una importante labor en la orientación de la dinámica relacional y la implementación de reuniones y actividades, a favor de un entendimiento más profundo y, tal vez, de experimentos hacia la praxis nueva.

Tabla 4.1. Conceptos del mundo

	Mundo Objetivo	Mundo Subjetivo	Mundo Social
Temas	Conocimiento proposicional disponible generalmente	Historias personales y afectivo	Normas del grupo e intenciones
Tipo de discurso	Descriptivo	Expresivo	Regulativo

La manera en que esta conceptualización se lleva a cabo marcará una diferencia significativa en el resultado de la vida del grupo. Así que Habermas concibe *conceptos del mundo* que son específicos para tres «mundos»: el mundo objetivo, el mundo social y el mundo subjetivo. Cada mundo cuenta con su propia esfera de pertinencia, sus normas de pretensiones de validez y su propia gramática. Usamos un *discurso descriptivo* para hablar del *mundo objetivo*, y nuestra meta es hacer y validar afirmaciones de verdad. Por ejemplo, podemos decir que la teología de

---

64 Ibid., p. 125

una cierta canción viene de la tradición reformada, y el estilo musical es del de la Alemania del siglo XVIII. Usamos el *discurso expresivo* para hablar de *mundo subjetivo*, y este discurso es válido si es honesto o verídico. Alguien puede decir que aprecia la teología particular de un himno, o que el estilo de música le crea una profunda reverencia. En tercer lugar, usamos el *discurso regulativo* porque un grupo necesita determinar las normas de su mundo social, el que incluirá sus imperativos e intenciones.[65] El capítulo nueve examina más de cerca la manera como una iglesia puede fomentar la capacidad comunicativa en este tipo de situaciones.

Daniel y su familia decidieron visitar una iglesia en su nuevo barrio culturalmente mezclado. Ellos eran latinos (siendo el inglés su principal lengua materna), y la iglesia era primordialmente euro-americana. Comenzaron a apreciar algunas amistades, sus hijos fueron acogidos en las clases de Escuela Dominical, y se enteraron de que algunos miembros de la iglesia trabajaban con la escuela de sus hijos como tutores y profesores auxiliares. Pero después de unos pocos meses, Daniel se encontró cada vez menos interesado en el culto dominical matutino. Cuando le expresó esto a Sara, su esposa, ella quiso saber qué le estaba molestando. Mientras hablaban, se dio cuenta de que a menudo volvía a casa después del culto sintiéndose un poco cansado o incluso desanimado. Los sermones a menudo proporcionaban una buena enseñanza y trataban diversas e importantes preocupaciones personales y del mundo. La gente que los rodeaba era realmente amigable. Pero él no se sentía animado, no sentía la energía del Espíritu. Mientras hablaban, se hizo más consciente de lo que esperaba durante un culto de adoración, pero no sabía lo que sus nuevos amigos esperaban. ¿Cómo los tocó y los guió Dios? ¿Qué podía él recordar de sus iglesias anteriores con relación a la manera en que anticipaba el lugar de la adoración en su vida?

Los participantes en una iglesia viven en mundos de la vida algo similares, pero también diferentes, lo que significa que a menudo no son conscientes de los numerosos factores que dan forma a sus prácticas y

---

65   Ibid., p. 120.

sus prioridades. Cuando una iglesia cruza fronteras culturales, ya sea en su vida interna o en su vida misional, los miembros son cada vez más conscientes de las tensiones y las ansiedades, pero las cuestiones a menudo permanecen vagas y no se habla de ellas. Sus mundos de vida están en desacuerdo, pero su conciencia y la comunicación son limitadas. Entonces, no es raro que una iglesia problematice inicialmente alguna cuestión tal como la adoración únicamente en el ámbito *social*, al expresar opiniones sobre «deberes»: «debemos tener música contemporánea», o «deberíamos tener a los niños en el santuario durante el sermón». Esta conversación da poca atención a los conceptos de los mundos *objetivo* y *subjetivo*. Este enfoque es limitado, ya que proporciona poco acceso a los mundos de la vida, tiende a impedir una comprensión mutua sustantiva o un cambio significativo. Una exploración más completa discerniría los caminos para hablar sobre el mundo subjetivo de los participantes («cuéntenos su autobigrafía de culto») y el mundo objetivo («¿qué fuerzas bíblicas, históricas y culturales han dado forma a nuestras prácticas?» y «¿qué recursos bíblicos, históricos y culturales están disponibles para que experimentemos con nuevas prácticas?».) En el contexto de conversaciones más completas, el mundo social —lo que podríamos intentar juntos—, puede ser analizado más adecuadamente.

Estudio de la Biblia: Efesios - Romper el muro de separación

En amor[5] nos predestinó para ser adoptados como hijos suyos por medio de Jesucristo ... En él tenemos la redención mediante su sangre, el perdón de nuestros pecados, conforme a las riquezas de la gracia[8] que Dios nos dio en abundancia con toda sabiduría y entendimiento[9] Él nos hizo conocer el misterio de su voluntad conforme al buen propósito que de antemano estableció en Cristo, [10] para llevarlo a cabo cuando se cumpliera el tiempo: reunir en él todas las cosas, tanto las del cielo como las de la tierra ... [22] Dios sometió todas las cosas al dominio de Cristo, y lo dio como cabeza de todo a la iglesia. [23] Ésta, que es su cuerpo, es la plenitud de aquel que lo llena todo por completo. (Ef 1:5, 7-10, 22-23)

[12] Recuerden que en ese entonces ustedes estaban separados de Cristo, excluidos de la ciudadanía de Israel y ajenos a los pactos de la promesa, sin esperanza y sin Dios en el mundo.[13] Pero ahora en Cristo Jesús, a ustedes que antes estaban lejos, Dios los ha acercado mediante la sangre de Cristo. [14] Porque Cristo es nuestra paz: de los dos pueblos ha hecho uno solo, derribando mediante su sacrificio el muro de enemistad que nos separaba ... (Ef 2:12-14).

[8] Aunque soy el más insignificante de todos los santos, recibí esta gracia de predicar a las naciones las incalculables riquezas de Cristo,[9] y de hacer entender a todos la realización del plan de Dios, el misterio que desde los tiempos eternos se mantuvo oculto en Dios, creador de todas las cosas.[10] El fin de todo esto es que la sabiduría de Dios, en toda su diversidad, se dé a conocer ahora, por medio de la iglesia, a los poderes y autoridades en las regiones celestiales, (Ef 3:8-10).

[1] Por eso yo, que estoy preso por la causa del Señor, les ruego que vivan de una manera digna del llamamiento que han recibido ... [11] Él mismo constituyó a unos, apóstoles; a otros, profetas; a otros, evangelistas; y a otros, pastores y maestros,[12] a fin de capacitar al pueblo de Dios para la obra de servicio, para edificar el cuerpo de Cristo.[13] De este modo, todos llegaremos a la unidad de la fe y del conocimiento del Hijo de Dios, a una humanidad perfecta que se conforme a la plena estatura de Cristo. (Ef 4:1, 11-13)

A medida que el evangelio se extendía a través del mundo mediterráneo del primer siglo, un viejo obstáculo cultural parecía poner en tela de juicio a las iglesias nuevas. Si bien no hay evidencia de que el tono de la piel o la nacionalidad crearan divisiones, la barrera social entre los judíos y los «otros», persistió. En las iglesias esto se hizo evidente en las formas en que los judíos cristianos se resistían a los cristianos conversos que no se convertían [primero] al judaísmo. La carta a los Efesios trata esto como un asunto teológico, eclesial y misional.

1. La cosmovisión de los efesios incluye creencias sobre el universo, su propósito, su fin y los medios que Dios usa. ¿De qué manera se incluyen estas cuestiones en estos pasajes bíblicos?

2. La cosmovisión incluye las expectativas que los grupos sociales tienen entre sí y el grado de permanencia o flexibilidad de los arreglos actuales. ¿Cómo pudieron haber influido las cosmovisiones en Éfeso sobre las divisiones sociales? ¿Cómo conecta Efesios los planes a largo plazo de Dios con la vida de la iglesia?

3. «Los lugares celestiales» incluyen a Cristo, la iglesia de Éfeso, y otros gobernantes y autoridades (Ef 1:20, 2:06, 3:10). El capítulo 3 indica que la reconciliación social en la iglesia es un testimonio visible de la sabiduría de Dios. ¿Cuáles son las implicaciones de esta perspectiva?

4. Si la vocación de la iglesia (Ef 4:1) está esencialmente ligada a la reconciliación social a través de barreras culturales (Ef 2:14), entonces, ¿qué implicaciones existen para el trabajo de los líderes dotados del capítulo 4?

5. A pesar de que el significado de los términos cambia con el tiempo, los dones que se describen en 4:11 enfatizan vivir fuera de la vida interna de la iglesia. Por ejemplo, apóstol significa «enviado», los profetas frecuentemente trataban la manera como Israel y la iglesia debían relacionarse con cuestiones de encarnar el amor de Dios para con el mundo, y los pastores no son tan necesarios dentro de un corral como cuando las ovejas están fuera en el campo. Entonces, ¿cuáles son las oportunidades de estos líderes para la formación y el despliegue de toda la congregación hacia la vida intercultural?

Luzbetak y cosmovisiones. El mundo de la vida (o cosmovisión) de una cultura está compuesto por múltiples facetas. El misiólogo y antropólogo Louis Luzbetak propone que una cosmovisión se compone de conceptos y prácticas de una cultura relativas a lo sobrenatural, la naturaleza, los seres humanos y el tiempo.[66] Estos temas se expresan en preguntas básicas:

¿Quién o qué soy yo? ¿Por qué estoy en el mundo? ¿Qué es la realidad? ¿De qué manera difieren los seres humanos de los no huma-

---

66 Louis Luzbetak, *The Church and Cultures: New Perspectives in Missiological Anthropology* (Maryknoll, N.Y.: Orbis), p. 252.

nos (animales, objetos, seres invisibles)? ¿Qué pertenece al mundo invisible y cuáles son las fuerzas invisibles del mundo? ¿Cuál es la orientación apropiada para el tiempo y el espacio? ¿Qué de la vida después de la muerte? ¿Qué en la vida o el mundo es deseable o indeseable, y en qué medida?[67]

Luzbetak señala que una cosmovisión tiene dimensiones que son cognitivas, emocionales y motivacionales. Puesto que nuestra cosmovisión es a menudo inconsciente, estas categorías nos pueden ayudar a traer a la superficie los elementos que requieren atención. Las dimensiones cognitivas se ocupan de saber si el mundo es real o una ilusión, si el tiempo es lineal o circular, y si una persona puede obtener mejor conocimiento a través de la lógica o de los análogos. (Esto será explorado con más profundidad en el capítulo ocho que tiene que ver con percepción y pensamiento). Lo que Luzbetak denomina *dimensión emocional*, se refiere a cuestiones de valores, actitudes e intereses primarios. Estos son temas complejos de prioridades culturales, tales como guardar las apariencias, la agresión, la belleza, la bondad y la sabiduría. Si bien estas cuestiones pueden provocar emociones profundas, van más allá de la comprensión popular de las emociones a los compromisos específicos y las formas de vida. Las *dimensiones motivacionales* de una cosmovisión tienen que ver con el propósito, los ideales y las esperanzas.[68] Esto incluye lo que se llama un «imaginario social», es decir, la imagen cultural que se tiene del futuro, por qué es importante y qué se requiere para participar.[69] En una congregación que busca vida intercultural significativa, el marco de Luzbetak plantea preguntas útiles.

En una iglesia urbana de la costa oeste, una congregación asiático americana, que incluía principalmente inmigrantes, e inmigrantes de segunda generación, había decidido utilizar las instalaciones de una iglesia que estaba en transición de ser principalmente un grupo de ancianos euroamericanos a ser una iglesia más joven, local y de varios grupos étnicos

---

67   Ibid., p. 252.

68   Ibid., pp. 252-55.

69   Véase: Charles Taylor, *Modern Social Imaginaries* (Durham, N.C.: Duke University Press, 2004).

(una iglesia multicultural). La iglesia asiática tenía un creciente número de niños que hablaban principalmente inglés y la iglesia multicultural les dio la bienvenida en sus propias actividades. Si bien la congregación asiática anteriormente había tenido frustraciones con la congregación de ancianos euroamericanos, con relación a la cocina, estos asuntos se resolvieron rápidamente ya que la congregación multicultural buscó una igualdad más real con la congregación asiática. La congregación multicultural comenzó a plantear preguntas sobre la co-propiedad de los bienes, las relaciones más profundas y la colaboración en ministerios, pero el pastor de la congregación asiático-americana se mostró indeciso y varios esfuerzos se estancaron. A poco tiempo la congregación asiático-americana decidió buscar una nueva ubicación en los suburbios; la congregación multicultural se sintió decepcionada. Sus iniciativas, encaminadas a crear un camino para que la congregación de origen asiático se quedara y comenzara a compartir algunos aspectos del ministerio, no tuvieron éxito.

En el marco de Luzbetak la congregación multicultural no había entendido adecuadamente la cosmovisión de la congregación asiático-americana. Aunque existían formas parecidas de enfocar algunos aspectos cognitivos (tradición teológica, forma de gobierno de la organización), las *dimensiones emocionales* y las *dimensiones motivacionales* necesitaban estar en primer plano. Las *dimensiones emocionales* de un grupo de inmigrantes incluyen el bien de mantenerse cohesionados, de mantener fronteras culturales y la protección de la sabiduría cultural. Las *dimensiones motivacionales* incluyen las metas que tienen para sus hijos, que estaban más conectadas con las imágenes de los suburbios que con el entorno urbano. Además, las esperanzas y los ideales de la iglesia multicultural (desarrollar intencionalmente una vida intercultural entre sí y con los vecinos urbanos) no formaban parte de las motivaciones de la iglesia asiático-estadounidense. Sin la comprensión de las facetas de sus respectivas cosmovisiones, las conversaciones y la imaginación compartida están profundamente limitadas.

ALGUNOS ELEMENTOS DE LAS COSMOVISIONES

Como las cosmovisiones se desarrollan durante muchos años, los numerosos factores que componen la cosmovisión se entrelazan, incluso si no somos conscientes de las conexiones. Así que nuestra comprensión del tiempo está estrechamente ligada a nuestra comprensión de las relaciones, y nuestra comprensión de la naturaleza está conectada a la manera como vemos a Dios. Cuando estamos inmersos en las relaciones interculturales, podemos tomar conciencia de un cierto factor —tal como ciertas frustraciones sobre los horarios de reunión o la apreciación de las expresiones particulares de la bondad— pero no lo conectamos con la cosmovisión más grande y abarcadora. Como ha señalado Habermas, nuestro mundo de la vida es preconsciente y tenemos que traer ciertos elementos a la conciencia con el fin de ampliar nuestra propia cosmovisión para que realmente podamos estar relacionados con el «otro».Vamos a señalar algunos elementos específicos de nuestras cosmovisiones.

La naturaleza y el «otro». Las culturas de los Estados Unidos tienen diferentes cosmovisiones, formadas a través de la configuración geográfica, influenciada por la economía, la política y la religión. Los escoceses-irlandeses, cuya cosmovisión ha afectado significativamente las normas euro-americanas, provienen de siglos de rasguñar el sustento bajo opresivas incursiones británicas en los ambientes hostiles de Escocia y luego del norte de Irlanda. Ese capítulo posterior, en el que el gobernante británico atrajo a los escoceses para impulsar la salida de irlandeses de las tierras del norte de Irlanda, se ajusta con las normas escocesas de trabajar en estrechos clanes para batallar contra la naturaleza y contra los oponentes. También asumieron que estaban un poco a merced de grandes estructuras de gobierno (los británicos), con los que prefirieron mantener un contacto mínimo. Las dificultades continuas, sobre todo el hambre, llevaron después a muchos a inmigrar a los Estados Unidos y Canadá, y continuaron batallando contra la naturaleza y los nativos americanos a fin de hacerse de tierras de cultivo. El sociólogo James Leyburn compara los colonos escoceses-irlandeses con sus vecinos alemanes:

> Era costumbre esperar que los alemanes fueran ordenados, laboriosos, cuidadosamente frugales; rara vez tuvieron problemas con los

indios; si se interesaban algo en la política por lo general era a nivel local. Por el contrario, los escoceses-irlandeses eran considerados irascibles, impetuosos, dispuestos a trabajar a trancas y barrancas, imprudentes, demasiado dados a la bebida. Ningún observador de la época los elogió como agricultores modelo. Su interés por la política a nivel provincial pronto se volvería activo, incluso tormentoso; y su fama como guerreros contra los indios iba a ser casi tan notable como su reputación de causar problemas con los indios.[70]

Los escoceses-irlandeses, después de haber sido formados durante siglos en Escocia e Irlanda del Norte, siguieron viviendo con una cosmovisión que requería la agresión persistente hacia la tierra y los vecinos.

Por el contrario, los nativos americanos se formaron dentro de una cosmovisión que los concibe a sí mismos como parte de la naturaleza y a la creación como un don de Dios. De ahí que hubiera una especie de asociación de respeto en la que toda muerte necesaria (para alimentación, vestido y vivienda) movía al agradecimiento a la creación y al Creador. Richard Twiss escribe:

> Los nativos creen que la Tierra fue creada por Dios y, por tanto, es sagrada, mientras que la cultura occidental, considera la tierra como un recurso natural o materia prima... Me atrevo afirmar que el punto de vista del nativo americano es mucho más cercano a la comprensión hebrea antigua de la creación y es mucho más holístico e integrado.[71]

Este sentido de la creación del nativo americano es solo un elemento de una cosmovisión que es profundamente integrada. Aunque la mayoría de las cosmovisiones euro-americanas, desde la época de la Ilustración, tienden a ser más compartimentadas (y con frecuencia funcionalistas), la vida del nativo americano fue más fluida. George Tinker observa:

---

70 James Leyburn, *The Scotch-Irish: A Social History* (Chapel Hill: University of North Carolina Press, 1962), pp. 190-91.

71 Richard Twiss, *One Church Many Tribes* (Ventura, Calif.: Regal, 2000), p. 96.

Así que, las estructuras sociales y las tradiciones culturales de los indios americanos están imbuidas de una espiritualidad que no se puede separar de, por ejemplo, recoger maíz o del curtido de pieles, la caza o hacer la guerra. Casi todos los actos de los seres humanos estaban acompañados de una atención a los detalles religiosos, a veces como parte de un hábito ya formado y, a veces, con una ceremonia más específica. En el noroeste, la recolección de corteza de cedro estaba acompañada por la oración y la ceremonia; así mismo, matar a un búfalo requería acciones ceremoniales y palabras dictadas por las particularidades de la nación tribal, la lengua y la cultura. Entre los *osages* el principio espiritual de respeto a la vida dictaba que la decisión de ir a la guerra, en contra de otra gente, por lo general requería de una ceremonia de once días, dejando tiempo para reconsiderar su decisión y consagrar las vidas que pudieran perderse como consecuencia de la misma.[72]

Así, entre muchos nativos americanos, había una suposición que le daba prioridad a la humanidad de los demás. Había una coherencia en una cosmovisión que delineaba el carácter sagrado de la creación, que incluía a otras personas. Hay un paralelismo entre las perspectivas de algunas cosmovisiones indígenas, en relación con el carácter sagrado de la creación y la espiritualidad del trabajo, y la espiritualidad céltica que conecta la Trinidad con las actividades de la vida cotidiana.[73] En el capítulo seis vamos a explorar las variedades de las relaciones sociales en diferentes culturas.

Tiempo y progreso. La cosmovisión también tiene que ver con el tiempo. La visión euro-americana del tiempo tiene sus raíces en el entendimiento hebreo y cristiano de que el tiempo es lineal (que progresa desde la creación hasta la escatología y más allá), y nuestras vidas están relacionadas con factores tanto del pasado como del futuro. Este punto de vista lineal fue desarrollado de manera particular, como resultado del marco racionalista científico de la Ilustración. El tiempo es una secuencia de causas y efectos, y el «progreso» es un asunto relacionado, sobre la base de suposiciones acerca de una secuencia que hace la vida mejor.

---

72   George E. Tinker, «Religion,» *Encyclopedia of North American Tribes*, citado en: Vine Deloria Jr., *God Is Red: A Native View of Religion*, 2nd ed. (Golden, Colo.: Fulcrum, 1994); disponible en: <http://college.hmco.com/history/readerscomp/naind/html/na_032600_religion.htm>.

73   Véase Esther De Waal, *Every Earthly Blessing: Rediscovering the Celtic Tradition* (Harrisburg, Penn.: Morehouse, 1999), esp. chap. 2.

Así concebido, el tiempo es a menudo considerado como una materia prima a ser segmentada y usada. La era digital contribuye a este concepto del mundo: el tiempo se maneja en bloques de tamaño variable y no como un análogo al flujo de los acontecimientos.

La modernidad, tal como se expresa en la sociedad occidental y en la cultura euro-americana, ha seguido separando numerosas actividades humanas del tiempo biológico (estaciones, días, los ritmos humanos). Las prioridades de la industrialización y la globalización son la eficiencia, la previsibilidad y el control. Este tiempo social no es sincrónico con la naturaleza o con los seres humanos, por lo que mientras que algunos celebran una mayor productividad (producción más comercial de materias primas más rápidamente con menos mano de obra humana), hay consecuencias que tienden a no ser incluidas en las correspondientes mediciones, asuntos de ecología, el estrés y las consecuencias relacionales, en las familias y en las comunidades. Jeremy Rifkin señala: «Las horas locales desde hace mucho tiempo han sido ligadas a los valores tradicionales, a los dioses, al pasado mítico. El nuevo tiempo del mundo solo estaba ligado a números abstractos. Fluía de manera uniforme y se mantuvo distante y desconectado de los intereses parroquiales. El nuevo tiempo expresó una única dimensión: utilidad».[74] Este enfoque moderno del tiempo está ligado a la creencia en el progreso. Rifkin señala que somos más propensos a vivir en y tratar de dar forma al futuro, que reflexionar en cuanto al pasado o vivir en el presente.[75]

Este enfoque euro-estadounidense se diferencia de otras culturas que enfatizan el presente o el pasado, o que tienen una visión cíclica. Aunque las prioridades más lineales de la sociedad comunista en China han presionado a las tradiciones antiguas, esas culturas más antiguas todavía tienen un poder tremendo. Rifkin conecta estas raíces con la cosmovisión cultural:

> Todas las grandes religiones de China, el taoísmo, el confucianismo y el budismo enseñaban que el tiempo y la historia se repiten sin cesar en estricta obediencia a los movimientos planetarios ... Los chinos, por tanto, percibían el tiempo como algo de lento mo-

74 Jeremy Rifkin, *Time Wars* (New York: Simon & Schuster, 1987), p. 134.

75 Ibid., p. 20.

vimiento, cíclico y predeterminado, y se veían a sí mismos como guardianes de las glorias del pasado en lugar de iniciadores de las nuevas visiones.[76]

Por el contrario, la cultura japonesa, arraigada en la religión sintoísta, es más lineal, de más adaptación y cada vez más interesada en recurrir al pasado por el bien del futuro: «La orientación temporal japonesa fue más oportuna que la de los chinos, más pragmática e instrumental, y más preparada para construir el futuro en lugar de proteger el pasado».[77]

La manera en que una cosmovisión incluye los conceptos de tiempo está relacionada con numerosos factores: el papel de las relaciones, el valor del presente, el lugar de los acontecimientos sociales, el valor de imaginar y trabajar hacia el cambio, las formas en que se comunica el respeto y los conceptos de la vida después de la muerte. Todas estas posibilidades afectan la manera como se entiende la vida de una iglesia en relación con el tiempo.

Janice y Robert estaban dirigiendo los cantos en la clausura del culto. La congregación participaba plenamente, y Janice y Robert estaban disfrutando de la experiencia, que parecía ser pacífica y llena de energía. Dirigieron a la congregación en la repetición de los versos y el coro. Jeff, que se encontraba en un banco en la parte de atrás, miró su reloj –era después del mediodía, y estaba listo para pasar a sus actividades de la tarde.

■ ■ ■

Denise era nueva en la junta de la iglesia. Ella era apenas la segunda persona africano-estadounidense en la junta de una iglesia suburbana que tenía un pequeño pero creciente número de familias afro-americanas. Llegó a la reunión unos minutos temprano porque ya se había adaptado a la norma de la iglesia de comenzar las reuniones a tiempo. Después de un breve devocional de apertura, con estudio bíblico y oración, se procedió a hablar sobre los diversos ministerios. El

---

76 Ibid., p. 136.

77 Ibid., p. 137.

último tema trataba sobre ajustes al presupuesto, lo que creó una importante energía entre algunos de los participantes. A medida que la discusión avanzaba, Denise se sorprendió al ver que la reunión iba mucho más allá de la hora anunciada de finalización: 21:00.

En algunas culturas, el culto puede no empezar «a tiempo» (de acuerdo con un reloj), sino que es flexible y por lo tanto capaz de estirarse una hora adicional, más o menos. En otras iglesias el culto puede empezar y terminar puntualmente, pero las reuniones de negocios pueden prolongarse, con el fin de alcanzar objetivos particulares. Algunas iglesias tal vez le den peso al pasado y al futuro, mientras que no prestan mucha atención al contexto actual; otras viven en el presente sin prestarle atención a los recursos del pasado o del futuro. Los líderes tienen la tarea de ayudar a los participantes a notar las diferencias, a tener conversaciones acerca de las experiencias y los valores que hay detrás de tal diversidad, y dar forma a experimentos que se basen en las fortalezas variadas de los involucrados.

Realidad: visible e invisible. Mi esposa, Nina, fue criada en Texas, como segunda hija de una familia de inmigrantes chinos. La familia había llegado a Texas con el fin de que su padre pudiera cumplir con el compromiso de trabajar con un amigo de la familia para establecer una pequeña tienda de comestibles. Los años anteriores, en China, habían sido tiempos de guerra y hambre, y este era el principio de una nueva vida en los Estados Unidos. Pero a medida que se preparaba la tienda, su principal proveedor les informó que debido a que eran chinos, no podía venderles mercancías: «Muchos de mis otros clientes me han dicho que cancelarán sus órdenes si les proveo a ustedes». Sin suministro, la totalidad de sus inversiones de tiempo y de dinero se perdieron. Ellos lucharon por años para crear y mantener otros medios de ingresos.

Pero esa no fue la única amenaza que Nina recuerda. En el hogar, incluso cuando era niña, era consciente de la oscuridad presente a causa de las tradiciones religiosas chinas que su abuela practicaba. El padre de Nina no permitió que se erigiera el altar tradicional —a pesar de que no tenía otras convicciones que ofrecer—, pero la abuela continuó con sus rituales. El sentido de Nina, como niña, era que en su casa había

4 Cosmovisiones, realidad y supuestos

espíritu que estaban en su contra. Tenía conciencia de las amenazas en el mundo y las amenazas en su casa.

En este contexto, una vecina la invitó a una iglesia bautista cercana. Nina informa: «En la iglesia me enteré de que Jesús era un buen hombre blanco que amaba a los niños. Pero las historias que escuché allí no tenían nada que ver con las fuerzas económicas y racistas que obraron en contra de nosotros en el mundo, o con las oscuras fuerzas espirituales que me amenazaban en casa».

Muchas culturas chinas plantean la vida continua de los antepasados como espíritus que están presentes y que son influyentes. Algunas culturas africanas y afro-caribeñas creen que gran parte de la naturaleza es espiritual. En algunas culturas del sur de Asia, sistemas invisibles (en vez de seres particulares) gobiernan los asuntos de las consecuencias morales y de la reencarnación. Las culturas materialistas, especialmente las europeas, niegan cualquier sensibilidad o agencia a los seres invisibles, pero (tal como sucede en los Estados Unidos) todavía pueden tener expectativas casi reverenciales en cuanto al poder del «mercado», que «lo sabe todo». Hay cosmovisiones diferentes entre los cristianos con respecto a los ángeles, los demonios y los santos muertos que siguen aún activos. También hay diferencias en cuanto al papel presente y activo de la Trinidad, y en particular del Espíritu Santo. Ninguna iglesia puede darle sentido a todas estas diferencias, pero las personas muy reales en la congregación, y en el contexto, merecen respeto. Nuestra propias historias importan; el estudio de la Biblia no resolverá muchas diferencias, pero nos ayudará a ver las diferentes cosmovisiones de las culturas antiguas; el escuchar empático y la búsqueda común del shalom, así como la fidelidad de toda la iglesia llevará a experimentos apropiados y asociaciones de apoyo.

Reflexión Personal / Ejercicio en Grupo: Tomar en cuenta los elementos de su cosmovisión

Normalmente, nuestra cosmovisión permanece inconsciente y en el trasfondo. Luego algún tipo de experiencia (o estudio) trae algún elemento a la conciencia. Recuerde alguna experiencia en la que estuvo consciente de los elementos de su cosmovisión. En primer lugar, reflexione sobre estas preguntas:

1. ¿Cuándo se enteró de que usted y otra persona tenían diferentes conceptos del tiempo, o de la naturaleza, o de la realidad invisible? ¿Cómo respondió usted inicialmente? ¿Está usted consciente de las raíces culturales de estos elementos de su cosmovisión?

2. ¿En qué momentos su fe cristiana le ha desafiado a reconsiderar algunos elementos de su cosmovisión? ¿De qué manera estuvieron involucrados otros cristianos, o la Biblia, o alguna experiencia cuando usted tuvo conocimiento de este tema y comenzó a reconsiderar sus propias suposiciones?

Después de tomar notas sobre sus reflexiones personales, hable de estos temas con otro participante o en un grupo pequeño. Trate de articular lo que le da ansiedad o le da un espíritu aventurero.

Cosmovisión y teología práctica. Cuando nos reunimos en una congregación o nos conectamos y trabajamos con nuestros vecinos, siempre traemos nuestras diferentes cosmovisiones. Nuestra capacidad de entendernos el uno al otro, de compartir trabajo y esperanza requiere de un aumento de conciencia de nuestras propias cosmovisiones y un compromiso de escuchar y caminar bajo la influencia de las cosmovisiones de los demás. Para muchos en la cultura dominante, en la que uno de los elementos del mundo de la vida es el derecho, esta puede llegar a ser una experiencia estresante. Para los de la minoría, la necesidad de la confianza sigue siendo un reto, sobre todo si los recuerdos están saturados con heridas. Los líderes pueden usar las numerosas perspectivas socioculturales de este texto para adquirir destrezas en el análisis de las culturas, luego a través de las conversaciones pueden aprender continuamente acerca de las creencias y las experiencias que dieron forma a los supuestos y hábitos particulares. Todo el ciclo de la teología práctica, como se explica en el capítulo uno, es necesario para que se pueda profundizar la comprensión en medio de historias y teología; así, mientras los líderes crean un ambiente de aprendizaje, un número creciente de participantes adquieren la praxis necesaria de vida intercultural. El estudio de Efesios muestra cómo se abordaron los temas de la cosmovisión en medio de las realidades vividas. Este fue un enfoque praxis-teoría-praxis. Los líderes de la iglesia pueden fomentar los experimentos continuos en las áreas de la diferencia, ayudando a la iglesia a discernir sus propias formas de unidad y diversidad.

En el Cine

Busque las creencias preconscientes (cosmovisiones) y los supuestos que hay detrás de estos relatos. ¿Qué elementos de su cosmovisión salen a la superficie para reflexionar y conversar?

Joy Luck Club (1993). A través de una serie de escenas retrospectivas, cuatro jóvenes chinas, nacidas en EE.UU., y sus respectivas madres, nacidas en la China feudal, exploran su pasado, lo que ayuda a entender su difícil relación madre-hija.

The Matrix (1999). Un hacker aprende de rebeldes misteriosos en cuanto a la verdadera naturaleza de su realidad, donde los seres humanos creen que son libres, pero en realidad son esclavos de los ordenadores sensibles y su software, y es desafiado por las profecías acerca de su propio destino.

Thunderheart (1992). Basada en hechos en la década de 1970; un agente del FBI con trasfondo sioux es enviado a una reserva indígena de Dakota del Sur para ayudar a resolver un asesinato. Incluso mientras trata de evitar reconocer su herencia, poco a poco entra en relaciones y cosmovisiones tribales, y con el tiempo se entera de la participación del gobierno en un encubrimiento.

LENGUAJE, GESTOS Y PODER

Juan Francisco Martínez

*Se me pidió que trabajara junto a un funcionario denomina-
cional que se sentía frustrado con los líderes de una congregación latina que él supervisaba. Él quería que los líderes de
la iglesia tomaran medidas concretas relacionadas con las
expectativas denominacionales con relación a reportes finan-
cieros. Cada vez que se reunía con los líderes ellos acorda-
ban enviar los informes en las fechas requeridas. Pero los
informes nunca llegaban. Cuando él llamaba para preguntar
acerca de los informes, siempre había una razón y una discul-
pa. Había pasado por este proceso tres veces y ahora estaba
convencido de que estos líderes latinos le estaban mintiendo.
Reconoce que los líderes de la iglesia local están muy comprometidos con el ministerio, pero siente que tienen una debi-
lidad con la integridad.*

La situación presentaba una serie de complejidades interculturales, muchas de las cuales estaban relacionadas con el lenguaje y
la comunicación. El funcionario denominacional comenzó a partir
de la suposición de que había una relación directa entre las palabras
y el significado y, por lo tanto, era incapaz de ver que la situación
incluía problemas de traducción, lenguaje y poder, formas indirectas de comunicación y comunicación no verbal. Debido a que estos
otros factores no se estaban tomando en cuenta en la interpretación
de la situación, era imposible saber si los líderes latinos (1) no tenían intención de enviar los informes, (2) no entendían el proceso de
reportaje, (3) no tenían los medios para cumplir con la expectativa
de la presentación de informes, (4) se sentían intimidados por el funcionario denominacional porque podía retener la aprobación de un

préstamo que habían solicitado, (5) una combinación de todos estos factores, o (6) algo completamente diferente.

Debido a que el líder denominacional no aclaró estos problemas de comunicación, el nivel de frustración siguió aumentando y el proceso de comunicación se hizo cada vez más complicado. Aunque la comunicación se estaba llevando a cabo en inglés, el idioma en el que el funcionario denominacional se sentía más cómodo (aunque no así los líderes latinos), la comprensión de la función del lenguaje de cada persona era tan diferente que había más mala comunicación que aclaraciones. Al ayudar a las iglesias a entender las diferentes maneras en que nos comunicamos, los líderes pueden hacer más probable que se produzca la comunicación eficaz a través de fronteras culturales y lingüísticas.

LENGUAJE Y SIGNIFICADO

De acuerdo con Edward Stewart y Milton Bennett, la mayoría de los hablantes nativos de inglés en los Estados Unidos, en particular los que son monolingües, poseen una comprensión mecanicista del lenguaje.[78] El supuesto es que las palabras no son más que mecanismos que expresan la esencia del significado y el razonamiento que todas las personas comparten. No existe un sentido de que determinadas lenguas y gramáticas afecten el razonamiento o la percepción. En su forma más básica, esto significa que muchas personas monolingües, como lo son muchos hablantes del inglés de EE.UU., tienden a asumir que existe una relación directa entre lo que dicen, lo que quisieron decir y lo que perciben «allá fuera». Se piensa poco en cuanto a la idea de que los diferentes idiomas pueden afectar la manera en que se organiza el pensamiento y cómo se percibe lo que está «allá fuera».

Pero el lenguaje es mucho más que una herramienta (mecanicista) que los seres humanos utilizan para la comunicación. Se trata de un sistema complejo que teje la percepción, los significados y la imaginación en un «sistema de representación». El lenguaje es un medio para clasificar la realidad en la frontera entre los objetos (allá fuera) y los conceptos (percepciones en nuestra mente). En cierto sentido, las lenguas son «mapas» que han sido elaborados por cartógrafos muy diferentes

---

78 Edward Stewart and Milton Bennett, *American Cultural Patterns: A Cross-Cultural Perspective*, rev. ed. (Yarmouth, Maine: Intercultural Press, 1991), p. 46.

con muy diferentes escalas, diferentes hipótesis acerca de lo que se está trazando y cómo se va a utilizar el mapa; diferentes suposiciones acerca de la comprensión de las personas que usan el mapa, y un sentido dinámico de la necesidad de cambiar y adaptar el mapa a medida que nuevos objetos se añaden al «paisaje».

Mientras todos hablen el mismo idioma, en un contexto social parecido (por ejemplo, el inglés de EE.UU. en una región específica de los Estados Unidos), todos están usando un «sistema de representación» similar y se puede anticipar que están entretejiendo percepciones, significados e imaginación de una manera similar. Pero una vez que la gente cambia el contexto o el lenguaje, la comprensión de la relación que existe entre los objetos y los conceptos también cambia.

El antropólogo y lingüista Benjamin Whorf aborda esta cuestión en lo que se conoce como la hipótesis de Whorf. Él afirma:

> Diseccionamos la naturaleza a lo largo de líneas fijadas por nuestras lenguas nativas. Las categorías y tipos que aislamos del mundo de los fenómenos no las encontramos allí porque miran de frente y fijamente a todos los observadores; por el contrario, el mundo es presentado en un flujo caleidoscópico de impresiones que tiene que ser organizado por nuestras mentes, y esto significa en gran parte, por los sistemas lingüísticos en nuestras mentes.[79]

Whorf desarrolló una «hipótesis fuerte» en la que afirmó que el idioma en gran parte determina nuestra manera de entender nuestra realidad. De acuerdo con la hipótesis fuerte, si no tenemos el lenguaje para algo, estamos significativamente limitados en nuestra capacidad de percibir incluso que la cosa existe. Pero también planteó una «hipótesis débil» en la que habló de la interrelación que hay entre el lenguaje, el pensamiento y la percepción.[80] Esto significa que la interacción entre pueblos que hablan lenguas diferentes es complicada por el hecho de que perciben el mundo de maneras muy diferentes. Ellos organizan, clasifican, analizan y elaboran distintos tipos de conclusiones sobre lo que «ven allá fuera». Esto afecta cosas básicas tales como precisar la forma

---

79 Benjamin Lee Whorf, *Thought and Reality: Selected Writings of B. L. Whorf,* ed. J. B. Carroll (New York: John Wiley, 1956), p. 213.

80 Stewart and Bennett, *American Cultural Patterns*, p. 46.

en que definimos diferentes colores y las relaciones espaciales. Pero también afecta la manera en que percibimos y describimos las relaciones sociales y nuestra relación con el mundo físico.

Pero las personas únicamente se inclinarán a entender lo que está describiendo Whorf si interactúan con hablantes nativos de otros idiomas en un entorno multilingüe. Las personas que son monolingües, y que por lo general interactúan únicamente con otras personas que solo hablan su idioma, rara vez tienen la ocasión de cuestionar sus supuestos mecanicistas en cuanto al lenguaje. Inconscientemente asumen que su mapa de la lengua es una representación exacta de lo que está «allá fuera» y que los mapas de otros idiomas son bastante similares a los suyos. Los malentendidos entre los hablantes nativos de la lengua, o incluso con los no nativos, se explican en términos mecánicos tales como la falta de conocimiento, o el uso incorrecto de la lengua. Por ejemplo, muchos de los que hablan inglés de EE.UU. rara vez interactúan con no nativos que hablan inglés de los EE.UU. [Esto también pasa entre muchas monolingües en el mundo de habla hispana.] Esto no es solo una cuestión de idioma, sino que los nativos que lo hablan probablemente no saben que esto hace que no sean conscientes de que todos estamos percibiendo el mundo de manera diferente. Y puesto que cualquier interacción con hablantes no nativos será en inglés, es fácil concluir que todos los malentendidos reflejan el mal uso del lenguaje por el hablante no nativo y no algo más profundo.

LA GRAMÁTICA Y LA FORMA DE ORGANIZAR NUESTRO PENSAMIENTO

Una manera de percibir las diferencias que hay entre los idiomas es el estudio de las gramáticas de las lenguas. Por ejemplo, el inglés de EE.UU. tiene ciertas características que dan forma a la manera como sus usuarios entienden su mundo. Estos entendimientos son asumidos por los hablantes nativos, pero a menudo son confusos para aquellos cuya lengua materna no es el inglés o aquellos que hablan otras variantes del idioma inglés.

La estructura como un modelo para el pensamiento. El inglés es una lengua que tiene una estructura de sujeto-predicado. Esto significa que el hablante está predispuesto a «interpretar como fija la relación existe entre los sujetos o los objetos y sus cualidades o atributos».[81] Ello tiene un enfoque binario de «es o no es» y no es muy adecuado para describir situaciones en las que tal polaridad no existe. Por lo tanto, es bastante fácil en inglés describir una relación de amor-odio, pero es mucho más complicado describir las interacciones humanas emocionales que existen a lo largo del continuum de amor-odio.

La estructura sujeto-predicado también refleja la idea de «agente implicado». El inglés requiere que los hablantes asuman un sujeto tal como el *it* en: *it rained last night*. No existe un *it* que cause la lluvia (excepto en un sentido teológico), pero la estructura del lenguaje insiste en tener un *it*. De acuerdo con Glen Fisher :

> En su concepción de acciones y eventos, el inglés es un modelo actor-acción-resultado, y tiende a sugerir esa percepción de este universo y lo que sucede en el mismo. El modelo de actor-acción-resultado es muy útil para conceptualizar mecánica, negocios y gran parte de la ciencia. Sugiere la pregunta: «¿Qué causó eso?» o «¿Qué efecto tendrá esto en el resultado final?».[82]

Esta característica del inglés predispone a los hablantes nativos de la lengua a interpretar los acontecimientos en una relación lineal de causa y efecto, pero a menudo crea problemas cuando se emplea para describir las complejas interacciones humanas. Los problemas sociales complejos por lo general no se pueden explicar (o resolver) apelando a un tipo de interpretación lineal de causa y efecto.

Más del 40 por ciento de los idiomas del mundo no tienen ese tipo de estructura gramatical, incluyendo muchos idiomas asiáticos que ponen el verbo principal al final de la frase. Por lo tanto, los patrones de pensamiento, y las cosmovisiones de estas personas, tienden a ser diferentes debido a que su estructura del lenguaje no los predispone a pensar en términos lineales de relaciones causa-efecto.

Dicotomías y opuestos. El antropólogo Paul Hiebert afirma que podemos aprender mucho acerca de la cosmovisión de un pueblo por la forma en que agrupan las palabras y configuran los dominios (etno-

---

81   Ibid., p. 50.

82   Glen Fisher, *Public Diplomacy and the Behavioral Sciences* (Bloomington: Indiana State University Press, 1972), p. 120.

semántica). Estas prácticas nos dicen acerca de sus sistemas de pensamiento, pero también el «orden émico [perspectiva cultural interna] que las personas imponen sobre el mundo».[83] Él se basa en los esfuerzos pioneros de Whorf y Edward Sapir y el posterior trabajo de James Spradley, y otros, para mostrar los vínculos que hay entre grupos de palabras y las subyacentes cosmovisiones.[84]

Por ejemplo, los adjetivos en inglés tienden a agruparse como extremas dicotomías (alto-bajo, lejos-cerca, bueno-malo). Estos pares parecen complementarse entre sí y parecen tener el mismo poder en la descripción de posiciones en un continuo entre ellos. Pero en la mayoría de estas relaciones polares uno de los dos tiene mucho más valor que el otro. Por ejemplo, si una persona pregunta: «¿qué tan bueno es ese predicador?» se puede responder a través del continuo de bueno-malo. Pero si la persona pregunta: «¿qué tan malo es el predicador?» ya se ha hecho una valoración y la respuesta que se supone solo puede encajar en un continuo de malo-peor. [Se ve una relación similar en el español.] En «inglés los calificativos precisos son negativos, mientras que los ambiguos son positivos».[85] Esto significa que es mucho más fácil criticar y definir lo que no debe hacerse que alabar y describir el comportamiento deseable.[86] Es por eso que «la autoridad y los reglamentos en la sociedad estadounidense tienden a ser ejercidos desde el lado negativo: se le dice a la persona qué no hacer exactamente, y por lo general, las sanciones a los infractores son mucho más precisas que la recompensa por un comportamiento apropiado».[87]

83 Paul Hiebert, Transforming *Worldviews: An Anthropological Understanding of How People Change* (Grand Rapids: Baker Academic, 2008), p. 95. *Emic* y *Etic* son términos usados por científicos sociales y de comportamiento para describir la manera como las personas describen el comportamiento humano. Emic es la perspectiva de los internos culturales, la manera como las personas dentro de una cultura explican sus acciones y experiencias. Etic es la descripción del forastero, el observador que no comparte la interpretación cultural del interno.

84 Edward Sapir, *Selected Writings in Language, Culture, and Personality* (Berkeley: University of California Press, 1949); James Spradley, *Participant Observation* (Newbury Park, Calif.: Sage, 1980).

85 Stewart and Bennett, *American Cultural Patterns*, p. 54.

86 Este ejemplo aplica al inglés común de EE.UU., pero no a todas las formas de inglés usadas en los Estados Unidos. En algunas formas de inglés, decir que algo es «realmente malo» significa que es muy bueno.

87 Stewart and Bennett, *American Cultural Patterns*, p. 55.

El papel de la conjugación verbal. Los modelos de conjugación verbal de un idioma indican lo que los hablantes nativos de esa lengua consideran importante si desean comunicar de manera efectiva las acciones del sujeto de una frase. Por ejemplo, la conjugación del inglés distingue el tiempo y la persona. La conjugación en español es mucho más explícita en cuanto al tiempo, persona, singularidad o pluralidad del sujeto y la relación social que existe entre el hablante y el oyente, o el sujeto humano y el objeto humano. La conjugación coreana considera el tiempo, pero es también muy cuidadosa en distinguir las relaciones sociales que hay entre el hablante y el oyente, el sujeto humano y el objeto humano, y se centra en la intencionalidad y los resultados potenciales.

En términos prácticos, esto significa que el inglés, en especial el inglés de EE.UU., «se siente» directo y al grano. La relación social que existe entre el que habla y el que escucha no se considera directamente importante para aclarar la comunicación en inglés. Debido a la naturaleza de sujeto y predicado de la lengua, el sujeto es siempre asumido y por lo tanto no tiene que ser explícitamente reconocido en la conjugación de los verbos. La conjugación en español supone que se necesitan muchos más detalles antes de que pueda existir una comunicación clara, y que las relaciones sociales que hay entre el hablante y el oyente afectan la comunicación. La conjugación coreana es muy consciente de las relaciones sociales y su efecto en la comunicación. También comunica más sobre la percepción del sujeto o narrador de las acciones que se describen. La forma verbal relaciona las intenciones del sujeto, la percepción de control sobre la situación y la interpretación de los resultados potenciales.

El lenguaje y el papel de la palabra impresa. Muchas culturas tradicionales ponen un gran énfasis en la palabra oral. La sabiduría de la gente se transmite de generación en generación a través de cuentos y refranes. La oralidad de este proceso es crucial, porque la persona que cuenta la historia es también el intérprete. Esa persona decide cuándo contar la historia, la forma de conectarla con la situación actual, y la forma de interpretarla en el nuevo contexto. Las ideas que se comunican están estrechamente vinculadas a los sentimientos de la persona que cuenta la historia.

Los hablantes de lenguas con fuertes tradiciones de comunicación impresa, o con educación formal extendida, tienden a dar mucha más importancia a la palabra impresa. A menudo hay un supuesto implícito de que lo que está impreso (publicado) ha sido objeto de controles, por lo que es más autoritario que una comunicación oral. Muchas personas también asumen que la palabra impresa le permite a la gente separar las ideas de los sentimientos, dando un sentido de objetividad a lo que se está diciendo. A los idiomas tradicionales, o las tradiciones orales, no se les da la importancia o no se consideran tan objetivos como lo que se imprime.

Una versión única de esta tendencia es la importancia dada al Internet. La gente cita opiniones como hechos y las declaraciones falsas parecen volverse ciertas si se repiten lo suficiente. Lo que está impreso es percibido como de mayor autoridad que las declaraciones hechas solo por la vía verbal.

La comunicación no verbal. Debido al supuesto carácter directo del lenguaje, a muchas personas les resulta difícil comprender la importancia de los comportamientos no verbales en el proceso de la comunicación (paralenguaje). El comportamiento no verbal suele ser tratado como un comentario sobre la comunicación verbal y no como una parte fundamental del proceso comunicativo. El tono de voz puede modificar la comunicación verbal, proporcionando un contexto para la interpretación de las palabras. Pero las palabras se consideran fundamentales para el proceso de la comunicación.

Después de invertir una gran cantidad de energía, el pastor convenció a la junta de la iglesia votar a favor del nuevo proyecto de misión. Hubo duda, y algunos de los miembros estuvieron un poco callados durante la votación. Pero este era un proyecto muy importante que le daría a la iglesia la oportunidad de interactuar con su comunidad en formas nuevas y creativas. Sin embargo, aunque la votación había sido unánime, el pastor comenzó a dudar. Algunas personas mantuvieron su cabeza agachada cuando votaron. Otros parecían estar siguiendo la dirección de algunos dirigentes que hablaban sobre el proyecto con gran entusiasmo. Bueno, un sí era un sí, y era hora de seguir adelante.

Los líderes deben ser conscientes de que la situación social, la distancia física, los gestos de la mano, el tono de voz e incluso las acciones después de los hechos, todas son partes del proceso de comunicación no verbal. La distancia física puede estar expresando miedo, los gestos con las manos pueden estar negando las palabras que se pronuncian, el tono de voz puede estar cambiando por completo el significado de las palabras, y las acciones después de los hechos pueden ser la respuesta real a una situación donde se necesitan guardar las apariencias. Aquellos que asumen que las palabras son el aspecto fundamental de la comunicación pueden reconocer que los comportamientos no verbales afectan el proceso, pero por lo general no están en sintonía con los mensajes emitidos más allá de las palabras.

El ejemplo que se dio al inicio de este capítulo refleja el problema que surge cuando la comunicación no verbal no se entiende. Las suposiciones hechas por el funcionario de la denominación son que (1) Las personas no tenían ninguna intención de llevar a cabo la acción, (2) las personas estaban mintiendo, o (3) las personas no son dignas de confianza. Él no estaba tomando suficientemente en cuenta las relaciones sociales desiguales, los comportamientos no verbales en las comunicaciones anteriores o el simple hecho de que los informes que había solicitado nunca habían sido entregados. Al no tomar en cuenta estas otras cuestiones no era capaz de entender lo que los líderes latinos estaban tratando de comunicarle (es decir, el liderazgo denominacional había cometido un error mayor en la forma en que el préstamo de la propiedad había sido arreglado).[88]

La comunicación no verbal tiene su propia gramática e interpretación en diferentes idiomas y estructuras sociales. Está tan profundamente arraigada como el lenguaje y es una parte crucial del proceso de comunicación. Debido a su naturaleza, aquellos que no están acostumbrados a usarla necesitan trabajar más para aprenderla.

El lenguaje y las relaciones sociales. El inglés que se habla en la mayor parte de Estados Unidos refuerza el mito de que no hay distinción social entre las personas. Todo el mundo es *you*. A menudo se omiten los títulos cuando se habla el uno al otro y la gente con frecuencia usa el nombre de pila de cada persona. Sin embargo, en muchos idiomas no solo hay diferentes grados de cortesía, sino que incluso hay palabras

---

88 La situación había sido tan mal manejada que tanto la iglesia local como la denominación terminaron perdiendo la propiedad. Un antiguo pastor terminó con el título de propiedad.

diferentes en función de la relación social que existe entre el hablante y el oyente, o entre estos y la persona de la que se está hablando. Por ejemplo, muchos idiomas, como el español, tienen formas formales e informales que se utilizan en función de la relación que existe entre el hablante y el oyente. Otros idiomas tienen estructuras más complejas que toman en cuenta no solo el hablante y el oyente, sino también el sujeto y el objeto de la conversación. Las personas que están aprendiendo otros idiomas, y que no comprenden la importancia de las diferencias sociales en el proceso de comunicación, a menudo se consideran socialmente cuestionadas o incluso insultantes.

Las personas que hablan un idioma que tiene varios niveles de respeto, pero que han nacido y han sido educadas en los Estados Unidos, a menudo no distinguen entre lo formal y lo familiar cuando no están hablando inglés. Debido a que utilizan la forma incorrecta para dirigirse a los ancianos, a menudo terminan comunicando el mensaje indirecto de que los estadounidenses no respetan a los ancianos y que la educación en Estados Unidos alienta esa falta de respeto.

El lenguaje y las diferencias de poder. La comunicación se vuelve más complicada cuando hay un diferencial de poder y no hay entendimiento social común o rituales para utilizar en la comunicación a través de ese diferencial.[89] Este es un problema común en entornos de iglesias multiculturales en los Estados Unidos. La hipótesis activa es que todos somos hermanos y hermanas en Jesucristo. Sin embargo, una parte tiene todo el poder (edificios, las finanzas, el acceso a estructuras, etc.), y la otra está en relación de dependencia. Como se mencionó en la introducción de este capítulo, este tipo de relación complica la comunicación por varias razones. En primer lugar, puesto que el inglés de EE.UU. no proporciona convenciones sociales para que haya una comunicación clara a través de las divisiones sociales y sociolingüísticas, no hay reglas claras para esta situación que no sean «las reglas de poder». En segundo lugar, el poder está constantemente en el fondo produciendo «ruidos» que complican las relaciones, lo que complica la comunicación. En tercer lugar, puesto que, al mismo tiempo, se están utilizando diferentes

---

89 Nota en la versión en español: Este mismo tipo de problema se ve en regiones de América Latina donde se hablan idiomas indígenas. Los idiomas indígenas son menospreciados y llamados «dialectos» [no dignos de ser considerados idiomas]. Los que hablan el español controlan los mecanismos de poder y el indígena tiene que «bajar la cabeza». Aunque los indígenas y los de habla hispana sean parte de la misma denominación, se nota claramente «quién manda».

conjuntos de juegos de lenguaje (los idiomas de los distintos grupos, el lenguaje teológico y de las estructuras denominacionales), la gente puede optar por cambiar a un conjunto diferente de reglas, dependiendo de lo que le ofrece el mayor potencial de ventaja.

Por ejemplo, en el problema que aparece al principio del capítulo, ambas partes pudieron haber apelado a los juegos del lenguaje teológico. El líder denominacional pudo haber hablado de la importancia de la honestidad como una señal del discipulado cristiano, cuestionando indirectamente el compromiso cristiano de los líderes latinos. Los líderes latinos pudieron haber jugado el mismo juego mencionando el amor de Dios hacia los pobres y oprimidos, y tratado de «hacer sentir culpable» al líder denominacional para que les ayudara, a pesar de que en realidad no lo necesitaban. Por otro lado, el líder denominacional pudo haber querido mostrar gracia siendo flexible con los requisitos de la denominación. Los líderes de la iglesia latina pudieron estar tratando de someterse a la autoridad espiritual al decir que sí, a pesar de que la burocracia denominacional los confundía.

Puesto que uno de los papeles del liderazgo (véase: fig.1.3: «Tríada de Liderazgo») es la construcción de relaciones, es muy importante que el líder entienda el papel del poder en el proceso de la comunicación. En un entorno multilingüe y multicultural el líder tiene que ser particularmente sensible a las complejidades de la comunicación para que él o ella puedan fortalecer las relaciones a través de estas diferencias.

Lenguas dominantes y subordinadas. El multilingüismo es un fenómeno común en muchas partes del mundo. Normalmente es el resultado del encuentro entre los pueblos, ya sea por el comercio, la migración o la conquista. En muchas situaciones se utilizan diferentes lenguas en diferentes dominios. Si ningún idioma es dominante, un lenguaje externo, como el inglés, se utiliza como lengua de intercambio, y la gente continúa utilizando su idioma nativo en todas las otras funciones dentro de su propio grupo. Cuando un idioma se impone a los demás por la fuerza, la relación entre las lenguas cambia. Bien puede ser que la lengua minoritaria es limitada en su dominio o es forzada a la clandestinidad. En el peor de los casos el lenguaje conquistado es erradicado. El inglés de los Estados Unidos es claramente el lenguaje formal del comercio en los Estados Unidos. Pero también es visto como un unificador esencial entre los pueblos de diferentes orígenes lingüísticos. Es a través del sistema de la escuela pública, los medios de comunicación y la esfera pública, que pretende imponerse en todas las áreas de la vida. Así que no hay dominios claramente aceptados (públicos o privados) para cualquier otro idioma. La hipótesis de trabajo es que el inglés de EE.UU. finalmente se hace cargo de todas las áreas de comunicación entre las personas en los Estados Unidos. [Se ha dado un fenómeno similar con el idioma español y su relación con los idiomas indígenas en muchas partes de América Latina.]

Estudio de la Biblia: Mateo 5:1-12 - ¿Cuál bendición deseamos?

[1] Cuando vio a las multitudes, subió a la ladera de una montaña y se sentó. Sus discípulos se le acercaron,[2] y tomando él la palabra, comenzó a enseñarles diciendo:

[3] «*Dichosos los pobres en espíritu,
  porque el reino de los cielos les pertenece.

[4] Dichosos los que lloran,
  porque serán consolados.

[5] Dichosos los humildes,
  porque recibirán la tierra como herencia.

[6] Dichosos los que tienen hambre y sed de justicia,
  porque serán saciados.

[7] Dichosos los compasivos,
  porque serán tratados con compasión.

[8] Dichosos los de corazón limpio,
  porque ellos verán a Dios.

[9] Dichosos los que trabajan por la paz,
  porque serán llamados hijos de Dios.

[10] Dichosos los perseguidos por causa de la justicia,
  porque el reino de los cielos les pertenece.

[11] »Dichosos serán ustedes cuando por mi causa la gente los insulte, los persiga y levante contra ustedes toda clase de calumnias.

[12] Alégrense y llénense de júbilo, porque les espera una gran recompensa en el cielo. Así también persiguieron a los profetas que los precedieron a ustedes.

El Sermón del Monte (Mt 5-7) se predica en medio de una realidad definida por el Imperio Romano. Pax Romana ofrece una bendición para aquellos que se hacen parte y aceptan la «lengua» del imperio, su definición e interpretación (hermenéutica) de lo que es bueno. En esta lengua romana (en realidad, el griego), la bendición es definida por los bienes y servicios que el imperio ofrece. Muchos judíos habían adoptado esta lengua y buscaban la bendición, y otros se resistían de varias formas.

Es en esta situación que Jesús nos ofrece una definición muy diferente de bendición, además de un idioma y una hermenéutica diferentes. Las Bienaventuranzas son hermenéutica, un modo diferente de interpretar la realidad. Todo el Sermón del Monte reta la lengua de Roma, la clase dirigente judaica y aquellos que recurren a la resistencia violenta. En la realidad del sermón las personas que sufren en Roma serán consoladas (Mt. 5:4), y los que están atrapados en la estructura legalista de la piedad judía de la época tienen una opción diferente.

Jesús ofreció un idioma alternativo, una forma diferente de interpretar la realidad de su tiempo. Su reto también es crucial para nosotros hoy. Tenemos muchas «Lenguas» (sistemas de representación) que nos dicen lo que parece ser una vida bendecida. El Sermón del Monte continúa ofreciéndonos un relato diferente, una oportunidad de entrar en el reino de Dios, si tenemos «oídos para oír».

1. ¿Cuáles son las principales «lenguas» que definen la realidad para nosotros hoy? ¿Cómo dan forma a nuestras definiciones (o nuestra hermenéutica) de lo que es real e importante? ¿Qué «bendiciones» ofrecen?

2. ¿Cómo desafía el Sermón del Monte las bendiciones que ofrece nuestra sociedad?

3. ¿De qué manera podemos ver iglesias que viven de acuerdo con el lenguaje de nuestro contexto social? ¿Y qué están haciendo las iglesias que reflejan una hermenéutica diferente, como la de las Bienaventuranzas y el Sermón del Monte?

Para más información en cuanto a las Bienaventuranzas desde esta perspectiva, véase Mark Lau Brenson: «Ecclesiology and Leadership in Context», en *The Misional Church in Context*, ed. Craig Van Gelder (Grand Rapids: Eerdmans, 2007).

Siempre se han hablado idiomas distintos al inglés en los Estados Unidos [e idiomas distintos al español en América Latina]. Pero la creencia popular es que solo tienen un papel de transición, es decir, que se hablan mientras las personas aprenden inglés y poco a poco hacen la transición de su lengua materna a la lengua dominante. Estos idiomas pueden sobrevivir en ghettos, donde tienen amplio dominio público y privado, pero estos son vistos como amenazas a la unidad nacional o como pintorescos atractivos turísticos. Aunque muchas personas en los Estados Unidos lamentan la falta de ciudadanos multilingües que puedan interactuar con la gente en otras partes del mundo, se hacen pocos esfuerzos para fortalecer las lenguas ya habladas por grupos lingüísticos minoritarios que existen en el país.

El español es actualmente el único idioma que todavía podría encontrar un papel nacional en los Estados Unidos. Aunque el 20 por ciento de la población latina no sabe español, su influencia sigue creciendo. En algunas regiones de los Estados Unidos, como Los Ángeles, el español compite con el inglés en el dominio público. Varios estados han aprobado leyes para limitar su papel público. Pero muchos factores sociales y económicos siguen impulsando su creciente influencia.

Esta situación está causando preocupación entre algunas personas en los Estados Unidos. Por ejemplo, Samuel Huntington, de la Universidad de Harvard, se sintió preocupado porque muchos latinos no están olvidando el español a medida que aprenden el inglés. Desde su perspectiva, si los latinos mantienen su idioma y su identidad étnica, esto será un desafío para la identidad nacional de EE.UU. Cualquier cosa que obre en contra del modelo de anglo-conformidad de la adaptación cultural es percibida como una amenaza. Dado este entendimiento entre algunas personas en los Estados Unidos, el uso de idiomas que no sean el inglés crea tensiones en la sociedad.[90]

Un grupo de pastores latinos quisieron expandir el ministerio entre los latinos en un barrio en crecimiento, por lo que presentamos un proyecto a los líderes de una iglesia local de nuestra denominación que ya servía en la zona. Uno de los líderes nos preguntó si ministraríamos en español. Nuestra

---

90 Véase: Samuel Huntington's *Who Are We? The Challenges to America's National Identity* (New York: Simon & Schuster, 2004), esp. pp. 221-56.

respuesta fue que necesitábamos entender mejor a la comunidad, pero que muy probablemente se utilizaría a lo menos un poco de español en nuestro alcance previsto. Su respuesta fue: «Estoy en contra de la educación bilingüe y de una papeleta bilingüe. Así que supongo que tengo que estar en contra de una iglesia bilingüe».

El uso de idiomas distintos del inglés se vuelve aun más complicado en la vida de la iglesia. Los idiomas nativos suelen ser las mejores herramientas para la comunicación efectiva del evangelio y para la comprensión de la comunicación con Dios. Pero puesto que hablar inglés en todos los ámbitos de la vida es considerado crucial para la unidad nacional, los cristianos estadounidenses a menudo encuentran sus supuestos cristianos y nacionales en conflicto. ¿Debe la iglesia motivar el uso de otros idiomas aparte del inglés, o adoptar una perspectiva ESL (English as a Second Language), usando otras lenguas solo como herramientas de transición mientras la gente aprende el inglés? Si las iglesias utilizan otros idiomas aparte del inglés, ¿no están dando un mensaje social que está en conflicto con el mensaje nacional de la importancia de una lengua nacional? Las iglesias son agentes sociales y la forma en que llegan a las personas que hablan idiomas distintos del inglés tiene un impacto social.

La relación que existe entre lenguas tiene otras implicaciones cruciales para el ministerio. Un problema común que enfrentan las iglesias, escuelas y otras agencias de servicios sociales es la falta de traductores. Una «solución» común al problema es utilizar a los niños, que saben o están aprendiendo inglés, para que sirvan como intérpretes de sus padres u otras personas mayores. Esta parece una solución fácil, pero su impacto en la estructura familiar es muchas veces destructivo. A los niños se les da poder sobre sus padres, y los ancianos se encuentran a merced de sus niños. Esto hace que sea más difícil para los padres mantener la autoridad en los sistemas familiares. Pero esto también afecta la comunicación, ya que los niños a menudo no tienen la capacidad lingüística adecuada para expresar los importantes matices de la teología, las relaciones o los reglamentos.

Toda esta interacción lingüística está sucediendo dentro del orden social más grande. Debido al valor relativo de los idiomas, la manera como las lenguas minoritarias se usan en el ministerio da un mensaje claro en cuanto al valor relativo dado a ese lenguaje en relación con el idioma dominante. También invita a los cristianos a reflexionar sobre el papel de las lenguas en el ministerio.[91]

LENGUAJE Y MINISTERIO

Los cristianos confesamos que el evangelio puede ser proclamado y vivido en cualquier cultura y que Dios habla todos los idiomas. Sin embargo, en medio de un entorno multilingüe esta confesión puede ser seriamente cuestionada. Las cuestiones planteadas en el ministerio tienen que ver con cosas como la traducción del evangelio y el uso de diversas lenguas en el ministerio.

El vocabulario y la traducción de la Biblia. Misioneros de todo el mundo tienen historias acerca de la complejidad de traducir el evangelio en diferentes idiomas. El evangelio habla de cosas que tienen sentido eterno. Por lo tanto, los objetos de nuestra conversación no se pueden definir fácilmente y tienen connotaciones muy diferentes en distintos idiomas. Muchos «sistemas de significado» lingüístico están muy lejos de la Palestina del primer siglo y por lo tanto crean problemas para la comprensión del contexto cultural en que se comunicó el mensaje bíblico. Los traductores, que generalmente no son hablantes nativos del idioma al que están traduciendo, tienen que buscar «equivalentes dinámicos» entre dos lenguajes, el lenguaje bíblico y la lengua a la que se está traduciendo, los cuales son segundas lenguas para el traductor.

Esta es una de las razones por las cuales el papel de pastor y maestro es tan importante en la vida de la iglesia de hoy. Una de las tareas del pastor tiene que ser ayudar a los cristianos a «leer» a través de los diferentes textos, y traducir, interpretar y conectarlos a la vida y el ministerio de hoy. Esto siempre ha sido un reto para el pastor, pero ahora es mucho más importante, dado el entorno multilingüe de gran parte de la vida intercultural de la iglesia. Esta tarea no solo tendrá que hacer frente a los diferentes idiomas en la comunidad, sino también a las diferentes

---

91 La sociolingüística estudia la manera como los idiomas interactúan en situaciones sociales específicas. La importancia relativa de cada idioma se ve en la manera que se usan en relación el uno con el otro. Por ejemplo, cuando un idioma es usado en el ministerio de maneras que son «menores» que el idioma dominante, el mensaje dado es que el otro idioma no es tan importante como el dominante.

formas en que una lengua común como el inglés está siendo utilizada por diferentes personas.

El uso del inglés en un entorno multilingüe de EE.UU. Debido a que el inglés se ha convertido en el idioma internacional del mundo, la suposición que a menudo se hace en los Estados Unidos es que la gente ha adoptado «sistemas de significado» americanos cuando se está utilizando el inglés de EE.UU. Sin embargo, a menudo encontramos que la gente está usando palabras en inglés, pero con los patrones de pensamiento de su propio idioma, o usos enmarcados por sus propias experiencias culturales. El inglés funciona bien como un lenguaje comercial o como un lenguaje académico, como lo hizo el latín en Europa durante muchos siglos. Pero no es fácil que comunique la profundidad del significado que se presenta en el evangelio para aquellos cuya primera lengua no sea el inglés. El uso de inglés como un lenguaje común entre las personas que no lo utilizan como primera lengua también hará más desafiante que la iglesia se una. Aquellos que hablan más de un idioma probablemente capten la complejidad de la tarea, mientras que los hablantes monolingües de inglés tienden a no entenderla.

El estudio bíblico en la introducción (Hechos 2) demuestra que la contraposición entre idiomas «poderosos» e idiomas «débiles» en la predicación del evangelio no tiene una sola solución. Por un lado, el don de lenguas tiene que ver con personas que escuchan el evangelio en su propio idioma. Pero Pedro predicó en el lenguaje que las personas tenían en común, el griego, el idioma del Imperio Romano en ese momento. Y la primera congregación multilingüe del primer siglo probablemente también utilizó el griego como lengua común de culto y estudio bíblico.

Esta tensión es particularmente compleja entre personas que son bilingües y que constantemente negocian entre dos sistemas de representación. Diversas formas de cambio de código, como el «spanglish», son comunes entre muchas personas en los Estados Unidos. Algunos usan el spanglish como una mezcla de ambos idiomas, o como un dialecto del español, mientras que otros parecen estar negociando un nuevo sistema de representación en este encuentro entre el inglés y el español. Estos fenómenos también se pueden notar entre los hablantes de otros idiomas en los Estados Unidos.

Esta situación plantea preguntas misionales y teológicas en cuanto al papel del lenguaje en la misión de la iglesia. La complejidad de

opciones de idioma se entiende a menudo como algo de interés únicamente para las iglesias pertenecientes a minorías étnicas, pero es cada
vez de mayor importancia para las iglesias que tienen compromiso
serio con el ministerio multiétnico y multicultural. ¿Cómo pueden las
iglesias celebrar juntas la diversidad lingüística incluso cuando vivimos en medio de las posibilidades de desarrollo de nuevos sistemas
de representación? ¿De qué manera los seminarios y otros tipos de
sistemas de formación preparan a las personas para ministrar efectiva-
mente en este tipo de ambiente?

> *Una de mis experiencias más felices (Juan) fue liderar un
> estudio bíblico no traducido (español-inglés) entre jóvenes
> adultos en Los Ángeles. El grupo incluía inmigrantes recien-
> tes, latinos que habían estado en los Estados Unidos por ge-
> neraciones y algunos no latinos que hablaban español. Una
> creencia común era que todos eran algo bilingües. Las perso-
> nas eran libres de comunicarse en cualquier idioma, cambiar
> el código o practicar la lengua débil. La gente en el grupo
> también fue capaz de ver cómo la Biblia fue traducida en
> cada idioma y cómo esas diferencias podrían afectar su en-
> tendimiento de las Escrituras. Vivían en un ambiente bilingüe
> y eran libres de estudiar la Biblia y aprender acerca de Dios
> en su sistema de representación.*

A pesar de que la globalización continúa alentando el uso del inglés como la lengua de comunicación global, también está creando una
situación en donde más lenguas entran en contacto unas con otras y
donde los que hablan lenguas «subalternas» se sienten más orgullosos
en el uso y mantenimiento de esos idiomas. Es dentro de este encuentro
de los diferentes sistemas de representación en el que las iglesias tienen
que negociar entre Babel, Pentecostés y la visión de todos los pueblos,
naciones y lenguas adorando juntos a Dios. Aquí el evangelio invita
a los líderes a formar congregaciones que combinen la creatividad, la
agencia, el respeto y la humildad a fin de encontrar nuevas formas de
reconocer la influencia tanto del idioma dominante como el papel que
otras lenguas tienen en el proceso de ser iglesia juntos.

Cuando la Primera Iglesia vio que el barrio estaba cambiando a su alrededor (paso 1 del ciclo de teología práctica; véase la figura 1.2), su liderazgo fue capaz de aprovechar los mejores recursos de la iglesia para vislumbrar un futuro misional nuevo. Invitaron como sus pastores a una pareja que había sido misionera en Latinoamérica, pero que había tenido que regresar debido a problemas de salud. Estos nuevos pastores se basaron en el trasfondo de inmigración sueca de la congregación como puente hacia los inmigrantes latinos (paso 2). Guiaron a la congregación a ver los cambios como una oportunidad de misión llamándolos a ser fieles al mismo impulso que había financiado con anterioridad a los pastores como misioneros en América Latina (paso 3). Aunque los suecos mayores no hablaban español, entendían las necesidades de los inmigrantes, ya que todavía recordaban las historias de sus padres y abuelos (paso 4). Por eso respondieron ayudando a la gente a encontrar trabajo y vivienda y facilitando el transporte a la iglesia los domingos. A menudo, la única lengua común entre las personas era el amor de Dios (y los tratados bilingües del evangelio que repartían a la gente).

A medida que la congregación de habla española crecía, la congregación de gente mayor trabajaba a su lado (paso 5). Durante los servicios comunes el coro conjunto cantaba en inglés, español y sueco. Los nuevos inmigrantes sabían que necesitaban aprender inglés. Pero esta congregación también les mostró que su propio lenguaje era importante mientras trataban de encajar en su nuevo país. Durante un período de veinte años, la antigua congregación insistió en instalar pastores bilingües para atender a ambas congregaciones. El grupo sueco de ancianos también abrió su salón social / gimnasio para los jóvenes mexicano-americanos que trataban de romper un estilo de vida de pandillerismo. Con el tiempo, la congregación de habla española pasó a ser la congregación más grande. Pero vieron la importancia de prestar apoyo para el ministerio entre los jóvenes mexicano-americanos y su parte en los gastos para apoyar a un pastor y un edificio que también fue utilizado por una congregación coreana.

Cuando la ciudad los obligó a vender su edificio, debido a planes de desarrollo, las congregaciones pudieron utilizar los ingresos para desarrollar una nueva iglesia y nuevos ministerios que siguen teniendo impacto aún años más tarde.

En el Cine

Ambas películas tienen que ver con las complejidades del lenguaje, el poder y las relaciones. A pesar de que todo el mundo habla inglés y asume que se les comprende, las diferentes experiencias impactan la manera como se entiende el lenguaje.

Long Walk Home (1990). Una criada afroamericana trabaja para una familia blanca; a pesar de ser bien tratada, decide ir caminando al trabajo, como parte del boicot de buses en Alabama en 1955-1956, lo que le produce retraso y agotamiento, y la obliga, no solo a sí misma, sino a sus «señoritas» blancas, a hacer frente y responder a los nuevos tiempos.

My Big Fat Greek Wedding (2002). Una mujer griego-americana soltera y de treinta años de edad, en busca de más en la vida que el restaurante de la familia de su padre en Chicago, se enamora de un hombre no-griego y se esfuerza por hacer que su familia y su prometido se acepten unos a otros, mientras que ella hace la paz con su herencia y con su identidad cultural.

DEFINICIÓN DE LAS RELACIONES SOCIALES

JUAN FRANCISCO MARTÍNEZ

Antes de convertirme en un plantador de iglesias en Los Ángeles, había pastoreado congregaciones latinas bastante homogéneas en el sur de Texas y el centro de California. La mayoría de los miembros de estas iglesias compartían una historia y una cultura común de las regiones fronterizas del sur de Texas y el norte de México. Sin embargo, en Los Ángeles estaba plantando una iglesia con latinos de lugares tan variados como el norte de Nuevo México, El Salvador y Perú. Todos hablábamos español, pero estábamos «separados» por nuestra lengua común y diferencias culturales importantes. Por ejemplo, ¿cómo debe el pastor saludar a las mujeres de la iglesia? Algunas esperaban un abrazo y un beso. Otras asumían que los hombres y las mujeres deben mantener una cierta distancia, incluso en los saludos.

La primera vez que me metí en problemas fue cuando una mujer nueva visitó nuestra iglesia. En caso de duda siempre saludaba «a distancia». Nuestra visitante recibió el mensaje de que el pastor era «frío». Una mujer miembro de la iglesia, que era su amiga, tuvo que disculparse por mí. A partir de entonces, siempre estuve agradecido cuando una mujer nueva visitaba la iglesia con alguien de la iglesia. Por lo menos podía adivinar que ambas tenían un fondo cultural similar y que podía tratar a la mujer nueva de la forma en que normalmente trataba a la que era miembro de la iglesia.

El lenguaje no solo afecta la comunicación, como se señaló en el capítulo anterior, sino que también afecta las relaciones sociales. Por ejemplo, una de las cosas más difíciles para mí es la definición de las relaciones sociales cuando hablo español en los Estados Unidos, ya que el español tiene un nivel formal, un nivel informal y, en algunas partes del mundo de habla española, un nivel íntimo de respeto. El uso de la cada uno varía en diferentes partes del mundo. Cuando hablo español, mi vocabulario y gramática dependerán de si la situación es formal o informal, y del contexto lingüístico de la persona con la que estoy hablando. La forma en que se utiliza cada nivel de formalidad refleja la clase, la educación y las diferencias raciales, y estas diferencias no son consistentes de un país a otro. Como latino mestizo nacido en los Estados Unidos, que dirige programas teológicos en idioma español a nivel de maestrías y doctorado en Estados Unidos, tengo que reconocer que el uso del lenguaje formal e informal significa cosas diferentes en diferentes lugares, dependiendo también de quién los está usando. Todo esto tiene que ver con el liderazgo interpretativo, la manera como trabajo con el lenguaje y los significados, cómo interactúo con los estudiantes que necesitan estas habilidades, y cómo esto afecta nuestro trabajo en las iglesias. Pero también tiene que ver explícitamente con el liderazgo relacional, que requiere que prestemos atención a las diferencias culturales y a los elementos comunes en relación con la dinámica humana.

Con relación al uso del español en el seminario, algunos estudiantes utilizan el lenguaje formal al hablar con los profesores. Estos estudiantes entienden que el respeto es fundamental en la relación entre el estudiante y el profesor. Otros estudiantes están acostumbrados a usar un lenguaje informal con los profesores de teología porque se ven a sí mismos como compañeros de ministerio. Desde su perspectiva, las cuestiones claves son cualidades afectivas de relación, el carácter del ministerio común y la comprensión teológica. Algunos estudiantes pueden utilizar el lenguaje formal para mantener la diferencia y la distancia, o el informal para afirmar indirectamente que un mestizo latino de EE.UU., por definición, no está en su nivel social. Así que a menudo tengo que usar tanto el español formal como el informal en una situación de enseñanza debido a que los estudiantes traen diferentes interpretaciones en cuanto a la lengua y diferentes expectativas en cuanto a la relación alumno-profesor.

Esta conexión entre el español y las relaciones se hace especialmente complicada para los(las) estudiantes latinos(as) que han nacido y han sido educados(as) en los Estados Unidos. Están tratando de definir una relación que tiende a ser informal en inglés, pero potencialmente formal en español. ¿La relación profesor-estudiante debe ser definida por las normas de EE.UU. o por los estándares latinoamericanos? ¿La relación debe ser definida de una manera en inglés y de otra manera en español? ¿Cómo deben los (las) estudiantes latinos(as) relacionarse con el gran número de empleados(as) latinos(as) que hay en el seminario con los que ellos interactúan en idioma español?

Tabla 6.1. Comparación de las relaciones sociales[1]

Suposición Igualitaria	Suposición Jerárquica
• Asume la igualdad	• Asume la clase
• Cambios de posición	• Posición perdura
• Redes múltiples	• Redes prescritas
• Informal	• Formal
• Evita las obligaciones	• Reciprocidad requerida
• Confronta problemas	• Problemas mediados
• Relaciones instrumentales	• Relaciones para el grupo
• Necesidad de ser querido	• Popularidad no es prioridad

1 Véase: Stewart and Bennett, *American Cultural Patterns: A Cross-Cultural Perspective*, ed. rev. (Yarmouth, Maine: Intercultural Press, 1991), pp.89-112.

Las relaciones sociales en los Estados Unidos siguen ciertas características que influyen en la manera como las personas de diferentes orígenes étnicos y nacionales se relacionan la una con la otra. Gente de la cultura mayoritaria en los Estados Unidos asume un entendimiento igualitario de las relaciones sociales. Esto es diferente en muchas otras partes del mundo, donde se suponen las relaciones jerárquicas y están a menudo incrustadas en los idiomas y los protocolos sociales.

A lo largo de este capítulo vamos a ver a algunos de los supuestos sociales comunes de la cultura igualitaria de los EE.UU. y la manera como estos afectan las relaciones sociales cuando los demás no hacen las mismas suposiciones. Somos conscientes de que las relaciones sociales en los Estados Unidos no son plenamente igualitarias. Por el contrario, en relatos oficiales de la fundación del país, a medida que los inmigrantes construían una sociedad que estructuraba contrastes específicos con aquellas culturas que dejaron, muchas jerarquías tradicionales fueron alteradas significativamente. Al comparar y contrastar diferentes tipos de supuestos sociales seremos capaces de abordar la manera como estos influencian los esfuerzos del ministerio intercultural, y cómo trabajar juntos de tal forma que se reconozcan estas diferencias y sus implicaciones. En el ciclo de la teología práctica, este es principalmente el paso 2: de estudios socioculturales estamos aprendiendo que tenemos que prestar atención a la diversidad cultural en las relaciones. En nuestro trabajo con las Escrituras, también demostramos la interacción que hay entre el paso 3 y el paso 2.

Estudio de la Biblia: Hechos 10 - La lenta conversión de Pedro

[1] Vivía en Cesarea un centurión llamado Cornelio, del regimiento conocido como el Italiano.[2] Él y toda su familia eran devotos y temerosos de Dios. Realizaba muchas obras de beneficencia para el pueblo de Israel y oraba a Dios constantemente.[3] Un día, como a las tres de la tarde, tuvo una visión. Vio claramente a un ángel de Dios que se le acercaba y le decía:

—¡Cornelio!

[4] —¿Qué quieres, Señor? —le preguntó Cornelio, mirándolo fijamente y con mucho miedo.

—Dios ha recibido tus oraciones y tus obras de beneficencia como una ofrenda —le contestó el ángel—.[5] Envía de inmediato a algunos hombres a Jope para que hagan venir a un tal Simón, apodado Pedro.[6] Él se hospeda con Simón el curtidor, que tiene su casa junto al mar ...[9] Al día siguiente, mientras ellos iban de camino y se acercaban a la ciudad, Pedro subió a la azotea a orar. Era casi el mediodía.[10] Tuvo hambre y quiso algo de comer. Mientras se lo preparaban, le sobrevino un éxtasis.[11] Vio el cielo abierto y algo parecido a una gran sábana que, suspendida por las cuatro puntas, descendía hacia la tierra.[12] En ella había toda clase de cuadrúpedos, como también reptiles y aves.

[13] —Levántate, Pedro; mata y come —le dijo una voz.

[14] —¡De ninguna manera, Señor! —replicó Pedro—. Jamás he comido nada impuro o inmundo.

[15] Por segunda vez le insistió la voz:

—Lo que Dios ha purificado, tú no lo llames impuro.

[16] Esto sucedió tres veces, y en seguida la sábana fue recogida al cielo ...[19] Mientras Pedro seguía reflexionando sobre el significado de la visión, el Espíritu le dijo: «Mira, Simón, tres hombres te buscan.[20] Date prisa, baja y no dudes en ir con ellos, porque yo los he enviado.» ... [23] Entonces Pedro los invitó a pasar y los hospedó. Al día siguiente, Pedro se fue con ellos acompañado de algunos creyentes de Jope.[24] Un día después llegó a Cesarea. Cornelio estaba esperándolo con los parientes y amigos íntimos que había reunido.[25] Al llegar Pedro a la casa, Cornelio salió a recibirlo y, postrándose delante de él, le rindió homenaje.[26] Pero Pedro hizo que se levantara, y le dijo:

—Ponte de pie, que sólo soy un hombre como tú.

[27] Pedro entró en la casa conversando con él, y encontró a muchos reunidos.

[28] Entonces les habló así:

—Ustedes saben muy bien que nuestra ley prohíbe que un judío se junte con un extranjero o lo visite. Pero Dios me ha hecho ver que a nadie debo llamar impuro o inmundo ... [34] Pedro tomó la palabra, y dijo:

—Ahora comprendo que en realidad para Dios no hay favoritismos,[35] sino que en toda nación él ve con agrado a los que le temen y actúan con justicia.

Pedro era un «buen» judío que tenía una cierta comprensión de la manera como Dios obraba en el mundo y como debía ser la relación correcta entre judíos y gentiles. Debido a su entender le resultaba muy difícil compartir las buenas noticias con los gentiles. Incluso después de recibir una visión de Dios (Hch 10) le era difícil a Pedro tratar a los gentiles como iguales ante Dios. Conforme a Pablo (Gá 2:11-14) esto sería un problema para Pedro por un largo tiempo.

1. ¿Cuál fue la comprensión de Pedro sobre la relación entre los judíos y los gentiles? ¿Dónde aprendió esto?
2. ¿Por qué fue tan importante para la identidad judía este entendimiento?
3. ¿Por qué Pedro tarda tanto tiempo en entender lo que Dios está haciendo y sus implicaciones para las relaciones sociales?

4. ¿Qué nos dice esta historia en cuanto a la relación que hay entre cultura, relaciones sociales y evangelio?

5. ¿Cuáles son sus propias conversiones lentas? ¿Cuáles son algunas de las conversiones lentas en su iglesia y su comunidad? ¿Cuáles son las señales de conversión y las señales de vacilación?

EL SUPUESTO DE LA IGUALDAD SOCIAL

Como se mencionó en el capítulo cinco, el inglés de EE.UU., con algunas excepciones, principalmente en el sur, trata a todos como «iguales». Este lema de la igualdad atraviesa todas las relaciones interpersonales; es un supuesto fundamental en la sociedad de EE.UU. Debido a este supuesto, «las relaciones interpersonales suelen ser horizontales, realizadas entre personas autónomas que se supone que son iguales».[92] Este entendimiento se aplica a todas las situaciones sociales, incluso aquellas en las que existen claras diferencias jerárquicas en la relación. Los supervisores quieren ser vistos como «gente común y corriente», y la gente valora a los líderes políticos porque suenan como «gente normal».

Esto significa que la mayoría de los euroamericanos funciona mejor en situaciones donde se asume la igualdad. Las interacciones se vuelven muy confusas cuando se encuentran en una situación intercultural en la que tienen que actuar de una manera que reconoce que algunas personas tienen claramente un estatus social más alto, sobre todo si esa condición es atribuida y no adquirida. ¿Cómo se puede escuchar a un anciano «claramente» no calificado, pero que es considerado un líder importante por su comunidad cultural?

El concepto de igualdad social a menudo es puesto a prueba en la iglesia, sobre todo al cruzar fronteras donde hay diferentes hipótesis acerca de las relaciones sociales. Teologías protestantes enfatizan el sacerdocio «de todos los creyentes» y muchos protestantes de EE.UU. ponen mucho énfasis en este concepto (aunque muchos mantienen una división de clases con la manera en que tratan la ordenación). Sin embargo, este concepto es duramente puesto a prueba tanto dentro como fuera de la cultura de EE.UU. Muchos de los protestantes que hablan

---

92 Paul Hiebert, *Anthropological Insights for Missionaries* (Grand Rapids: Baker, 1985), p. 127.

mucho sobre el liderazgo igualitario admiran las grandes iglesias en Corea, América Latina o África, las cuales son «exitosas», al menos en parte, debido a que definen claramente las jerarquías sociales. Los miembros de estas iglesias aceptan posiciones diferenciales para el «ungido de Dios» y los que se encuentran en liderazgo. Esos modelos de iglesia son admirados y puestos como ejemplos del crecimiento exitoso de una iglesia. Pero a menudo, los líderes de esos países son criticados cuando establecen congregaciones basadas en jerarquías entre personas de culturas minoritarias o inmigrantes en los Estados Unidos.

Este problema de liderazgo también está siendo redefinido en los Estados Unidos. Muchas iglesias grandes tienen estilos de liderazgo que son muy jerárquicos. Ellas usan modelos jerárquicos en los cuales el pastor es un CEO (Chief Executive Officer), que están siendo rápidamente aceptados dentro de la sociedad «igualitaria» de EE.UU. Debido a que es un modelo que cabe dentro las relaciones sociales de EE.UU., es más fácil de aceptar que los modelos jerárquicos similares que se desarrollaron en un contexto social o cultural diferente.

Estas diferencias se desarrollan cada vez que las iglesias y los líderes tratan de trabajar juntos.

> *Cuando una ciudad del Medio Oeste [estadounidense] terminó un complejo enorme de viviendas de bajo costo, un grupo multiétnico del clero se reunió para un tiempo de oración pública. Un concejal iba a presentar a los pastores, y se dio cuenta de que algunos vestían túnicas, uno vino del trabajo con su ropa de carpintero, otro llevaba pantalones de algodón y otra llevaba su cuello clerical. No parecían estar especialmente cómodos unos con otros. Cuando el concejal comenzó a preguntar sobre la manera adecuada para presentar a cada persona, algunos le dieron instrucciones para que se diera reconocimiento formal a los títulos académicos y a la jerarquía eclesiástica, otros simplemente proporcionaron sus nombres de pila.*

Aunque el concejal no entendía lo que estaba sucediendo, estaba interactuando con hipótesis teológicas y sociales en cuanto a la conducta apropiado que los pastores debían seguir en situaciones públicas, así como suposiciones acerca de la manera como estaban definidas las jerarquías sociales entre los pastores. Estas diferencias no solo hicieron su trabajo más difícil, sino que también crearon tensiones entre el clero que estaba presente.

Sin embargo, la igualdad social se limita en su aplicación en los Estados Unidos. Históricamente, esto no se ha aplicado a los afroamericanos, latinos, asiáticos, indígenas americanos y otras minorías étnicas. Cuando los europeos vinieron por primera vez a las Américas se cuestionaron seriamente la plena humanidad de los africanos negros y de los indígenas americanos.[93] A lo largo del siglo XIX muchos estudios «científicos» «demostraron» la condición inferior de los grupos minoritarios, particularmente los de ascendencia africana. Estas explicaciones se volvieron de «conocimiento común» y el entendimiento aceptado entre los de la cultura dominante. Sirvieron como base para las prescripciones legales (por ejemplo, las leyes de Jim Crow de finales del siglo XIX y del siglo XX del sur de Estados Unidos, que exigían «separados pero iguales», estaban separados, pero nunca eran iguales) y por las cuotas de inmigración hasta bien entrado el siglo XX. Hasta el día de hoy hay muchas personas en los Estados Unidos que cuestionan la capacidad de las personas que no son de origen europeo para integrarse en el tejido social estadounidense.[94]

Pero este es un tema que la mayoría de las personas en los Estados Unidos optan por no reconocer públicamente. Según el sociólogo Thomas Kochman, la gente en la sociedad estadounidense educada practica una etiqueta social en la que no se abordan las diferencias de los grupos minoritarios en público. Esta práctica se desarrolló durante el período en que las diferencias entre grupos fueron utilizadas para «probar» la inferioridad de grupos minoritarios.[95]

Debido a que el tema no es abordado abiertamente, persisten muchos estigmas. Casi nadie lo quiere admitir públicamente, pero muchas

---

93 Esto se refleja en la Constitución original de los Estados Unidos en donde los esclavos africanos fueron contados como 3/5 de una persona para propósitos de tributación y de representación aunque no tenían el 3/5 de un voto.

94 Véase: Samuel Huntington, *Who Are We? The Challenges to America's National Identity* (New York: Simon & Schuster, 2004). Huntington se cuestiona si los hispanos pasarán a ser parte de la identidad nacional.

95 Thomas Kochman, *Black and White Styles in Conflict* (Chicago: University of Chicago Press, 1981), p. 11.

personas de la cultura mayoritaria de Estados Unidos asumen implícitamente que los estigmas sociales que enfrentan las minorías son de su propia creación. La mayoría rara vez piensa en las consecuencias de la imposición de sus valores sociales sobre la minoría (tales como la americanización forzada de los indígenas americanos y las leyes de solo inglés). Los que reconocen que están imponiendo algo desde fuera posiblemente consideran la imposición como algo bueno para el grupo minoritario. Cualquier diferencia mostrada por los grupos minoritarios es considerada como una desviación social o como una señal de no tener la voluntad de encajar en el orden social de la mayoría.

Debido a estas diferencias en las relaciones sociales y familiares, es difícil para los diferentes grupos étnicos ponerse de acuerdo en cuanto a temas de racismo estructural o barreras sociales en la sociedad de EE.UU. Si alguien no puede tener éxito en una institución específica, entonces esa persona en particular puede tener una base para solicitar la corrección de la situación. Hay poca capacidad para reconocer la manera en que los supuestos sociales subyacentes crean un ambiente donde nadie discrimina, pero donde la mayoría de las personas pertenecientes a grupos minoritarios nunca puede tener éxito a nivel de sus capacidades.

En *Divided by Faith*, los sociólogos Michael O. Emerson y Christian Smith tratan esta situación dentro de la vida de las iglesias evangélicas. La división entre los evangélicos blancos y los afroamericanos se resiste a sanar debido a que cada uno ve un problema fundamentalmente diferente. Los evangélicos blancos solo ven a las personas y quieren resolver las tensiones abordando la situación de las personas. Ellos asumen que una vez que las cuestiones específicas de una persona en particular se han abordado, el problema está resuelto. Por otro lado, los africano-estadounidenses confrontan los problemas estructurales todos los días y reconocen que necesitan abordarlos. Pero los evangélicos de la cultura mayoritaria los desairan porque estos últimos no tienen un marco interpretativo para reconocer siquiera la existencia de jerarquías sociales y las desigualdades estructurales, como las escuelas pobres, los servicios sociales inexistentes, la discriminación racial y las redes sociales exclusivas.

Emerson y Smith afirman que los evangélicos de la cultura mayoritaria tienen tres herramientas religiosas y culturales que afectan negativamente la forma en que ellos entienden las complejidades de las relaciones sociales entre los afroamericanos y los blancos de la cultura mayoritaria en los Estados Unidos. En concreto, creen en el *individualismo responsable del libre albedrío* (según el cual todos los individuos son totalmente libres para tomar sus decisiones y entonces son completamente responsables de las consecuencias de sus decisiones), el *relacionalismo* (las relaciones interpersonales son fundamentales para tratar con problemas de todo tipo) y el *antiestructuralismo* (que es la incapacidad o falta de voluntad para reconocer el impacto de las influencias sociales estructurales). Es difícil, si no imposible, para los evangélicos de la cultura mayoritaria reconocer que las *estructuras* sociales pueden tener una influencia negativa en las relaciones sociales. Así, mientras que muchos afroamericanos tratan de lidiar con las estructuras sociales que les afectan negativamente, la mayoría de los evangélicos de la cultura mayoritaria suponen que el problema es personal y se puede solucionar con una mejor interacción personal y una mayor responsabilidad personal.[96]

LA IGUALDAD Y LOS GRUPOS SOCIALES

Un tema relacionado es el que tiene que ver con la manera como la gente forma grupos sociales. En sociedades orientadas al carácter igualitario, la suposición es que las personas se relacionan con los demás por intereses comunes, no por causa de compromisos de grupo o familiares, o por rango social. De acuerdo con el misiólogo Pablo Hiebert, «Nosotros [los estadounidenses] tendemos a participar en actividades de grupo como individuos separados, unidos en una actividad común, en lugar de como una persona colectiva en la que nuestros derechos e intereses personales están subordinados a los del grupo».[97]

Esto significa que para la cultura dominante de EE.UU., las relaciones sociales tienden a estar subordinadas al interés propio y no principalmente a un compromiso con la familia, el grupo o la organización. La mayoría de las personas en los Estados Unidos suponen que el individuo

---

96 Véase: Michael Emerson and Christian Smith, *Divided by Faith: Evangelical Religion and the Problem of Race in America* (New York: Oxford University Press, 2000).

97 Hiebert, *Anthropological Insights for Missionaries*, p. 125.

tiende a separarse de la familia y entrar a nuevas agrupaciones sociales tales como las profesiones, las redes de voluntarios, las asociaciones o los clubes.[98] Hay todo tipo de clubes, algunos de los cuales perduran con el tiempo. Pero en estos grupos «las relaciones son a menudo superficiales y se limitan a esas áreas específicas de la vida tales como el trabajo, el deporte o la política, y las personas tienen derecho a irse si así lo desean».[99]

Esta perspectiva afecta las relaciones interculturales. En el plano individual las personas asumen que no son racistas porque tienen conocidos sociales que pertenecen a grupos étnicos minoritarios. Ya que trabajan juntos, prestaron servicio militar juntos, y algunos incluso asisten a la misma la iglesia, asumen que han hecho el duro trabajo de hacer frente al racismo. No se analizan las preguntas más difíciles que tienen que ver con la injusticia estructural o con el privilegio (incluso no son reconocidas como temas a tratar). Este es uno de los principales desafíos para el liderazgo relacional, ¿cómo podemos crear ambientes y dar forma a conversaciones para que se le dé atención a esta complejidad?

RELACIONES Y OBLIGACIONES

Cuando yo (Juan) regresé de un viaje a Sudamérica, traje regalos para la mayoría de las personas de mi iglesia. Debido a mi trabajo pastoral, se espera que traiga un pequeño regalo; sin embargo, cualquier regalo que doy forma parte de la gran red de relaciones que hay en la iglesia. Cuando los miembros de mi congregación viajan, a menudo traen un pequeño regalo para mí, así como para sus amigos cercanos, y traen un recuerdo pequeño para la iglesia. Yo siempre trato de incluir a los pobres y marginados en la entrega de regalos, pero no deseo crear una obligación social que vaya más allá de sus posibilidades financieras. Quiero que sepan que son especiales en nuestra iglesia, pero no quiero hacerlos sentir mal si no pueden corresponder. Esto por lo general parece funcionar bien, excepto cuando recibo un regalo comprado con la «dá-

---

98   Véase: Francis Hsu, Clan, *Caste, and Club* (Princeton, N.J.: D. Van Nostrand, 1963), esp. chap. 9, específicamente p. 204.

99   Hiebert, *Anthropological Insights for Missionaries*, p. 125.

diva de la viuda». Estos por lo general han sido para mí los regalos más difíciles de recibir, pero también habitualmente han sido los regalos usados por Dios para desarrollar oportunidades especiales del ministerio.

En muchas culturas, los regalos forman parte de una estructura de relaciones sociales. En zonas rurales y tradicionales de América Latina, los ricos a menudo tienen obligaciones sociales para con los pobres en sus comunidades. Este tipo de obligación social se supone también entre parientes ricos y parientes pobres, y entre los hermanos mayores y menores. Importantes celebraciones sociales tales como bodas, quinceañeras y bautizos, son a menudo posibles porque los padrinos proporcionan el apoyo financiero. (Por supuesto, este tipo de acuerdos no obliga a los ricos a practicar la equidad o la justicia. Pero «comparten la riqueza», al menos para esta ocasión, cuando ellos asumen esta obligación).

En muchas culturas asiáticas existen acuerdos elaborados de intercambio de regalos. Cada participante sabe que los regalos crean obligaciones recíprocas que se deben cumplir a fin de mantener relaciones sociales fuertes. A veces, estas obligaciones pueden ser muy costosas. Un regalo que es demasiado grande o demasiado pequeño, o que se da cuando no se requería, puede crear un desequilibrio social significativo más allá de las personas directamente implicadas. Pero aquellos en el sistema social aceptan la importancia de mantener estas obligaciones sociales. Dar regalos es parte de una red social donde este tipo de intercambio ayuda a mantener el tejido social.

Este tipo de obligaciones puede ir mucho más allá del intercambio de regalos. Se puede esperar que una persona ayude a amigos o familiares a obtener un empleo, o que los albergue cuando ellos emigran hacia su ciudad o país, o se trasladen a una área nueva en busca de trabajo. La base de estas obligaciones puede estar ligada a complejas relaciones familiares o a redes sociales que revelan un tejido de relaciones humanas e interacciones que no son fáciles de entender por un extraño.

De acuerdo con Stewart y Bennett, la mayoría de las personas de la cultura mayoritaria en Estados Unidos prefiere relaciones que no tienen definidas las obligaciones sociales o los compromisos personales con terceros. Si una persona recibe un regalo reconoce que también debe dar algo a esa persona, pero no hay una clara suposición u obligación de corresponder. Su preferencia es el desarrollo de relaciones de manera que se reduzca este tipo de obligaciones sociales.[100]

En gran parte del resto del mundo, las relaciones y las obligaciones sociales están estrechamente ligadas. Esto lleva a Stewart y Bennett a la conclusión de que en la mayoría del mundo, excepto en Estados Unidos, «una relación sin compromiso simplemente no es significativa».[101] Mientras que muchas personas en los Estados Unidos asumen que la autonomía es un valor importante y tienden a reducir al mínimo el papel de las obligaciones sociales, muchas otras personas entienden que una buena relación se basa en la obligación mutua.[102]

Esta diferencia significativa en cuanto a la comprensión de la conexión que existe entre la relación y las obligaciones sociales, puede crear problemas cuando las personas de una cultura mayoritaria y de culturas minoritarias interactúan en los EE.UU. Muchas de las personas de la cultura mayoritaria no se dan cuenta de la obligación social que le están creando a otro cuando dan o reciben un regalo. Ellas pueden asumir que un: «no te preocupes por eso», puede ser suficiente. Pero una persona a la que se le ha enseñado la importancia del intercambio social se preocupará por eso. Una persona que no actúa recíprocamente de manera «adecuada» también puede ser considerada grosera, tacaña o antipática si recibe un regalo, pero no se ocupa de responder de una manera socialmente apropiada (que puede que no entienda). El liderazgo relacional desarrolla el potencial de una iglesia para la interpretación de estas diferencias y para dar forma a la comprensión y las prácticas.

> *Durante su segundo año en una iglesia que es predominantemente asiático-americana, la nueva pastora quiso fomentar estudios bíblicos en grupos pequeños. Varios integrantes de las familias asiáticas que la habían apoyado fuertemente al llegar a la iglesia, parecían reticentes a reunirse en casas. La nueva pastora siguió hablando sobre la manera en*

---

100 Stewart and Bennett, *American Cultural Patterns*, p. 94.

101 Ibid., p. 95.

102 Hiebert, *Anthropological Insights for Missionaries*, p. 124.

que reunirse en las casas de los miembros ayudaba a construir comunidad, y que la hospitalidad en los hogares proporcionaba oportunidades para hacer contacto con los vecinos. Incluso con la enseñanza y la conversación adicionales, la resistencia continuó. Ella suscitó sus preguntas con algunas familias jóvenes que tenían padres en la iglesia, y se enteró, a través de estas conversaciones, que muchas de las familias rara vez se asociaban en sus respectivos hogares, pero sí lo hacían en otros ámbitos. Esto le ayudó a tomar conciencia de cómo los aspectos culturales de las obligaciones y la reciprocidad eran la base de la reticencia. El siguiente mes de agosto, cuando los miembros se estaban reconectando después de las vacaciones, le pidió al grupo de hombres patrocinar varias comidas al aire libre en sus casas y cinco se ofrecieron como voluntarios. Como se trataba de una actividad de un grupo de la iglesia, los problemas de reciprocidad no se plantearon. Dieron forma a las listas de invitación para que todos fueran invitados a una de las comidas al aire libre. La pastora predicó acerca de la manera como las fiestas bíblicas fueron tiempos de comida, historias y oración. Ella pidió a los hombres que ayudaran con algunas preguntas, sobre todo para crear conversaciones entre generaciones, en cuanto a vacaciones favoritas, historias divertidas y momentos en que se sintieron especialmente conscientes de las bendiciones de Dios. Al experimentar con formas de reducir las obligaciones y aumentar las motivaciones sociales, este grupo de líderes de la iglesia tuvo éxito en llamar a una mayoría de miembros a actividades caseras y relaciones más profundas.

Las estructuras sociales igualitarias dan un gran valor a la creación y mantenimiento de opciones personales, y la suposición es que las obligaciones obran contra la libertad personal. En una iglesia estas cuestiones están relacionadas con asuntos de prácticas cristianas tales como el significado de la membresía. ¿La iglesia debe entenderse como una comunidad primaria (tal como lo definimos en el capítulo 3), una comunidad opcional, o incluso un dispensador de bienes y servicios religiosos? ¿Cómo podrían ser configuradas las nuevas obligaciones dentro de una congregación a medida que las personas crecen en amor y compromiso el uno para con el otro? En los Estados Unidos, las iglesias se convierten en clubes, en el sentido de que las personas desarrollan relaciones de interés propio y se ven a sí mismas libres de irse si sus intereses no son cumplidos. El discipulado y la comunidad son conceptos difíciles de desarrollar entre las personas que no valoran las obligaciones interpersonales y los compromisos sociales profundos a largo plazo.

CÓMO DEFINIR LA AMISTAD Y LAS RELACIONES PERSONALES

Personas de culturas igualitarias por lo general tienen una serie de relaciones con otros que están marcadas por la amabilidad y la informalidad, pero mucho menos comunes son las relaciones que tienen un importante conocimiento personal mutuo y donde la dependencia mutua se supone. De acuerdo con Stewart y Bennett la gente de la cultura mayoritaria de EE.UU. tiende a desarrollar amistades basadas en «la espontaneidad, la atracción mutua, y los cálidos sentimientos personales». Ellos sienten que es importante «preservar la iniciativa personal en la búsqueda de amigos», algo que es muy diferente en las sociedades donde las amistades y las obligaciones sociales están estrechamente ligadas.[103]

Esto significa que las relaciones sociales se definen de manera muy diferente a través de las culturas. Muchos en la cultura mayoritaria de EE.UU. pueden decir honestamente que «hicieron un nuevo amigo la semana pasada», mientras que otras personas podrían describir el mismo encuentro como haber conocido a alguien. Las principales diferencias son la base para la relación y la profundidad de la responsabilidad y el compromiso asumido en una «amistad».

Este tipo de diferencia en la comprensión puede ser perjudicial para las relaciones interculturales. Por un lado, el valor de una relación social existente puede ser muy diferente cuando se lee de un lado o del otro. Una persona de la cultura dominante de los EE.UU. puede suponer que ha establecido una amistad con una persona de otro grupo étnico, mientras que el otro solo ve una relación social superficial. Por otro lado, una persona de una minoría puede asumir que una persona que dice que

---

103 Stewart and Bennett, *American Cultural Patterns*, p. 101.

quiere ser amiga está dispuesta a asumir los tipos de profundidad social y las obligaciones que incomodarían a la otra persona.

> *Una iglesia presbiteriana de 300 miembros se había vuelto diversificada a un 45 por ciento de afroamericanos y un 45 por ciento de euroamericanos. La capacitación de los diáconos sobre la visitación incluyó una discusión sobre la prestación de cuidados pastorales interculturales. La diferencia en el confort espacial, las reglas tácitas en cuanto a tocarse y abrazarse, la duración de la visita, y el uso de la oración, se discutieron y luego se establecieron directrices. Con solo esta formación, el único nuevo diácono afroamericano comenzó a hacer sus primeras visitas a algunos miembros que estaban confinados en sus casas. Se dirigió a la puerta de la primera mujer en la lista, una mujer de raza blanca, que lo saludó de manera muy formal a través de una puerta de tela metálica. El se puso cada vez más nervioso y comenzó a tartamudear acerca de quién era y por qué estaba allí. Después de recibir la totalidad de la explicación, la voz detrás de la puerta le dijo: «Jeff, gracias por venir a visitarme. Vamos, entra». En la próxima reunión de diáconos Jeff informó que mientras disfrutaba de su visita, al final sintió que ella lo había visitado, así como él a ella. La relación entre los dos ha crecido en los últimos años.*

Debido a que las sólidas relaciones interculturales son importantes para las iglesias multiculturales, estas congregaciones tendrán que abordar la manera como las diferentes culturas definen relaciones y conceptos sociales tales como la amistad, el compromiso, la asociación e incluso «la pertenencia» cuando se refiere a una congregación.

NECESIDAD DE SER QUERIDO

De acuerdo con Paul Hiebert, la mayoría de las personas de la cultura mayoritaria de EE.UU. «valora en gran manera el hecho de ser querido y lo ve como una señal de éxito en las relaciones sociales».[104]

---

104 Hiebert, *Anthropological Insights for Missionaries*, p. 126.

Debido a ese valor, los estadounidenses encuentran muchos libros y seminarios que enseñan técnicas de comunicación personal y la forma de agradar a los demás. «Los estadounidenses basan su estima de los demás en el hecho de ser queridos por ellos» y, a menudo, juzgan su éxito «casi literalmente por el número de personas que los quieren a ellos».[105]

Esto significa que la interacción, e incluso el servicio hacia los demás, se basan a menudo en estas perspectivas. A menudo, el servicio voluntario está basado no solo en las necesidades, sino también en si las personas parecen o no agradecidas por el servicio. Si las señales externas y superficiales de la amistad no están presentes, muchas personas asumen que están fallando en el lugar de trabajo, en su círculo social o en sus esfuerzos por ayudar a los demás.

Por ejemplo, la gente suele elegir una iglesia porque se siente acogedora. Dicho de otro modo, la gente en la iglesia libremente utiliza las señales externas de cordialidad, tales como las sonrisas y los apretones de manos. Las iglesias que ofrecen a los nuevos asistentes estos tipos de respuestas «sensibles a quien las busca»[106] tienen más probabilidades de que los vean regresar. Los cristianos de la cultura mayoritaria en los Estados Unidos son propensos a elegir una nueva iglesia sobre la base de la calidez de la relación que reciben, y su nivel de confort en general. Los lazos denominacionales, históricos, doctrinales o de parentesco no son muy susceptibles de influir en ellos tanto como el «sentir» de la iglesia.

LIDIAR CON PROBLEMAS

Un supuesto común entre la mayoría de la gente de la cultura mayoritaria en los Estados Unidos es que la mejor manera de lidiar con los problemas es tratando el tema directamente. Esto no quiere decir que la gente no utilice la evasión y modos pasivos y agresivos cuando enfrenta problemas, sino que el modo ideal de resolver un problema se supone que es aquel en el que la persona es enfrentada directamente, y la prioridad es «conocer los hechos». La confrontación no es necesariamente vista como un evento emocional intenso. Lo ideal es que la gente expre-

---

105 Stewart and Bennett, *American Cultural Patterns*, p. 108.

106 «Seeker sensitive» en inglés.

se sus sentimientos, hable honestamente acerca de la situación y trate directamente con las personas involucradas en el problema.

Pero en muchas culturas es mucho más importante «salvar las apariencias», para evitar los enfrentamientos directos que podrían causar vergüenza. Los problemas se tratan a través de diversos medios indirectos, bien entendidos por los de la cultura. Las personas que practican los medios indirectos para la solución de problemas encontrarán a menudo el carácter directo euroamericano «duro y destructivo» para las relaciones interpersonales que dependen de la sutileza y los medios indirectos.[107] Por otro lado, los euroamericanos perciben a menudo las técnicas indirectas para resolver problemas como técnicas deshonestas o como un intento por ocultar los problemas, en lugar de «llegar al meollo» y «enfrentarlos».

> *Una iglesia asiático-estadounidense contrató a una organista euro-americana que se había retirado de la enseñanza. Durante varios años su capacidad musical se redujo y su atención vaciló. Hubo momentos difíciles durante los cultos, mientras los miembros más jóvenes del equipo de adoración trataban de ayudarla. Cuando surgieron controversias entre los líderes, las voces japonés-americanas dijeron que no debían hacer nada, la organista podría tener el trabajo por el tiempo que ella deseara. No era correcto decirle a una profesional que ella no se desempeñaba de manera adecuada. Pero otros dirigentes, euro-estadounidenses y chino-americanos, dijeron que no era apropiado permitir que un músico profesional continuara en esta situación, no llegaba a su propio nivel profesional, y si fuera mentalmente más competente, se avergonzaría por lo que estaba pasando. Dijeron que era más cariñoso y apropiado pedir que otra persona mayor y profesional tuviera una conversación con la organista.*

Esta diferencia con respecto a los enfoques culturales que se usan para la resolución de problemas, es crucial en las relaciones interculturales de la iglesia. El ministerio multicultural crea problemas simplemente porque las personas son diferentes. Esos problemas son com-

---

107 Ibid., p. 99.

plicados porque las personas afectadas a menudo tienen ideas muy diferentes en cuanto a la manera de lidiar con los problemas. El asunto principal (la organista de la historia mencionada) casi se convierte en secundario a la cuestión de cómo resolver mejor los problemas interpersonales. Un líder sensible reconoce que el deseo de hacer frente a los problemas directamente a menudo hace que las relaciones interculturales se empeoren. Una persona no dispuesta a solucionar un problema, pública y directamente, puede erróneamente ser acusada de evitar el tema o, peor aún, de mentir. Esa persona puede tener otros medios para hacer frente a los problemas. Las relaciones interétnicas exitosas en la vida de la iglesia reconocen que las personas tienen diferentes interpretaciones en cuanto a la resolución de problemas; diversos enfoques son adecuados para diferentes desafíos. La cuestión clave para los líderes será el uso de métodos que tomen en cuenta a la gente a medida que se consideran pasos y procedimientos. Debido a que el líder quiere fortalecer las relaciones tanto como lograr que se hagan las cosas, él o ella tendrá que interpretar lo que le está sucediendo a cada grupo y ayudar a cada uno a comprender la importancia de la posición propuesta por el otro.

INFORMALIDAD Y FORMALIDAD

El concepto de igualdad está estrechamente ligado a los modos informales en que muchas personas de la cultura mayoritaria tratan a los demás. La gente mira directamente a los ojos del otro, los saludos suelen ser breves y las personas se refieren, la una a la otra, con sus nombres de pila. La sensación entre la mayoría de las personas en los Estados Unidos es que es importante tratar a todos de manera informal, ya sean amigos, compañeros de trabajo o camareros de un restaurante. Esta forma de tratar a la gente se suele considerar normal, aunque también puede correr el riesgo de comunicar una falta de respeto en un entorno multicultural ambiguo, como el presentado en la introducción de este capítulo.

La norma de informalidad de la cultura dominante se pone en conflicto con la comprensión social de la mayoría de las culturas de todo el mundo, donde la informalidad y la formalidad se utilizan para definir los diferentes tipos de relaciones sociales. Hay claras demarcaciones de formalidad entre las personas de diferentes contextos sociales.

Los saludos formales por lo general siguen un formato ritualizado y a menudo extenso, incluso entre personas que están en conflicto. Este tipo de saludo le permite a la gente demostrar preocupación por el otro, reconociendo al mismo tiempo que no necesariamente tienen una relación estrecha. El uso de títulos entre las personas de diferente rango social es también una manera de reconocer y respetar diferencias muy reales. En algunos idiomas es casi imposible referirse a alguien de un estatus más alto sin un título.[108] Estas diferencias culturales son también evidentes en la ropa.

Una Iglesia de Dios afro-americana había hecho de la diversidad cultural un valor explícito de la iglesia, y un creciente número de familias euro-americanas y latinas venían los domingos. Los pastores de la iglesia se apresuraron a aumentar la diversidad étnica en el liderazgo de la adoración en la iglesia y en varios equipos de liderazgo. Un verano, el pastor dijo: «Nuestra vestimenta de domingo refleja nuestras propias tradiciones afroamericanas —los hombres están usando trajes, las mujeres llevan vestidos, las madres (de la iglesia) están usando sombreros, el coro y el pastor están vestidos con túnicas—». Explicó que, al igual que otras iglesias, siempre dicen: «todo el mundo es bienvenido, venga como sea», pero les habló de una conversación que tuvo con alguien que había invitado. El amigo dijo: «Mira, estás de traje, y todos los demás se visten de gala. Me dijiste que viniera como fuera, pero esto es incómodo. Me siento engañado». Y señaló que las personas, incluso de otras culturas, que han sido criadas en una iglesia «no llevan vestido formal como punto de referencia». Así que el pastor propuso un experimento de verano: «Vayamos de manera casual». Más tarde ese verano el pastor verificó con los miembros más antiguos afroamericanos y se enteró de que su compromiso de ser acogedores era más importante que continuar su propia tradición. Por lo que el pastor anunció que

---

108 También entendemos que los títulos pueden ser opresivos, una manera de mantener la injusticia o deshumanizar a otros. Las relaciones en una iglesia deben ser de empatía y respeto mientras trabaja hacia nuevas prácticas.

continuarían con el modelo casual, pero «si te gusta una tradición más formal, eso también es apropiado. La diversidad en el vestido los domingos puede ser una ventaja para nosotros y también para los visitantes».

Los líderes de la iglesia que desarrollan procesos hacia la vida intercultural, van a experimentar con opciones que prestan atención a todos los participantes y evalúan la forma de trabajar con las tradiciones, el respeto y la hospitalidad. Las congregaciones no siempre tienen que pasar por el ciclo completo de la praxis, pero serán capaces de reconocer su punto de partida y de qué manera imaginar diferentes formas de responder a los desafíos de la vida intercultural.

LA COOPERACIÓN Y EL JUEGO LIMPIO

La mayoría de las personas de la cultura mayoritaria de Estados Unidos se centran en el individuo y a menudo están en competencia unas con otras. Con todo, son capaces de combinar la competencia y la cooperación debido a que sus compromisos con grupos u organizaciones a menudo se basan en la percepción de ganancia personal. La gente acepta las reglas y los objetivos de un grupo, pero no se compromete totalmente con el mismo. Si sus necesidades y expectativas no se cumplen, no duda en dejar un grupo para unirse a otro diferente que potencialmente se ocupe de las expectativas no cumplidas.[109]

Esta es una ventaja importante ya que los euroamericanos a menudo son capaces de trabajar con personas con las que están en total desacuerdo porque: «hacer que las cosas se logren» es un valor más importante que las relaciones interpersonales entre los que están trabajando juntos. Los grupos utilizan agendas y procedimientos para crear un debido proceso que permite a los individuos ser reconocidos, pero también les da espacio al acomodamiento, a la vez que mantienen sus principios.[110]

La capacidad de trabajar con personas con las que no estamos de acuerdo es vista como un sello distintivo de la sociedad civil en los Estados Unidos. Pero este valor puede ser fácilmente malinterpretado como oportunismo. Personas de diferentes culturas que valoran los principios

---

109 Hiebert, *Anthropological Insights for Missionaries*, p. 130.

110 Stewart and Bennett, *American Cultural Patterns*, p. 106.

más que la cooperación pueden asumir que este nivel de trabajo en conjunto refleja una voluntad de dejar de lado los principios «para que se hagan las cosas». Hay una necesidad de interpretar esta práctica entre las minorías y personas de otras culturas a fin de que no se malinterprete como falta de voluntad de defender lo que uno cree.

La cooperación sobre la base de normas y procedimientos a menudo funciona en el lugar de trabajo. Pero cuando se aplica en la vida de la iglesia puede crear confusión social y teológica. ¿Las decisiones deben basarse en los procedimientos aceptados (tales como las Reglas de Orden de Robert) o en los compromisos relacionales? ¿De qué manera uno u otro afectan el nivel de compromiso que una persona tiene con una comunidad eclesial? ¿Cuál sería el aspecto de las normas y procedimientos que abordan tanto la importancia de las políticas formales como la importancia de la interacción relacional en la toma de decisiones?

Relacionado con el tema de la cooperación está el concepto del juego limpio de la cultura mayoritaria. La idea es que las reglas y procedimientos deben ser tales que la persona más fuerte no tenga una ventaja injusta. Las personas quieren ganar un juego, pero les gustaría poder decir que se hizo «justo y en buena lid». La mayoría de las personas de la cultura mayoritaria asume que las leyes, normas y prácticas en los Estados Unidos siguen esta comprensión del juego limpio. Dado que las normas son justas, entonces los que tienen el privilegio pueden argumentar que ganaron «en buena lid».

Pero el concepto de juego limpio hace difícil lidiar con desigualdades estructurales entre grupos de personas en los Estados Unidos. Esto se debe al supuesto básico de que el campo de juego es más o menos parejo para todos. Por ejemplo, la acción afirmativa ha sido un intento de juego limpio diseñado para las personas de las minorías étnicas que tradicionalmente han sido excluidas de los beneficios de la sociedad estadounidense. Sin embargo, una de las (muchas) razones por las que no funciona se debe a que el juego limpio es mediado por una visión individualizada de los problemas. Los miembros individuales de la cultura dominante pueden reconocer que tienen un cierto nivel de privilegio, pero cualquier acción que pueda dar la impresión de afectarles negativamente a ellos directamente, se considera como no jugar limpio. En virtud del entendimiento actual de la acción afirmativa como un medio de superar los prejuicios, a los miembros de los grupos minoritarios se les da una «ventaja», no porque exista un problema estructural, sino porque son personalmente desfavorecidos. Pero si aceptan esta ayuda significa que tienen que aceptar la interpretación de que, como individuos, fueron incapaces de competir «limpiamente» y que han recibido una oportunidad que «realmente» no se merecen. Como resultado, vemos situaciones en las que (1) la gente de la cultura mayoritaria afirma que la acción afirmativa les discrimina, y (2) personas pertenecientes a minorías étnicas que avanzaron debido a la acción afirmativa ahora obran en contra de continuar con esta política. En una sociedad igualitaria individualizada es muy difícil reconocer y compensar las barreras estructurales que afectan al grupo. Por lo tanto, si los grupos minoritarios se «están quedando atrás», debe ser totalmente culpa de las personas que no están dispuestas a tomar acciones necesarias para tener éxito.

LAS PERSONAS EN FUNCIÓN DE SUS ROLES

Las personas de la cultura mayoritaria en los Estados Unidos suelen valorar a otras basándose en sus funciones laborales. Estos roles tienden a ser muy especializados, en función de la educación, la experiencia y el lugar que ocupan dentro de una institución. Estas funciones relacionadas con el trabajo son importantes en la medida en que son vistas como una contribución a la sociedad, especialmente a su éxito económico.

Los roles sociales que no contribuyen directamente a una empresa, o a los logros de las organizaciones, se valoran en la medida en que proporcionan algunas otras funciones «útiles». Un ama de casa tiene un valor potencial, el de criar niños (aunque un centro de cuidado infantil tiene especialistas capacitados para hacer eso). A los abuelos también se les puede encontrar un valor social en el cuidado de los niños.

Esto significa que las personas que no pueden contribuir porque están enfermas, son enfermizas o no tienen un papel de trabajo especializado, no tienen un lugar claro en el orden social. Tienen *relaciones*, pero no tienen *roles*. En muchas sociedades ser un anciano es un rol socialmente importante. Su función está relacionada con su posición en la sociedad, sus relaciones, su historia o lo que simboliza, no lo que hace. La gente proporciona un espacio social dentro de la familia y las estructuras de la comunidad, no por lo que ellos puedan aportar, sino por causa de lo que son. Tradicionalmente, «en la mayoría de las sociedades las personas de edad avanzada son vistas positivamente como sabias y experimentadas».[111]

Pero debido a que «los estadounidenses perciben el envejecimiento como una pérdida progresiva de la funcionalidad, ... no es de extrañar que los roles sociales que se basen en la funcionalidad se estrechen con la edad».[112] Esta interpretación tiene un impacto directo en el liderazgo de la iglesia. ¿Hasta qué punto un pastor es elegido porque él o ella es un anciano sabio de la comunidad, y en qué medida es la «capacidad» (entendida como tener las aptitudes necesarias para dirigir una iglesia) el valor principal para encontrar un «buen» pastor? ¿Cuál es la importancia de la edad para elegir ancianos en una iglesia? ¿Cómo es elegido el liderazgo en un contexto intercultural donde hay diferentes perspectivas en cuanto al papel de los ancianos en la comunidad?

Debido a que la vida de la Iglesia tiene que ver con relaciones sociales, los pastores y otros líderes tendrán que ayudar a la gente a caminar juntos, asegurándose de que cada uno entienda la manera como otros interpretan sus acciones. Parte del trabajo de interpretación y de relación del liderazgo es tomar el tiempo necesario para trabajar en este tipo de entendimiento. Esto significa que los líderes deben dirigir a la congregación a través del ciclo de la praxis a fin de que la gente entienda los supuestos en cuanto a las relaciones sociales de los que están en la comunidad de la iglesia y también los de la gente que la iglesia desea alcanzar. A medida que los pastores comiencen a entender las diferencias en cuanto a la manera como interactúan las personas, y a medida que ayuden a las personas a desarrollar nuevas formas de interactuar en la vida de la iglesia, estarán involucrados en la praxis de la vida intercultural de la iglesia.

---

111 Hiebert, *Anthropological Insights for Missionaries*, p. 133.

112 Stewart and Bennett, *American Cultural Patterns*, p. 112.

En el Cine

El tema común de las tres películas son las relaciones sociales dentro de culturas comunes, a la luz de la migración a los Estados Unidos. Observe cómo la experiencia transnacional cambia a las personas, incluso a medida que continúan viviendo dentro de sus propios trasfondos culturales.

Quinceañera (2006). Magdalena espera ansiosamente sus quince años hasta que descubre que está embarazada, es abandonada tanto por su propia familia como por el padre de su bebé, pero encuentra una nueva familia y una nueva vida.

A Great Wall (1986). Cuando un programador chino-estadounidense de computadoras es pasado por alto para un ascenso debido a que es chino, se marcha y lleva a su familia a China continental, lo que precipita un choque de culturas.

Monzón Wedding (2001). En la India, donde las telecomunicaciones y el estilo de vida occidental se mezclan con las tradiciones antiguas, la joven Aditi acepta un matrimonio arreglado con un novio que vive en Texas. Familiares dispersos de ambas familias vienen a Nueva Delhi, durante la temporada del monzón, para asistir a la boda.

AUTO-PERCEPCIÓN E INDIVIDUALIDAD

Juan Francisco Martínez

Sostenemos como evidentes por sí mismas dichas verdades: que todos los hombres son creados iguales; que son dotados por su creador de ciertos derechos inalienables; que entre estos están la vida, la libertad y la búsqueda de la felicidad.

Esta cita, tomada de la Declaración de Independencia, es una descripción poderosa de la auto-percepción en los Estados Unidos. Los seres humanos tienen derecho a vivir su vida, a tomar sus propias decisiones, buscando su felicidad personal. Esta perspectiva se basa en una visión específica del individuo que se desarrolló en el mundo occidental y afecta la manera como la gente se ve a sí misma y su lugar en la sociedad y en el mundo. Afecta la comprensión de la cultura dominante en cuanto al papel de la iglesia y la comunidad, y también la manera como las minorías étnicas se relacionan con la mayoría en los Estados Unidos.[113]

EL COLECTIVISMO Y EL INDIVIDUALISMO EN LAS CULTURAS

Todas las culturas tratan la cuestión de la relación que existe entre el grupo y el individuo. Las diferencias entre culturas tienen que ver con los niveles de prominencia y las esferas en las cuales las diferencias son más notables. En culturas individualistas, como la norteamericana de clase media, el énfasis está en los individuos como «agentes potencialmente autosuficientes dotados con derechos fundamentales», tales

---

113 Se puede argüir que la interpretación de hoy en cuanto al individualismo es mucho más radical de lo que fue previsto por aquellos que escribieron la Declaración de la Independencia. Los próceres de EE.UU. asumieron que las personas tenían deberes comunes que las unían (la ley de la naturaleza), algo que parece haberse perdido en el entendimiento que hoy se tiene del individualismo.

como los mencionados en la Declaración de la Independencia. En contraste, las culturas colectivistas le dan prioridad a los grupos y subrayan los «valores de la armonía del grupo, la cooperación, la solidaridad y la interdependencia».[114] Los líderes eclesiales necesitan capacidades para observar cuando estas preferencias y costumbres están en juego, a fin de encauzar los procesos de su iglesia hacia prácticas interculturales.

Una iglesia asiático-americana participaba con regularidad, y con generosidad, en la caminata ecuménica anual de CROP Walk, que recauda dinero para aliviar el hambre. Cada año, la Iglesia ponía mesas después del culto, y los miembros comprometían fondos para apoyar al grupo que los representaría en la caminata. Este era un evento grupal, aquellos de la caminata sabían que representaban a la congregación, al igual que todos los donantes. Pero a diferencia de otras iglesias participantes, las donaciones no eran atribuidas a cada caminante, lo cual habría sido visto ya sea como una competencia inapropiada o como algo demasiado individualista. Pero surgió un problema cuando los organizadores de la iglesia se reunieron con quienes mantenían el registro del evento. Todos los ingresos debían ser asignados a individuos, de modo que la iglesia tuvo que crear una distribución artificial de los fondos entre los participantes. A pesar de que todos los años había discusiones concernientes a que este no era el entender de la iglesia en cuanto a cómo los fondos eran recaudados y donados, los organizadores del evento insistían en que toda la contabilidad se realizaba de esta manera.

De acuerdo con los sicólogos sociales Hazel Markus y Shinobu Kitayama, las culturas individualistas y colectivistas crean diferentes concepciones del yo. La primera se centra en la independencia, la segunda en la interdependencia. Esto significa que la persona define su yo como algo separado del contexto social o como algo relacionado con el contexto social. Mientras que el individualista pretende ser único o expresar el yo, el colectivista trata de encajar o de encontrar un lugar en el or-

---

114 Dan McAdams, *The Redemptive Self Stories Americans Live By* (New York: Oxford University Press, 2006), p. 278.

den social. Como resultado de ello, las culturas individualistas tratan de ayudar a una persona a expresarse a sí misma, mientras que las culturas colectivistas quieren que la persona aprenda a adaptarse y restringir el yo para mantener los beneficios compartidos y la armonía social.[115]

Estudio de la Biblia: 1 Corintios 12 - Regalos para el cuerpo

[4] Ahora bien, hay diversos dones, pero un mismo Espíritu. [5] Hay diversas maneras de servir, pero un mismo Señor. [6] Hay diversas funciones, pero es un mismo Dios el que hace todas las cosas en todos.

[7] A cada uno se le da una manifestación especial del Espíritu para el bien de los demás ...[12] De hecho, aunque el cuerpo es uno solo, tiene muchos miembros, y todos los miembros, no obstante ser muchos, forman un solo cuerpo. Así sucede con Cristo.[13] Todos fuimos bautizados por un solo Espíritu para constituir un solo cuerpo —ya seamos judíos o gentiles, esclavos o libres—, y a todos se nos dio a beber de un mismo Espíritu.

[14] Ahora bien, el cuerpo no consta de un solo miembro sino de muchos.[15] Si el pie dijera: «Como no soy mano, no soy del cuerpo», no por eso dejaría de ser parte del cuerpo.[16] Y si la oreja dijera: «Como no soy ojo, no soy del cuerpo», no por eso dejaría de ser parte del cuerpo ...[21] El ojo no puede decirle a la mano: «No te necesito.» Ni puede la cabeza decirles a los pies: «No los necesito».[22] Al contrario, los miembros del cuerpo que parecen más débiles son indispensables,[23] y a los que nos parecen menos honrosos los tratamos con honra especial. Y se les trata con especial modestia a los miembros que nos parecen menos presentables,[24] mientras que los más presentables no requieren trato especial. Así Dios ha dispuesto los miembros de nuestro cuerpo, dando mayor honra a los que menos tenían,[25] a fin de que no haya división en el cuerpo, sino que sus miembros se preocupen por igual unos por otros.[26] Si uno de los miembros sufre, los demás comparten su sufrimiento; y si uno de ellos recibe honor, los demás se alegran con él.

---

115 Hazel Markus and Shinobu Kitayama, «Culture and the Self: Implications, for Cognition, Emotion, and Motivation», *Psychological Review 98* (1991): 224-53.

[27] Ahora bien, ustedes son el cuerpo de Cristo, y cada uno es miembro de ese cuerpo.

A lo largo de los Evangelios vemos a Jesús llamando a los individuos de una cultura colectivista, pero invitándolos a una nueva comunidad, la iglesia (un grupo social transformado). El Nuevo Testamento usa muchas analogías para ayudarnos a entender el papel de la iglesia en la misión de Dios. Una de las principales analogías es la del cuerpo. Este concepto nos proporciona importante comprensión del yo en relación con la comunidad. En 1 Corintios 12 Pablo afirma que el Espíritu da dones específicos e individuales a las personas. Él claramente describe la diversidad y la individualidad de estos regalos. Pero también coloca la diversidad claramente dentro de la unidad del cuerpo, bajo la cabeza, que es Jesucristo. El individuo tiene una función clara y específica en la vida de la comunidad. Pero ese papel solo encuentra su propósito en relación con el cuerpo. Los regalos no son principalmente para «mí» y para «mi» beneficio.

1. ¿Cómo podrían los cristianos de las culturas individualistas o colectivistas entender el concepto de los dones espirituales de forma diferente? ¿Por qué?
2. ¿Cuáles son las ventajas o desventajas de la lectura de este pasaje desde una perspectiva individualista, o desde una perspectiva colectivista? ¿Qué aprendemos y qué perdemos en cada tipo de lectura?
3. ¿De qué manera el concepto de cuerpo desafía una iglesia dentro de una cultura individualista? ¿Qué desafíos implica esto en una iglesia que mezcla personas de ambos puntos de vista?

EL INDIVIDUALISMO DOMINANTE EN LA CULTURA DE EE.UU.

El concepto de la persona expresado en la Declaración de Independencia se basa principalmente en la filosofía de John Locke, particularmente en la descripción en el segundo de sus *Two Treatises on Government*.[116] De acuerdo con Locke el individuo biológico es la unidad

---

116 John Locke nació en Inglaterra en 1632 (murió en 1704) y vivió durante una época de opresión imperial en toda Europa. Sus obras fueron influenciales sobre los cambios que más

básica de la naturaleza y de la sociedad. Los humanos tienen una serie de derechos naturales como individuos, y la sociedad civil y el gobierno se organizan para proteger esos derechos individuales. El individuo, con sus derechos, es el centro, el bloque básico de construcción de la sociedad;[117] por lo tanto, la función de la sociedad y sus estructuras es proporcionar «espacio» para el individuo.

Esta perspectiva afecta todas las relaciones sociales en la sociedad de los EE.UU. Económicamente, se asume comúnmente que la «mano invisible» del interés propio ilustrado dirige el capitalismo y la libre empresa. Este marco supone que cuando todos los individuos tienen la libertad de «buscar la felicidad», un número máximo la encontrará. Cuando los individuos no encuentran felicidad o estabilidad financiera, el supuesto es que la persona debe tener la culpa. Incluso, obvios problemas estructurales, tales como la pérdida de oportunidades de empleo en un mercado específico, a menudo recaen sobre el individuo. Las personas pueden reubicarse en busca de mejores oportunidades o educarse a sí mismas para la economía cambiante. El hecho de que algunos sectores o grupos, como los jóvenes africano-estadounidenses, sean más afectados por los cambios estructurales, solo significa que los individuos de esos grupos tienen más trabajo que hacer. Al fin y al cabo, como dijo Benjamin Franklin: «Dios ayuda a quienes se ayudan a sí mismos».

El individuo es también un factor clave de la economía de consumo. Somos libres de comprar el automóvil que queremos, o la ropa, los bienes de consumo, o las vacaciones a lugares exóticos. El enfoque económico tiende a estar en el desprendimiento de las obligaciones sociales y la «libertad» de elección del consumidor, impulsado por la publicidad comercial. Las compras no son impulsadas por la necesidad, o por mayores bienes sociales, sino por la capacidad de hacer una elección individual.

Políticamente, esto significa un impulso constante hacia los derechos individuales por encima de los valores de la familia, los grupos minoritarios, u otras estructuras sociales. Muchas personas en los Es-

---

tarde sucedieron en Inglaterra y en otras partes de Europa.

117 Paul Hiebert, *Anthropological Insights for Missionaries* (Grand Rapids: Baker, 1985), p. 122.

tados Unidos impulsan este concepto hacia distintos tipos de libertarismo, donde el papel del gobierno está estrechamente limitado y el papel del individuo es exaltado. Pero incluso quienes están comprometidos con una fuerte participación del gobierno de los Estados Unidos, dan prioridad al lenguaje y a las estructuras de los derechos individuales.

Este individualismo también afecta los conceptos de la ética. La moral personal es generalmente definida por los conceptos individualistas del bien y del mal. Un marco estándar de lo que se considera un comportamiento ético parte del individuo. Mayormente, si algo se hace entre adultos que consienten y nadie es «dañado», la acción se considera éticamente aceptable. Muchos estadounidenses reaccionan fuertemente en contra de las leyes que parecen desfavorecer estas dos reglas generales. Esto se puede ver en las costumbres cambiantes de comportamiento sexual aceptable y en el uso de drogas como la marihuana. Incluso muchos cristianos en Estados Unidos recurren primero al argumento de: «adultos que consienten» cuando se ocupan de estos temas, y solo después consideran lo que digan las Escrituras sobre el tema.

Por supuesto que el individualismo no conduce automáticamente a la individualidad. Ya que el individuo es considerado como un agente libre, entonces el control y la coerción social suelen ocurrir mucho más informal o indirectamente. Por ejemplo, la sociedad americana tiene poco espacio para las personas que no se ajustan a las normas sociales aceptadas en todos los ámbitos de la vida. Las personas que no se ajustan, como los Amish o los Menonitas del Viejo Orden, no reciben el aprecio y el reconocimiento que son tan importantes en la cultura americana.

Este tipo de individualismo a menudo parece darle a todos la libertad de ser como todos los demás.[118] Los niños aprenden rápidamente que tienen que llevar ropa similar y comer los alimentos que todos los demás están comiendo. Es muy difícil para un niño llevar comida étnica, que es inaceptable en la escuela, o hablar un idioma que no sea inglés en el patio de recreo. No hay ninguna ley o una norma prescrita claramente en contra de estas acciones, y algunas personas incluso celebran la diversidad étnica. Pero la presión social informal, tal como la vergüenza o el señalamiento, es tan fuerte que pocos están dispuestos a ir en contra de la práctica común.

118 Florence Kluckhohn and Fred Strodtbeck, *Variations in Value Orientation* (Evanston, Ill.: Row, Peterson, 1961), p. 23.

Lo que es y no es aceptable varía con el tiempo. Pero hay varias cosas sobre las que la presión social es siempre muy fuerte. Nuestra sociedad, y nosotros personalmente, queremos creer que los individuos son agentes libres como consumidores. Sin embargo, los medios de comunicación y la presión social definen el «buen gusto», y todos los que quieren ser aceptados se conforman con esos dictados. Cuando la economía sistémica lo permite, los individuos se sienten presionados para pedir prestado más allá de sus capacidades de ingreso para que su consumo esté en un nivel que se ajuste. Las personas que optan por limitar su consumo o prescindir de los bienes de consumo, considerados por otros como esenciales, son vistas como extrañas. Hay una cierta libertad para desarrollar modelos alternativos de consumo, como la compra «verde» o incluso la «vida simple». Pero vivir con menos no es una opción socialmente aceptable, y los que optan por hacerlo son presionados de manera indirecta a cumplir con las normas de los medios de comunicación y las normas sociales.[119]

DIMENSIONES DEL YO

El yo autónomo del individualismo de EE.UU. está definido por una serie de características únicas. Estas enmarcan la manera que se vive ese individualismo y refuerzan el concepto de que el yo está, y debe estar, en el centro de la acción humana. En las iglesias estos rasgos pueden estar conectados a las fuentes bíblicas o teológicas, o simplemente a las normas de la congregación, por lo que los líderes necesitan dar forma a ambientes que incrementen el conocimiento y las conversaciones que aprovechan los recursos plenos de la teología práctica.

Las acciones individuales. El concepto euroamericano del yo es definido en gran parte por las acciones personales. El yo no se define principalmente por lazos familiares o por nuestra historia. La auto-definición no proviene de lo que somos, sino de lo que hacemos. La «auto-realización» depende del hacer.

El concepto estadounidense de sí mismo es el supuesto integral de la cultura. Los estadounidenses, naturalmente, suponen que cada persona no solo es una entidad biológica separada, sino también

---

119 Actualmente no se sabe de qué manera la reciente crisis económica cambiará estos hábitos de la sociedad. Con todo, si prevalecen los patrones históricos, el consumo que lleva a la deuda personal se volverá común de nuevo.

un ser psicológico único y un miembro singular del orden social. Profundamente arraigado, y rara vez cuestionado, el yo americano dominante, en forma de individualismo, se extiende a la acción y se entromete en cada dominio de actividad.[120]

El yo es el centro de la acción, capaz de tomar buenas decisiones y encontrar la felicidad en uno mismo. Este marco supone que las acciones son auto-motivadas y no coaccionadas o limitadas de ninguna manera. Por lo tanto, cualesquier resultados negativos son la responsabilidad principal del yo que actúa. Como se mencionó en el capítulo seis, Emerson y Smith lo denominan «individualismo responsable de libre albedrío», creencia común entre muchos evangélicos americanos, y euro-estadounidenses, en particular, de que las personas tienen la libertad de tomar decisiones que los beneficie, y que si toman malas decisiones, son plenamente responsables ante Dios y ante los demás. Esta visión individualista del yo no permite el reconocimiento del control social y de las estructuras que limitan las «elecciones» de muchas personas, especialmente los que pertenecen a grupos de minorías étnicas o raciales.[121]

Individualismo Mítico. Este sentido de sí mismo conduce a la autoconfianza. Las historias del Viejo Oeste glorifican a las personas que salieron y «lo lograron por su propia cuenta». La idea básica es que la gente pueda «salir adelante por sus propios medios». El mito clásico de la expansión hacia el oeste en los Estados Unidos, presenta una auto-confianza fuerte, que llama a la gente a romper con la familia, la comunidad y la cultura. Este individualismo mítico parece decir que uno «puede ser una persona buena de verdad, digna de admiración y de amor, solo si se resiste completamente a unirse al grupo».[122]

---

120 Edward Stewart and Milton Bennett, *American Cultural Patterns: A Cross-Cultural Perspective*, rev. ed. (Yarmouth, Maine: Intercultural Press, 1991), p. 129.

121 Michael Emerson and Christian Smith, *Divided by Faith: Evangelical Religion and the Problem of Race in America* (New York: Oxford University Press, 2000), pp. 76-77.

122 Robert Bellah et al., *Habits of the Heart: Individualism and Commitment in American Life* (Berkeley: University of California Press, 1985), pp. 82, 145.

Reflexión Personal / Ejercicio en Grupo: Relatos de éxito y el yo

1. Piense en las historias de «éxito» de su familia, ya sean personales o de miembros de la familia. ¿Las historias se centran más en el duro trabajo de los individuos, el papel de la familia o de la comunidad, la ayuda proveniente de personas externas, o en algo más? ¿Cómo son transmitidas esas historias en la familia? ¿Cuándo se cuentan o se vuelven a contar?

2. Hable con otras dos o tres personas en cuanto a sus relatos del éxito. ¿Qué tienen en común sus historias? ¿Qué es único?

3. ¿Qué le comunican las historias sobre la relación entre el yo y la comunidad? ¿Qué es lo más valioso en su historia familiar, el éxito individual o la unidad de la familia y de la comunidad? Si personas diferentes en su grupo tienen diferentes percepciones, hablen de por qué existen esas diferencias. ¿Es cultural? ¿Familiar? ¿U otra cosa?

Por un lado, el individuo mítico es como Horatio Alger Jr.[123] A lo largo de la última parte del siglo XIX, Alger escribió muchas novelas en las que glorificaba las acciones de aquellos que se sobrepusieron a enormes obstáculos y crearon para sí mismos vidas exitosas. Sus héroes eran a menudo los niños que la sociedad había abandonado, pero que habían trabajado duro y se habían realizado en la sociedad de EE.UU. El mensaje que el autor quiso dar fue claro: tal vez el pasado no proporcione tanto para aprovechar, pero cualquiera que esté dispuesto al trabajo duro puede tener éxito en los Estados Unidos. Por supuesto, si leemos las historias con más detenimiento, descubrimos que los recursos de otras personas por lo general jugaban un papel importante en el éxito de la «persona mítica». El éxito era a menudo una cuestión de estar en el lugar correcto en el momento indicado y tener acceso a las personas correctas, y no necesariamente era cuestión de trabajar duro y tener dominio de sí mismo. Este tipo de historias invitan a la gente «a pensar en ellos mismos como individuos y comportarse como individuos que creen en la eficacia de su propia conducta».[124]

---

123 Véase: «Horatio Alger Jr. Resources», Washburn University <www.washburn.edu/sobu/broach/ algerres.html>.

124 Wuthnow, *American Mythos*, p. 110.

Históricamente, este tipo de narrativa ha sido muy atractiva para muchos inmigrantes, en particular aquellos que se sienten sofocados por las culturas colectivistas. Los Estados Unidos ofrecen una oportunidad atractiva para los inmigrantes que quieren salir de los límites de su patria, familia y cultura, y crear su propio éxito. Si una persona está dispuesta a trabajar lo suficiente, se asume que el futuro no tiene límites.

Sin embargo, este tipo de historias se centra en el individuo que «lo logró». Cuentan la historia del hijo de inmigrantes que es una historia de éxito americano. Pero no toman en cuenta lo que pasó con el resto de la familia, o lo que les pasó a otros que trabajaron igual de duro, pero no fueron elegidos para la beca u oportunidad escolar clave. Este tipo de biografías vende el mito americano, pero también encubre el hecho de que muchos de los que más trabajan en los Estados Unidos están en la parte inferior de la escala socio-económica, y sus posibilidades de movimiento hacia arriba son muy limitadas. También restan importancia al papel que la familia y la comunidad jugaron en hacer que ese éxito fuera posible.

El Llanero Solitario, Superman y héroes similares presentan otro lado de este individualismo mítico. Estos héroes son personas que siempre tienen que hacer las cosas por su propia cuenta. No pueden ser parte de la comunidad y someterse a roles interdependientes. En ocasiones también tienen que romper las convenciones sociales, o incluso algunas leyes, para proteger a otros. Las personas comunes pueden seguir viviendo en la inocencia de su grupo debido a que estos héroes optan por seguir viviendo por sí mismos, siempre al borde de la vida en la comunidad.

Este sentido de individualismo se ve en la importancia que tradicionalmente se da en los Estados Unidos a dejar la casa. Irse a vivir lejos de los padres y vivir en un dormitorio [universitario] son vistas como señales saludables de auto-desarrollo y como señales cruciales para alcanzar el éxito. Si un joven rechaza una beca para permanecer cerca de un familiar enfermo, esto se ve, a lo sumo, como un gran sacrificio. Rechazar una promoción en el trabajo por «el bien de los niños», se supone que es una decisión temporal que puede ser corregida tan pronto como los hijos abandonen el hogar. Una de las señales de que una persona está lista para tener éxito es la voluntad de hacer lo que sea necesario para moverse ascendentemente. Esto se ve reforzado en las narrativas de éxito de los inmigrantes. Ellas dan el mensaje: «hay que salir de casa para obtener los beneficios que ofrece Estados Unidos».[125]

Una iglesia grande de la cultura mayoritaria comenzó a ofrecer becas universitarias para jóvenes sub-representados en su área. Trabajaban duro para identificar estudiantes prometedores de secundaria en su comunidad y trataban de conectarlos con universidades de prestigio fuera del estado. Pero a menudo se frustraban cuando trataban de ayudar a jóvenes y señoritas inmigrantes latinos. Los padres de familia a menudo no parecían apoyar los esfuerzos de la iglesia. Los líderes de la iglesia otorgaron varias becas, pero uno de los jóvenes latinos decidió estudiar a nivel local y las dos mujeres latinas que ellos patrocinaron regresaron a su casa después de un semestre.

El supuesto implícito es que «la manera de "ayudarlos" es poder llevar a los jóvenes con más talento lejos de sus familias y de sus barrios».[126] Como resultado, los jóvenes se enajenan de sus familias y sus sistemas de apoyo, «teniendo éxito», mientras dañan a sus familias y a ellos mismos. Esto significa que se separan de los que les podrían ayudar a tener éxito y de los que podrían beneficiarse de su éxito académico. Tal vez tengan éxito como individuos, pero eso no beneficia a sus comunidades, o peor aún, tiene un impacto negativo en sus familias o en su red social en conjunto.

La autonomía es un valor social fundamental que no es necesariamente valorado en otras sociedades. En muchas sociedades, romper con la familia y buscar la autosuficiencia no es visto como una manera de desarrollar la identidad, sino como una pérdida de identidad. El yo existe en relación con los demás y encuentra su lugar en relación con los demás. Romper con la familia o círculo social es perder el amarre que le da un lugar propio, una comunidad y una identidad común.

La parte de la historia que no se contó en este proceso es que las personas que salen de los círculos de la familia, o de la comunidad, no se convierten en individuos autónomos fuera de cualquier red social.

---

125 Ibid., p. 102.

126 Ibid., p. 183.

La mayoría pasa a formar parte de los nuevos sistemas sociales, tales como una mano de obra móvil al servicio de las grandes corporaciones. Alegan que están decidiendo libremente y no reconocen que no son independientes, sino que dependen en gran medida de un sistema que se beneficia de su movilidad. Como señalamos en el capítulo tres, esto normalmente significa que son cada vez más dependientes de grandes estructuras de la sociedad, mientras que están menos conectados con sus culturas y sus comunidades.

El pragmatismo y el antiestructuralismo. Este punto de vista del individuo es también muy pragmático. Si algo parece funcionar, a menudo se considera efectivo, ya sea que la idea sea coherente o no con otros valores. Es por eso que «las filosofías personales coherentes, y las ideologías sistemáticas son poco frecuentes en la cultura estadounidense».[127] Las personas cambian sus perspectivas políticas, ideológicas y religiosas sobre la base de lo que parece funcionar para ellos y no sobre la base de una ideología consecuente.

Esto significa que los partidos políticos en los Estados Unidos tienen más que ver con asegurar y mantener el poder político que con la representación de ideologías. Personas que tienen fuertes diferencias ideológicas se unirán al mismo partido político si les ayuda a tener acceso al poder. A la mayoría de las personas de otras democracias en todo el mundo les resulta difícil entender el proceso político de EE.UU., porque la política en este país tiene que ver mucho más con ganar que con convencer a la gente de unirse a nuestra causa ideológica. Ideológicamente, según los estándares mundiales, hay poca diferencia consecuente entre la mayoría de los demócratas y la mayoría de los republicanos.

Esto también se ve en la vida de la iglesia. La teoría del crecimiento de la iglesia se basa en la realidad social de que a las personas les resulta más fácil ir a la iglesia con gente similar a ellas. Esto está incorporado en nuestra forma de vida mercantilista, al igual que nosotros somos atraídos a los bienes y servicios de las empresas, respondemos a lo que nos atrae de una iglesia en particular. La mayoría de iglesias «exitosas» en los Estados Unidos se basan en alguna versión del principio de homogeneidad o en una estrategia orientada al mercado. Pocas personas se toman el tiempo para preguntar si esto es consistente con las enseñanzas del evangelio. Si

---

127 Ibid., p. 140.

la homogeneidad o la comercialización de los servicios llevan a la gente a la iglesia, se asume que estos enfoques son buenos.

Este pragmatismo también tiende hacia el antiestructuralismo, la incapacidad o falta de voluntad para reconocer la manera como las estructuras dan forma al acceso, o crean barreras, no importa lo que la gente y las sociedades digan que quieren. La barrera más evidente en los Estados Unidos es el trato a los afroamericanos. Históricamente, la sociedad dominante ha explicado la situación de los afroamericanos de diferentes maneras. Hasta 1865 (el fin de la Guerra Civil de los EE.UU.) la esclavitud se justificaba porque la gente de ascendencia africana en realidad no era humana. Los estudios realizados en la última parte del siglo XIX «demostraron» la inferioridad de las personas de ascendencia africana. Su falta de éxito en los Estados Unidos no fue a causa de la injusticia estructural, sino porque no eran capaces de tener éxito.

En 1896 la Corte Suprema de los Estados Unidos confirmó la constitucionalidad de «separados pero iguales» (Plessy v. Ferguson). Los afroamericanos podrían tener sus propias estructuras, lo que les mantendría «fuera de la vista y fuera de la mente». Esto no cambió significativamente hasta el movimiento de los derechos civiles de la década de 1960, que dio energía nueva y significativa, como también dirección, al proceso de cuestionamiento de esta contradicción entre el concepto de igual oportunidad para todos, y la realidad vivida por los afroamericanos y otros grupos minoritarios. El problema hoy es que muchos, si no la mayoría de los miembros de la cultura mayoritaria, asumen que los problemas estructurales se resolvieron hace años. Por lo tanto, los casos de discriminación se consideran cuestiones que necesitan ser resueltas de forma individual. Cualquier intento por hacer frente a injusticias estructurales, tal como la acción afirmativa, es vista como proporcionando ventajas injustas a los individuos, no como una corrección de un problema existente. Por lo tanto, «el americano que se hace a sí mismo es poco probable que perciba cualquier forma sistémica en la que la sociedad puede ser mejorada, aparte de llamar a las personas a ser mejores personas. La ironía no es, entonces, que se pasan por alto a los pobres, sino más bien que su condición se malentiende».[128]

---

128 Ibid., p. 127.

Los ejecutivos denominacionales abandonaron a la creciente congregación rural latina que estaba usando un edificio que había pertenecido a una iglesia de la cultura mayoritaria, que cerró sus puertas. La congregación estaba creciendo, pero parecía no crecer lo suficiente como para pagar el salario pastoral de tiempo completo y los beneficios que la denominación esperaba de todas las iglesias asociadas; esto se debía a que sus miembros eran casi todos trabajadores agrícolas. La denominación tenía ciertas expectativas financieras que no se ajustaban a la realidad socioeconómica de la comunidad, ya que ningún pastor latino ganaba allí un salario tan enorme.

Así que, vendieron el edificio de propiedad denominacional a otra próspera congregación latina de un movimiento pentecostal. La primera iglesia dejó la denominación y ha seguido creciendo, aunque ahora tiene que alquilar un edificio. Para la denominación fue más fácil vender el edificio que lidiar con a una congregación latina que probablemente nunca iba a cumplir con sus criterios para ser una iglesia en todo sentido denominacional. Sin embargo, se sintió cómoda con la venta del edificio a otra congregación latina de otra denominación que era aproximadamente del mismo tamaño.

Cuando los líderes eclesiales de la cultura mayoritaria no son capaces de reconocer problemas sistémicos sociales, culturales y de clase, son incapaces de desarrollar estructuras que les permitan a las congregaciones desarrollarse entre los que no comparten sus premisas. También son incapaces de proporcionar el tipo de apoyo que pueda tratar con los grandes sectores de lo que parecen ser las clases bajas permanentes, lugares donde el éxito socio-económico parece estar tan lejos como siempre.

IGLESIA Y CONVIVENCIA

Trabajar entre las culturas individualistas y colectivistas ofrece retos y oportunidades únicas para la vida de la iglesia intercultural. El peor de los escenarios es aquel en el que se reflexiona insuficientemente entre los participantes en una iglesia que incluye un grupo de personas que están formadas principalmente por el interés propio, y otros que tienen una comunidad cohesiva mono cultural formada por una perspectiva colectivista. Surgen malentendidos y tensiones cuando algunos de los participantes comienzan a moverse entre los diversos grupos. Algunas personas se sienten atraídas por las perspectivas de los derechos individuales y las oportunidades que ofrece la cultura dominante de EE.UU., y pueden tratar de escapar de algunas de las obligaciones con las que crecieron. Otros, que han sido formados por culturas individualistas, pueden admirar la cohesión social que ven entre personas de otra cultura, pero pueden encontrar difícil entrar en ella.

Cambios en el individualismo de EE.UU. El individualismo de Estados Unidos ha tenido un gran impacto en la iglesia. Muchas iglesias han asumido que tienen que alcanzar a un consumidor autónomo, así que, han desarrollado ministerios de la iglesia que se han formado gracias a la investigación en cuanto a las preferencias individuales. La adoración, la predicación, los programas y hasta el personal contratado a menudo parecen depender más de los gustos del mercado que del llamado del evangelio. La gente elige o cambia de iglesia sobre la base de los intereses individuales, por lo que las iglesias de «éxito» se adaptan al mercado. Esto a menudo ha deformado la vida en común, ya que las personas toman decisiones con base en sus propios gustos y no en las necesidades de su vida en común. Se les resta importancia a los llamados al cambio, o a la conversión, o son ignorados completamente.

Sin embargo, las personas están buscando expresiones de vida en común. Los medios de comunicación social del Internet y las diversas redes en todo el mundo occidental, demuestran que la gente quiere estar conectada y no quiere ser simple consumidora, incluso de bienes religiosos. Ellos quieren ser parte de algo grande juntos. El desafío para muchas iglesias, enmarcadas por el individualismo, es aprender nuevas formas de ser iglesia que inviten a relativizar el yo en relación con la comunidad, en el nombre de Jesucristo.

Aprendiendo unos de otros. Anteriormente en este capítulo describimos las dimensiones del yo autónomo, muchas de las cuales militan en contra de la vida en comunidad en una congregación eclesial. Una de las oportunidades que ofrece la vida intercultural eclesial es la posibilidad de que personas de ambas culturas, la individualista y la colectivista, puedan aprender la una de la otra y ambas aprender en cuanto a seguir a Jesucristo y ser iglesia juntas. A pesar de que tenemos que poner en tela de juicio los modelos de iglesia que dependen de intereses y gustos individuales, también tenemos que cuestionar las iglesias colectivistas a fin de ayudar a los individuos a verse a sí mismos como parte de la misión de Dios en un mundo mucho más grande que su entorno cultural.

Si tomamos en serio la comprensión de iglesia que se describe en el capítulo dos, la reconciliación tiene que ver con nuestra relación con Dios y los unos con los otros. La metáfora del cuerpo de Cristo (Ro 12, 1 Co 12) desafía ambas culturas, la individualista y la colectivista. Las personas tienen dones que el cuerpo necesita. Sin embargo, es el cuerpo el que reconoce los dones y desarrolla al individuo. Iglesias cristianas de las culturas colectivistas nos recuerdan que no podemos desarrollar una iglesia fuerte a menos que los individuos estén dispuestos a someterse el uno al otro en amor (Ef 5:21). Las iglesias impulsadas por el mercado pueden atraer a mucha gente, pero les resulta muy difícil llamar a la gente al nivel de compromiso necesario para desarrollar una verdadera comunidad. Las iglesias de la cultura dominante en Estados Unidos deben aprender de las iglesias minoritarias en cuanto a la armonía del grupo, cooperación y solidaridad, reconociendo que el individualismo de occidente a menudo nos aleja del concepto bíblico del individuo creado por Dios para vivir en comunidad. Pero los que pertenecen a culturas individualistas pueden ayudar a los creyentes de las iglesias colectivistas a encontrar la libertad de la gracia de Dios en Jesucristo, algo que a menudo falta en las iglesias donde el yo es subsumido bajo la jerarquía de la dirección vertical. También pueden ayudar a aquellas iglesias cuyas culturas colectivistas establecen límites a lo largo de marcadores étnicos, u otros marcadores socioculturales, a reconocer que el evangelio desafía esos límites y nos llama a las lealtades que cruzan la cultura, la clase y las generaciones.

Uno de los retos del evangelio es la identidad de las partes de una cultura que son útiles en la presentación y vivencia del mensaje cristiano, y las que deben ser juzgadas por el mismo evangelio. Pastores y otros líderes tendrán que trabajar en medio de las congregaciones para dar forma a los procesos que ayuden a las congregaciones a discernir cuándo afirmar y cuándo cuestionar su bagaje cultural. Al elegir causa común los cristianos de diferentes orígenes culturales, los líderes necesitan ayudar a sus congregaciones a aprender unos de otros y ser desafiados en los ámbitos en los que las culturas específicas alejan a la gente del evangelio.

El Nuevo Testamento claramente apunta hacia una comunidad redimida, un cuerpo llamado por el Padre que trabaja en conjunto con Cristo como su cabeza, en el poder del Espíritu Santo (véase Cap. 2). Pero ese cuerpo está compuesto por individuos que se comprometen a seguir a Jesús. Nos necesitamos unos a otros para ayudarnos a pensar lo que significa vivir a la luz de esta nueva comunidad. El llamado del evangelio es el mismo, y la iglesia sigue siendo la comunidad de Dios en el mundo. Pero sus manifestaciones concretas variarán según la manera en que personas de diferentes trasfondos culturales trabajen juntas para hacerlo realidad.

El llamado del evangelio es a convertirnos en un cuerpo, un pueblo redimido por el Cordero, encontrando identidad y propósito en relación con Dios y con otros. Nuestros conceptos individualistas del yo, y del yo en relación con los demás, serán siempre cuestionados por el llamado bíblico de la vida en unidad en medio de nuestra diversidad.

En el Cine

¿De qué manera están afectadas las narraciones de estas películas por la auto-percepción de los personajes y cómo influyen las suposiciones individualistas o colectivistas a los personajes?

The Visitor (2008). Cuando un profesor universitario, viudo y desencantado, es enviado a una conferencia en Nueva York, se sorprende al descubrir que una joven pareja, después de una estafa, reside en su apartamento de Nueva York. Una insólita amistad se desarrolla con el hombre sirio y la mujer senegalesa que enfrentan problemas relacionados con la justicia y los documentos de inmigración.

Real Women Have Curves (2002). Una adolescente mexicano-americana de primera generación, en una comunidad predominantemente latina del este de Los Àngeles, recibe una beca para estudiar en la Universidad de Columbia, lo que provoca un conflicto cuando ella reflexiona en la solidaridad que su madre tiene con sus compañeras de trabajo.

Crouching Tiger, Hidden Dragon (2000). En un relato mítico de la China antigua, dos grandes guerreros zen, en busca de una espada robada y un fugitivo notorio, se encuentran entrelazados en la vida de una joven impetuosa, físicamente hábil, pero con problemas profundos, hija de un noble.

PERCEPCIÓN Y PENSAMIENTO

MARK LAU BRANSON Y

JUAN FRANCISCO MARTÍNEZ

Como joven pastor de una congregación latina en el centro de California, yo (Juan) me encontré en problemas con el liderazgo denominacional. Yo era percibido como alguien demasiado radical en mi trabajo en nombre de las iglesias latinas. Uno de los líderes me comparó con César Chávez, en el supuesto de que esto me ayudaría a entender por qué lo que estaba haciendo era un gran problema para la denominación. Pero él nunca se dio cuenta que su comparación «negativa» era un elogio para mí. El percibía a César Chávez como un símbolo de una serie de cosas «malas» que estaban ocurriendo en el centro de California, mientras que para mí Chávez era un símbolo de esperanza y un modelo del tipo de cambio que yo quería que sucediera en mi denominación.

Nuestros procesos mentales están determinados por nuestra cosmovisión, la cual se forma dentro de una cultura particular, como se explicó en el capítulo cuatro. La percepción y el pensamiento tienen que ver con las formas únicas en que las personas de diferentes culturas reciben, filtran e interpretan los datos. Los datos mismos son siempre sensoriales de alguna manera —vienen desde fuera de nosotros a través de nuestros sentidos—, pero nuestro modo de percibir los datos ha sido formado por los modelos conceptuales de los que nos formaron culturalmente. Por consecuencia, las formas de pensar acerca de los datos también son culturalmente moldeadas. Así que, mientras que diferentes personas experimentan el mismo objeto o evento, como una nube o una conversación, la forma en que interpretan los datos es culturalmente específica. Por eso, cuando Juan examinaba el contexto de su iglesia y proporcionaba liderazgo pastoral, estaba trabajando sobre la base de su percepción y pensamiento. Él había sido formado por su cultura y estaba tratando de ser un agente del evangelio en su contexto. Sin embargo, algunos líderes de la denominación examinaban la misma situación, y leían la misma Biblia, y llegaron a la conclusión de que Juan parecía un activista radical y no un líder cristiano. ¿Era esta una cuestión puramente teológica, o era que estaban obrando modos culturales de la cognición?

Tabla 8.1 Actividades mentales

Actividades mentales	
Sensación	Algo fuera de la persona entra en contacto con las capacidades de la persona para recibir la intervención (input).
Percepción	Un cierto nivel de receptividad de la persona permite que entren los datos, y comienza alguna clasificación inicial.
Pensamiento	La actividad mental busca patrones, asigna importancia y significados, y codifica los datos para trabajarlos más.

No es raro que los desacuerdos en la iglesia tengan sus raíces en diferentes maneras de percibir y de pensar. Debido a que estas palabras —*percepción y pensamiento*— se definen en una variedad de formas, vamos a utilizarlas en más armonía con las perspectivas psicológicas y no con los marcos de la antropología o los estudios culturales. En este capítulo vamos a utilizar la palabra *sensación* para referirnos a la impresión inicial que tiene una persona por un objeto o una fuerza exterior, a través de los tradicionales cinco sentidos y (reconocido en algunas culturas más que otras) a través de lo que puede llamarse los sentidos «espirituales». Por *percibir* queremos decir que estas experiencias sensoriales crean un cierto nivel de recepción, y se inicia un primer proceso interpretativo. Entonces, un ojo *siente* la luz, y luego un proceso de *percepción* clasifica los datos relativos a las formas, los colores, la distancia y así sucesivamente. Aunque algunas percepciones llevan a respuestas humanas que pasan por alto la cognición (por ejemplo, los reflejos), también podemos procesar estos datos mediante el *pensamiento*, que es una actividad más compleja que encuentra patrones, asigna un significado y trabaja con símbolos y codificación (haciendo que la organización mental sea posible).[129]

En capítulos anteriores presentamos variaciones culturales con relación al papel del contexto, idioma y cosmovisión, la importancia del afecto, y la relación entre el individuo y el grupo. Estas y otras variables crean distintivos culturales en los estilos cognitivos. Es común que ciertas variables se agrupen, y un esquema utiliza etiquetas que se refieren a patrones del cerebro: «hemisferio izquierdo» y «hemisferio derecho».

Tabla 8.2 Hemisferios del cerebro[2]

Hemisferio Izquierdo	Hemisferio Derecho
Analítico: proposiciones, teorías	Sintético: metáfora, narrativa, poético
Independiente del campo / bajo contexto	Dependiente del campo / de alto contexto
Racional, lineal, de causa-efecto, secuencial	Intuitivo, analógico, espacial, emocional, imaginativo
Rutinas cognitivas	Novedad cognitiva
Predecible / permanente	Flexible / adaptador
Individualista	Colectivista

2 Devorah Lieberman, «Culture, Problem Solving, and Pedagogical Style», en: *Intercultural Communication*, ed. Larry Samovar and Richard Porter, 8th ed. (Belmont, Calif.: Wadsworth, 1997), p. 193; James Ashbrook, *Faith and Ministry in Light of the Double Brain* (Bristol, Ind.: Wyndham, 1989), pp. 7-17, 266-69; Elkhonor Goldberg, *The Executive Brain* (New York: Oxford University Press, 2001), p. 43.

Estas variables, si bien están sujetas a las diferencias individuales, tienden a ser afectadas por las experiencias y los hábitos de una cultura. Nosotros pensamos, vemos conexiones, esperamos, podemos resolver los problemas, y somos creativos de maneras que han sido modeladas para nosotros. Nuestros estilos cognitivos se forman por lazos de retroalimentación tales como las afirmaciones y las críticas de

129 Edward Stewart and Milton Bennett, *American Cultural Patterns: A Cross-Cultural Perspective*, rev. ed. (Yarmouth, Maine: Intercultural Press, 1991), pp. 17-19.

quienes nos rodean. Cuando encontramos personas que trabajan con otros estilos cognitivos, y nadie se adapta, limitamos las posibilidades de que haya una verdadera colaboración. El carácter defensivo, la insistencia y la falta de respeto pueden separar a la gente. Pero si somos auto-conscientes y nos damos cuenta de la interacción que existe entre las variables, podemos ayudarnos unos a otros en la designación de estas diferencias y beneficiarnos de ellas. Este tipo de trabajo rara vez es fácil, y siempre toma más tiempo lograr la mutua comprensión, pero si la reconciliación y la colaboración son las prioridades, entonces es fundamental la atención a los estilos cognitivos. En el capítulo nueve ofreceremos perspicacias adicionales sobre la comunicación; este capítulo tratará las diferencias culturales en la percepción y el pensamiento. Esto tiene que ver principalmente con el liderazgo interpretativo, pero tiene implicaciones obvias para el liderazgo relacional y el liderazgo implemental.

SENSACIÓN

Vivimos en medio de una sobrecarga sensorial abrumadora. Nuestros órganos sensoriales tienen la capacidad de recibir y distinguir entre una extraordinaria cantidad de datos visuales, auditivos, táctiles, olfativos y de gustos. La mayoría de esas señales sensoriales son fugaces y no son parte de nuestro proceso consciente de pensamiento. Sin embargo, nuestras mentes necesitan medios para organizar estos datos en imágenes, pensamientos y sentimientos, que luego se convierten en la base para construir nuestra comprensión del mundo «allá fuera». El paso inicial —sentido— está entrenado y formado por nuestras experiencias dentro de nuestras culturas.

Durante un período de años, una cultura puede desarrollar hábitos que hacen que su gente esté en sintonía con los sonidos o con los lugares de interés, o la sensación del aire en la piel. Las culturas con tradiciones de caza, narración de cuentos, o baladas, tienen sensibilidad a los datos auditivos. Esto podría conducir a una mayor capacidad para prestar atención a la palabra hablada por periodos más largos de tiempo, o para distinguir los sonidos de un bosque. Una cultura de pesca podría desarrollar sensibilidad a los cambios en la humedad del aire o en la temperatura. Incluso durante un corto espacio de tiempo, un grupo de personas puede desarrollar hábitos con relación a los datos sensoriales en un entorno urbano, en ambientes muy concurridos, en zonas de alta violencia, o cuando un estado de conflicto se perpetúa.

Hay implicaciones significativas arraigadas en las tendencias sensoriales de una cultura. Por ejemplo, por el hecho de que somos una sociedad alfabetizada ponemos una gran cantidad de énfasis en el sentido de la vista. Vivimos en un mundo visual, que es evidente en nuestras metáforas: «ver» es «comprender». Ya que la escritura separa el mensaje del mensajero, tendemos hacia sistemas abstractos de pensamiento que no siempre están directamente relacionados con la vida cotidiana. Tenemos la tendencia a sistematizar nuestro conocimiento, a desarrollar complejos sistemas para almacenar y recuperar esta información, y confiar en los mensajes, más si son visuales o en forma impresa. Este énfasis en la vista ha sido crucial en el desarrollo de la ciencia moderna.

Pero también tiende a limitar el valor que le damos a otras sensaciones y a patrones de pensamiento que no se basan en la vista, como la intuición o lo que la gente suele llamar «visión espiritual» o un «sexto sentido». (También afecta la manera como los cristianos entienden el papel del Espíritu Santo.) Estas también son parte de nuestra estimulación sensorial, pero por la forma en que nos han enseñado a organizar nuestro pensamiento, a menudo son ignoradas en nuestro proceso de percepción.[130]

En una iglesia multicultural, los líderes pueden ayudar a dar forma a un entorno en el que varios sesgos sensoriales sean evidentes. Un ambiente de adoración, la atmósfera de una reunión, los terrenos de la iglesia o los edificios, el uso de recursos visuales y auditivos, y la atención al silencio o a la música energética son todos ingredientes de la atención cultural.

PERCEPCIÓN

La cultura de una persona está inmersa en el proceso de la percepción desde un principio.[131] Los seres humanos están formados por su

---

130 Paul Hiebert, *Anthropological Insights for Mission*aries (Grand Rapids: Baker, 1985), pp. 134-37.

131 A veces la palabra «percibir» se refiere a nuestro proceso reflectivo, como en: «como las luces están apagadas, percibo que es tiempo de partir». No obstante, para mayor claridad en esta exposición, usaremos percibir para significar la recepción inicial del estímulo y especificar los procesos adicionales como cuestiones de la obra conceptual del pensamiento.

cultura para valorar algunos tipos de estímulos sensoriales por encima de otros. La percepción no es solo la recepción de los datos sensoriales, sino también es la valoración de los datos y la receptividad a los detalles particulares. Todos recibimos una abrumadora cantidad de datos sensoriales, pero nuestras culturas nos enseñan a discriminar entre figura y fondo. Aprendemos a percibir y prestar atención a la *figura*, tal como un olor particular en el aire, mientras que el *fondo* está en el trasfondo, otros olores del ambiente, pasados por alto, no se convierten en parte de los datos que utilizamos para interpretar y clasificar lo que estamos viviendo. Por ejemplo, el desorden en el césped o los sonidos de niños jugando pueden ser *figura* para algunas personas, pero para otros puede ser *fondo*.

Distintas culturas nos enseñan a valorar diferentes estímulos, de modo que lo que es figura en una cultura puede ser fondo para la gente de otra cultura. Esto crea diferentes tipos de complejidad en contextos interculturales. El más común es la incapacidad de percibir (o procesar los estímulos sensoriales) como las personas de otras culturas lo hacen. El consejo de Pablo Hiebert, de que los trabajadores interculturales reconozcan la diferencia que existe entre *emic* (visión interna) y *etic* (visión externa) de una cultura, es particularmente importante en un entorno multicultural. Cuando una persona está con aquellos que comparten una formación cultural similar tiende a tener puntos de vista comunes sobre lo que es figura y lo que es fondo cuando experimentan un objeto o un evento. Ellos pueden tener muchos desacuerdos acerca de su significado (que más tiene que ver con el *pensamiento*), pero básicamente ven la misma cosa.

El punto de vista *etic* cambia todo. Por lo general, los grupos culturales usan sus propias percepciones para experimentar algo o involucrarse con otra cultura. Con dos culturas presentes, cada una utiliza su propia percepción a medida que experimenta la otra cultura. Sin embargo, un trabajador transcultural, señala Pablo Hiebert, debe estar capacitado para prestar atención a estas diferencias de figura-fondo. Así mismo, en un entorno multicultural en el que las personas de dos o más culturas están compartiendo una experiencia, los líderes necesitan dar forma a las capacidades del grupo de prestar atención a tales diferencias. En cierto modo, ambas culturas se pueden beneficiar viéndose a sí mismas como personas ajenas a la otra cultura; pueden suponer una perspectiva *etic*. Entonces, en lugar de que cada grupo cultural se limite a las perspectivas implícitas en sus propios conocimientos y hábitos, puede comenzar a probar sus puntos de vista *etic* y así acceder a las percepciones de la otra cultura.[132]

Hay muchas maneras en que las percepciones culturalmente arraigadas son un reto para la diversidad cultural en una iglesia. Los olores de la cocina, el nivel de ruido durante ciertas horas, o en determinados lugares, los tonos de las conversaciones, e incluso el lenguaje corporal, son percibidos de manera diferente por la personas de diferentes culturas. Figuras particulares surgen que antes no estaban presentes. Pero no se puede asumir que estas figuras serán percibidas de igual manera por todos. Dos personas pueden oler el mismo aroma que viene de la cocina y saber que se está preparando kimchi. Pero para alguien esto puede estimular muchos buenos recuerdos y provocar hambre, mientras que a otro no le guste el olor y se pregunte por qué la gente está arruinando la cocina de la iglesia con aromas potentes. Esta percepción diferente entonces podría dar lugar a pensamientos muy diferentes en cuanto a lo que está sucediendo y lo que debería hacerse con respecto de la situación.

Yo (Juan) fui parte de un grupo de reconciliación con base eclesial, después de los disturbios de «Rodney King» en Los Ángeles. Líderes afroamericanos, coreanos y latinos se reunieron para tratar de tender puentes después de los disturbios. A pesar de que trabajábamos con gente que quería reconciliarse, de inmediato encontramos que incluso cuestiones «simples» contribuían a la desconfianza existente. El rostro «serio» de los dueños de la tienda coreana local hizo que los latinos y afroamericanos sintieran que no gozaban de su confianza; la interacción de negocios de alto contacto de los latinos, y las conversaciones en «voz alta» entre muchos afroamericanos, crearon sospechas entre los coreanos acerca de cómo hacían negocios, y los estilos de vestir de los jóvenes urbanos afroamericanos y latinos los hicieron potenciales miembros de pandillas a los ojos de muchas de las personas mayores, sin importar su trasfondo. Debido a

---

132 Hiebert, *Anthropological Insights for Missionaries*, pp. 94-96.

que los participantes estaban todos leyendo las circunstancias «a su manera», se hizo difícil incluso comenzar una conversación.

Cuestiones de fondo y figura también pueden afectar la comunicación. Una persona acostumbrada a leer ciertos tipos de lenguaje corporal rápidamente puede captar el mensaje «real» que hay detrás de la palabra hablada. Pero debido a que este tipo de lenguaje corporal es fondo para otra persona, que no fue criada para entender esos tipos de mensajes, el mensaje es completamente malentendido y esta segunda persona se queda con una comprensión inexacta del evento.[133]

PENSAMIENTO

El trabajo mental entonces se mueve desde la percepción de datos al pensamiento. Esta parte del proceso se refiere a la interpretación, la construcción de significado (tener sentido) de nuestras percepciones, y anticipa consecuencias y posibles respuestas. Este es un proceso complejo que crea una red de conexiones mentales, tejiendo la percepción con experiencias y construcciones mentales anteriores. Aunque algunos de los procesos de pensamiento son conscientes, están conformados por numerosos hábitos subconscientes.

[El pensamiento] implica utilizar el conocimiento almacenado (memoria), las predisposiciones emocionales (sentimientos, intuición), y los procesos del pensamiento subjetivo (mentalidad) en la afluencia continua de nuevos datos sensoriales / perceptuales. En el centro, el pensamiento es la capacidad mental de gobernar la adaptación y buscar el sentido que hay por debajo de la superficie de la sensación y más allá del alcance de los hechos.[134]

Debido a que el proceso de la percepción es tan rápido, nuestro acceso principal para el trabajo intencional, es la etapa de pensamiento del proceso. El pensamiento es influenciado por lo que está «allá fuera» y por la forma en que hemos sido formados por la cultura, la sociedad, la

---

133 Véase: Stewart and Bennett, *American Cultural Patterns*, p. 127.

134 Ibid., p. 22.

familia y la experiencia. La interpretación, el significado y la acción salen de ese proceso mental que está ocurriendo en nuestra mente; no está controlado por el artículo o evento que se vivió. El pensamiento está enmarcado por los sistemas de símbolos, particularmente el idioma, que son utilizados por nuestras culturas para tejer la trama de significados que permiten responder al mundo que nos rodea.

Esto significa que los mismos estímulos sensoriales crean muchas diferentes respuestas en las personas, dependiendo de la cultura y de la experiencia. Para una persona un viento caliente puede significar que la comunidad necesita actuar de ciertas formas para tener seguridad alimentaria; para otra persona un viento cálido trae recuerdos de quemaduras por el sol y por lo tanto agiliza la compra de protector solar, y para otra persona el viento caliente es causa de celebración por la cercanía de las vacaciones de verano. Esta labor interpretativa es dependiente de la cultura: la alimentación, el protector solar y la celebración, son todas cuestiones de cómo una cultura teje la trama de significados.

Los líderes denominacionales y yo (Juan) nunca fuimos capaces de encontrar una posición positiva para seguir hacia adelante. Muchos de ellos eran propietarios de granjas o estaban vinculados a la agricultura, y muchos latinos eran trabajadores del campo. Para los líderes denominacionales César Chávez representaba una amenaza a sus medios de subsistencia, mientras que para muchos trabajadores agrícolas él representaba una esperanza para un futuro mejor. Boicots y huelgas en las fincas ofrecían una salida para un grupo de personas pero representaban un cambio disruptivo para el otro. Aunque Chávez murió hace años, en el Valle de San Joaquín de California su nombre sigue siendo una bendición, o una maldición, que estimula reacciones muy fuertes tanto por parte de los agricultores como por parte de los trabajadores agrícolas.

El proceso de pensamiento de algunas culturas tiende a la lógica (la construcción y articulación de ideas en varios modos racionales), mientras que otras culturas trabajan más con análogos (hacen conexiones entre las diferentes asociaciones). La cultura dominante en los Estados Unidos tiende a la «mentalidad occidental», descrita por Louis Luzbetak:

> Para la mentalidad occidental, saber implica sobre todas las cosas que uno observa lo sensible (es decir, lo empírico), forma una hipótesis, y la prueba, y si pasa la prueba, se confirma, de lo contrario se rechaza y se plantea otra hipótesis ... La mente occidental, más que otras mentes, busca conceptos que representen la realidad, las categorías, los principios y las teorías.[135]

Esto puede ser comparado con otras culturas: «la mente oriental, por el contrario, es fundamentalmente mitológica, analógica en lugar de lógica, basándose en gran medida en la sensación y la intuición».[136] Los procesos de pensamiento analógico están interesados en

> configuraciones tipo y antitipo, en ver patrones en el mundo tales como huellas de la divinidad creadora (*vestigio Dei*) dejadas en la creación, en cualquier especulación que revela el carácter ordenado del universo (especulaciones numerológicas y astrológicas), el desarrollo de las órdenes jerárquicas, la alegoría controlada, relacionando lo visible con lo oculto.[137]

Estos dos sistemas de pensamiento, lógico y analógico, son medios para la clasificación y la conexión de las percepciones. Ellos obran dentro de cosmovisiones particulares y se enmarcan en los sistemas de símbolos, en especial el idioma en el que existen. Para quienes han sido criados fuera de las culturas específicas que los utilizan, es difícil entender la manera como el pensamiento cambia por ser parte de una cultura u otra, así que esto es un reto importante para el liderazgo interpretativo.

Debido a que el trabajo conceptual de pensar utiliza los sistemas simbólicos, significa que tenemos que conectar las percepciones con las imágenes, las teorías, los análogos o un sistema de abstracciones. Esta «etapa siguiente en el proceso mental es la creación de sistemas simbólicos complejos que pueden no solo ser codificados y representados en

---

135 Louis Luzbetak, *The Church and Cultures* (Maryknoll; N.Y.: Orbis, 1988), p. 254.

136 Ibid.

137 Robert Schreiter, *Constructing Local Theologies* (Maryknoll, N.Y.: Orbis, 1985), pp. 85-86.

notaciones, señales y símbolos, sino que también pueden ser compartidos con los demás».[138] Cada cultura produce y desarrolla imágenes, lenguaje, artes visuales, ritmos y música, y también sus sistemas para que puedan proporcionar los medios a fin de que la interpretación sea procesada y compartida dentro de un grupo. Los de fuera del grupo no solo tienen que aprender el sistema simbólico (idioma), sino también la manera como el sistema simbólico se utiliza en el pensamiento y la interpretación.

El proceso de *pensamiento* también implica categorías y límites.[139] Por ejemplo, la presencia de cierta persona necesita interpretación. Posibles categorías incluyen asuntos de poder, familiaridad, redes sociales y categorías relacionadas de recuerdos, emociones y obligaciones. La manera en que alguien interpreta la presencia del otro, y el grado en que su respuesta es preconsciente o analizada con cuidado, son cuestiones culturalmente formadas. Por ejemplo, la presencia del pastor de una iglesia se interpretará de varias formas, dependiendo en gran manera de su origen étnico, la cultura de la iglesia y la experiencia personal. ¿El pastor representa cuidado y amistad, burocracia gubernamental de la iglesia, la voz de Dios o una jerarquía de gestión? Cuando el pastor visita la casa de un miembro, ¿hay una bienvenida rápida y amistosa o una conversación cautelosa en cuanto a la política de la Iglesia? Cuando las personas necesitan pensar en cuanto a una situación, las categorías mentales les proporcionan una forma para que la percepción se desarrolle en conceptos y respuestas. Los conceptos pueden tener categorías limitadas definitivas, o puede haber un proceso continuo de gradaciones.

TRABAJAR CON LA DIVERSIDAD EN LA PERCEPCIÓN Y EL PENSAMIENTO

Stewart y Bennett señalan ciertos patrones de percepción y pensamiento que son comunes en la cultura dominante de los EE.UU. Se da prioridad a los «hechos», que se supone que son medibles, fiables y que están disponibles para cualquiera.[140] A menudo hay una confianza en que la información fáctica puede hacer la vida más predecible y mane-

---

138 Stewart and Bennett, *American Cultural Patterns*, p. 22.

139 Ibid., pp. 26-28.

140 Stewart and Bennett, *American Cultural Patterns*, p. 31.

jable. Los euroamericanos también utilizarán los modos de pensamiento contrafactual, en el que los opuestos o hipotéticos se consideran en un proceso de pensamiento.[141]

Estudio de la Biblia: Hechos 11:19-26, 13:1-3 - La iglesia de Antioquía

Al leer la primera parte del libro de los Hechos nos encontramos con varios casos de interacción intercultural, y las dificultades que esta creó, especialmente para los creyentes judíos que habían vivido toda su vida en Palestina. Su percepción de lo que Dios estaba haciendo en el mundo se enmarcó en tal forma que les costaba entender cómo era que Dios también estaba trabajando con los gentiles. Una y otra vez se toparon con sus percepciones y pensamientos sobre «cómo deberían ser las cosas». Escucharon el mensaje del evangelio y experimentaron la obra del Espíritu Santo, pero sus experiencias culturales y religiosas eran tales que les resultaba difícil aceptar lo que ellos vieron que Dios estaba haciendo.

Los judíos que habían crecido fuera de Palestina tenían una percepción muy diferente, debido a su experiencia diferente. Podían ver que el templo era una estructura de paso (Esteban, Hch 7), que se podía predicar a los samaritanos y eunucos (Felipe, Hch 8), y que la buena noticia también era para los gentiles (Hch 11:19-26). Así que por muchas razones, no es sorprendente que la primera congregación intencionalmente misionera no sea Jerusalén sino Antioquía (Hch 13:1-3). Los judíos de la diáspora, que habían salido de Jerusalén debido a la persecución, comenzaron esta congregación. Hechos 13:1-3 describe una congregación con liderazgo multicultural.

Este grupo de creyentes percibió el evangelio de una manera diferente. Ellos fueron capaces de ver lo que Dios estaba haciendo de una forma más amplia, y fueron capaces de enviar intencionalmente misioneros al mundo de los gentiles. Debido a que se habían criado en un entorno cultural diferente, podían escuchar y responder a la Palabra de Dios de manera diferente. La diversa comunidad establecida en Antioquía fue capaz de escuchar a Dios en formas nuevas y enviar a Bernabé y a Saulo.

---

141 Ibid., p. 32.

1. Piense en formas concretas en que su cultura limita o amplía su capacidad de ver lo que Dios está haciendo. ¿De qué maneras se parece más su iglesia a Jerusalén o a Antioquía?
2. Por ejemplo, ¿las migraciones mundiales de hoy son «figura» o «fondo» en su comprensión de la misión de Dios en el mundo? ¿Cómo son una u otra?
3. Mencione una situación en su iglesia o comunidad en la que la percepción afectó el pensamiento y luego creó tensiones en su congregación. ¿Cómo resolvieron el problema? ¿Cómo se tomaron o no en cuenta las diferentes percepciones en la solución?

La cultura euro-americana le da atención a la agencia y a la acción —hay causas y pensamos en nuestro papel en las causas futuras—. Por lo tanto, interpretamos los hechos para encontrar causas, especulamos sobre las opciones, después creamos un conocimiento procedural que se adapte a nuestro pragmatismo. Personas de otras culturas pueden estar más atentas a las relaciones, a las ideas o a ciertos detalles observados, y en cada caso, la labor interpretativa es diferente. La cultura europea tiende a ser más deductiva, es decir, trabaja desde los conceptos e ideas hasta los detalles. La cultura euro-estadounidense suele ser más inductiva, toma datos y construye un marco teórico para la acción. Muchas culturas latinas son conscientes primero de las relaciones, las cuales transmiten cuestiones de prioridades y de poder. Una vez más, esto no es solo una cuestión de cómo las culturas llevan a cabo determinadas actividades, tiene que ver con lo que se percibe inicialmente y la manera como opera el pensamiento.

Labor cognitiva en contextos interculturales. Tener patrones comunes de percepción y pensamiento, o al menos estar atento y apreciar los distintos modos de pensar, es muy importante cuando la gente se esfuerza por construir un entendimiento común de sus experiencias. Los filósofos estadounidenses Charles Peirce y Josiah Royce hacen hincapié en el carácter triádico del conocimiento. William James había explicado la perspectiva y el conocimiento religioso como la interacción que existe entre la percepción y el concepto (con un enfoque bipolar de la interacción entre la experiencia y la persona). En este marco, uno de los polos es la persona que considera el otro polo, que es la experiencia. Pero Royce dijo que esto era inadecuado. Pidió un tercer elemento, proporcionando un esquema mediante el cual una persona percibía una experiencia y continuaba hasta la labor interpretativa de explicarla a otra persona. En esta teoría triádica del conocimiento (que requiere uno que percibe, lo que se percibe y una persona a la que se comunica la percepción), la comprensión no estaba disponible sin la conversación; el aprendizaje siempre era comunal.[142] Para que esto suceda tiene que haber suficiente convergencia de cultura y sistema de símbolos, para hacer posible la conversación. Esta coincidencia crea el espacio para interpretar la realidad, y también la manera en que la gente en una cultura específica comprende e interpreta sus experiencias. Los sistemas de símbolos comunes, que crean la posibilidad de una interpretación, también limitan las posibilidades de interpretación en el marco de una cultura o idioma específico.

Las culturas, con sus idiomas, rituales y sistemas de conceptos abstractos, construyen lo que está disponible para que las personas interpreten y enmarquen percepciones de manera particular. Por ejemplo, Stewart y Bennett observan que: «Los americanos tienden a centrarse en las aplicaciones funcionales y pragmáticas del pensamiento; por el contrario, los japoneses se inclinan más hacia la descripción concreta, mientras que los europeos enfatizan la teoría abstracta».[143] Esto significa que en una situación intercultural las personas de una cultura pueden procesar un conjunto de experiencias poniendo atención a la descripción, observando cuidadosamente los detalles (a menudo sin la articulación de las consecuencias). Personas de otras culturas pueden pasar rápidamente a la solución del problema o la acción, mientras que otros a lo mejor quieran involucrar a otras personas en el análisis teórico serio. Si bien algunas de estas diferencias también pueden ser factores de personalidad o de formación, las culturas tienden a guiar a los participantes hacia ciertos énfasis.

Estas diferencias a menudo se desempeñan en forma casi estereotipada en situaciones interculturales en la vida de la iglesia. En el momento en que surge algún problema, mucha gente de la cultura dominante

---

142 *A Sacramental Theology for Conversing Christians* (Collegeville, Minn.: Michael Glazier, 1993), 1:x-xi. Gelpi está de acuerdo con Royce, contra William James. Véase Josiah Royce, *The Sources of Religious Insight* (New York: Scribners, 1912).

143 Stewart and Bennett, *American Cultural Patterns*, pp. 28-2

de EE.UU. quiere encontrar la causa y solucionarlo. Otros se interesan inmediatamente por las relaciones y los diferenciales de poder en la situación. Para otros, la preocupación es el mantenimiento de la comunidad y «salvar la cara» [guardar las apariencias]. No es que algunas personas quieran resolver el problema y otras lo quieren evitar. Esto no es solo una cuestión de la manera como las culturas llevan a cabo ciertas actividades, se refiere a lo que se percibe inicialmente y la forma como opera el pensamiento, pero también lo que diferentes formas de pensar definen como el asunto que requiere solución.

Bob, un anciano afroamericano, estaba presidiendo la reunión de diáconos en una iglesia bautista birracial. Camille, una diaconisa afroamericana, le dijo al grupo que el esposo y padre de una familia de una iglesia afro-americana había perdido su trabajo por una reducción de personal de la empresa, y después de varios meses seguía buscando empleo. Camille sabía que la familia enfrentaba la tensión de la matrícula universitaria de su hija en la universidad de la ciudad. Ann, que era euro-americana, comenzó a enumerar una serie de recursos potenciales para la renta de la familia, los servicios públicos y la matrícula. Ella se ofreció a enviar por e-mail una lista a los padres. John, un diácono euroamericano, dijo que estaría encantado de ir a casa de la familia esa noche y proporcionar un cheque personal para los gastos de la matrícula. Camille se quedó quieta, y Bob se aclaró la garganta, mostrando algunas molestias. Entonces Bob dijo que apreciaba estas ofertas y que se pondría en contacto con ellos.

Las actividades de la iglesia, incluyendo las relaciones, los programas y la misión, surgen a partir de una matriz continua de conversaciones y decisiones, y estas tienen sus raíces en estilos cognitivos y prioridades culturales. En esta historia, Ann y John se inclinaban culturalmente a hacer frente a los hechos más evidentes, pensar en cuanto a las opciones y resolver los problemas. Tendían hacia la acción. Sin embargo, Camille y Bob eran conscientes de algunas de las dimensiones relacionales y afectivas de la situación del padre. ¿Cuáles eran los medios adecuados para ayudar a la familia sin socavar el papel del padre en la familia o avergonzar a la esposa o a la hija? Incluso en una reunión de diáconos que tiene sus raíces en los valores del evangelio hacia la generosidad y la interdependencia, los líderes deben encauzar los potenciales del grupo para prestar atención a la diversidad de enfoques culturales en el pensamiento.

El tema del idioma complica esto aun más. Como se señaló en el capítulo cinco, las estructuras de la gramática impresas en el cerebro están relacionadas con estos estilos de pensamiento. El idioma que utilizamos enmarca nuestra percepción y pensamiento, y también afecta los significados dados a las palabras. Dado que la interacción con otras personas es a menudo verbal, o por lo menos incluye un componente verbal, este proceso se complica aun más si la gente no se comunica en el mismo idioma, o en la misma versión culturalmente enmarcada del idioma, o si uno o más de aquellos en el proceso se comunican a través de un idioma secundario. Es mucho más fácil hacer interpretaciones incorrectas de las experiencias cuando no hay un sistema de símbolos lingüísticos compartido que se utiliza para interpretar una experiencia común.

Finalmente, el material anterior sobre cosmovisiones se relaciona con la percepción y el pensamiento. La cosmovisión de una cultura predispone a ciertas percepciones, por lo cual las culturas de China, que tienen unas cosmovisiones que incluyen la presencia de espíritus de los antepasados, se ocupará y clasificará las experiencias de forma diferente a una cultura estrictamente materialista. Si una cultura, como la de Corea, ofrece importantes preferencias de posición a los maestros o a los ancianos, existe una discordancia en los salones de clase de EE.UU. cuando otros estudiantes conversan con los profesores acerca de sus desacuerdos. Para algunos, esta es una buena teoría de aprendizaje en la práctica; para los coreanos o coreano-americanos esto puede considerarse inapropiado e irrespetuoso. La experiencia se percibe y se clasifica de acuerdo con las culturas.

Beneficios de la diversidad de estilos cognitivos. Los líderes tienen que abordar cuestiones de percepción y pensamiento en muchas situaciones. En primer lugar, estudiar la Biblia en sí constantemente planteará estas cuestiones. Con relatos, poemas, cartas, rituales de adoración, documentos judiciales, las legislaciones sagradas y las oraciones sagradas arraigadas en varias culturas por más de dos milenios, no es de extrañar que a menudo no estemos de acuerdo en cuanto a cuestiones de interpretación bíblica. Los lectores traen su propia cosmovisión a un texto, y los hábitos de percepción y pensamiento filtran lo que leemos. Al orientar los líderes a la comunidad en la lectura de las Escrituras juntos, pueden señalar los beneficios que una comunidad de creyentes trae a la comprensión de la Palabra de Dios, y pensar en la manera de vivir el mensaje del evangelio en su contexto. Al escuchar a aquellos que perciben el texto de otra manera, todos tendrán el reto de leer la Palabra de nuevo.

Reflexión Personal / Ejercicio en Grupo: Estilos cognitivos

1. Reflexión individual. Use la tabla 8.2 sobre estilos cognitivos y hemisferios del cerebro y reflexione sobre su estilo cognitivo propio. Es posible que quiera pensar en una conversación intercultural que revela formas en las que usted estuvo percibiendo y pensando de manera diferente a sus compañeros de conversación. Póngase a la izquierda o la derecha (o centro) de las variables. Para cada elección vea si usted puede recordar un ejemplo que apoye su decisión. (Trate de imaginar cómo el «otro» clasificaría su estilo, incluso si es diferente a su propia percepción).

2. Discusión grupal. Comiencen su análisis grupal haciendo que cada persona seleccione una variable y proporcione una breve historia que soporte esa opción. Si tienen tiempo, continúen este ejercicio pasando por más variables.

3. Resolución grupal de problemas. Lea el primer párrafo del capítulo nueve. ¿Usted se alinea más con los pastores afroamericanos o con los euroamericanos? ¿Por qué? Si usted entrara en la discusión, ¿qué diría? ¿Qué quiere que la otra parte entienda? Después de que todos ofrezcan algunas respuestas, vuelvan a la tabla de este capítulo sobre estilos cognitivos y clasifiquen sus respuestas. Comparen su participación en este ejercicio con sus notas de la primera etapa de la reflexión.

Pero la mayor tensión a menudo no será con el texto mismo, sino con las implicaciones del texto para nuestras vidas hoy. Todos podemos estar de acuerdo con el significado original, pero aún tener que luchar con la forma de vivir el mensaje de la Biblia. Bien sea en relación con los vecinos u otras iglesias, o la diversidad dentro de las congregaciones, los participantes de la iglesia trabajan dentro de marcos mentales que construyen a partir de sus propias percepciones y procesos de pensamiento. Los líderes tienen que ayudar a desarrollar nuevas prácticas y compromisos para que una congregación se beneficie de la comunidad más grande de creyentes y para establecer nuevas formas de vida comunitaria apropiadas para la vida intercultural de la iglesia.

Los pastores y los líderes pueden usar el ciclo de la praxis para ayudar a su congregación a comprender la manera como las diferencias en la percepción afectan la interpretación bíblica. Al mencionar su actual comprensión de las Escrituras (paso 1) y la forma en que estuvo marcada por su cultura (paso 2), los líderes interpretativos aumentan las capacidades de la iglesia. Esto puede crear la oportunidad para una nueva lectura incluyendo la tradición y la teología de la congregación, y lecturas que vienen de otros trasfondos culturales y teológicos (paso 3). Al animar a la gente a que exprese cómo su propia interpretación ha estado enmarcada, la congregación puede hacer preguntas acerca de cómo su propia cultura y sus experiencias impactan la interpretación bíblica (paso 4) y repensar la forma de discernir el significado de las Escrituras en su vida y misión (paso 5). El ciclo de la praxis abre a la congregación a una interpretación más perceptiva de las Escrituras, a la vez que ayuda a evitar las interpretaciones individualistas, haciendo uso de su teología y su tradición. Este arduo trabajo prepara a la iglesia para oír de nuevo la voz del Espíritu.

En el Cine

Estas dos películas invitan a sus audiencias a estar atentas a las diferencias de percepción. En ambas, el mundo parece muy diferente según las experiencias de cada protagonista.

El Norte (1983). Indígenas mayas que realizan trabajos manuales, escapan de la masacre del ejército de Guatemala y deciden huir a los Estados Unidos, luchando por hacer una nueva vida como jóvenes inmigrantes ilegales y sin educación.

Smoke Signals (1998). Un joven nativo americano sale con otro joven de la reserva para recoger la camioneta y las cenizas de su difunto padre, y descubre que los recuerdos que él tiene de su padre son muy diferentes de los recuerdos que tiene su compañero.

PARTE III

LIDERAZGO, COMUNICACIÓN Y CAMBIO

COMUNICACIÓN INTERCULTURAL

Mark Lau Branson

La Iglesia Nueva Vida, una mega-iglesia semi-urbana, fue anfitriona de una reunión muy singular en octubre de 1995. Las raíces de la iglesia, y los miembros actuales, eran principalmente euroamericanas. Por muchos años no habían existido relaciones significativas con las numerosas iglesias afroamericanas que había en el área. Por medio de cuidadosas iniciativas llevadas a cabo durante un período de semanas, esta reunión iba a ser la primera a realizarse entre un número de pastores afroamericanos y varios de los miembros del equipo pastoral de la iglesia. Antes de la reunión las noticias se habían enfocado en la absolución de OJ Simpson en un juicio penal que tenía que ver con el asesinato de su ex esposa. Esta noticia, que no estaba en la agenda como un tema de conversación, comenzó a dominar el encuentro. De inmediato se hizo evidente que las reacciones se dividían a lo largo de líneas raciales. Los participantes euroamericanos estaban agitados, incluso desconcertados, porque sentían que las pruebas contra Simpson eran abrumadoras y no podían imaginar cómo un jurado fuera a absolverlo. Los pastores afroamericanos celebraron, pues para ellos era profundamente alentador que esta celebridad afroamericana hubiera sido encontrada no culpable. Estas posiciones no fueron tomadas a la ligera, razón por la cual surgió tensión cuando la perplejidad de los euroamericanos se conectó con su sentido de que la justicia no había funcionado, y los pastores afroamericanos sintieron el insulto de esos euro-estadounidenses quienes no podían unirse con ellos en la celebración de este fallo del sistema de justi-

cia penal. Cuando se acabó la reunión, las relaciones entre ellos aparentemente estaban más alejadas que nunca.

¿Por qué fue que los líderes cristianos no pudieron participar entre sí en conversaciones que crearan conocimiento y confianza? En esta situación todo el mundo tenía acceso al mismo conjunto básico de hechos relacionados con el juicio. Además, son ciudadanos de una sociedad que posee un conjunto de acuerdos en cuanto a la manera como deben llevarse a cabo los procesos criminales. Tenían los beneficios de vivir en la misma área geográfica, y todos hablaban inglés como lengua materna. Finalmente, como cristianos, podían recurrir a recursos relacionados con la moral y la justicia. Pero este acontecimiento social particular condujo a una brecha aun más profunda entre dos grupos que recientemente habían sido motivados para desarrollar confianza y cooperación.

HABERMAS Y LA CAPACIDAD COMUNICATIVA

En el capítulo cuatro, sobre cosmovisiones, presentamos la teoría social de Jürgen Habermas, la cual incluye tres facetas: los mundos de la vida, los conceptos del mundo y la capacidad comunicativa. Un mundo de la vida, que es principalmente pre-consciente, es la cosmovisión completa de un grupo de personas, incluyendo su cultura e idioma. Los conceptos del mundo son temas específicos que se pueden traer a consideración. La capacidad comunicativa proporciona un marco para profundizar la integridad y la generatividad del discurso en cuanto a estos temas.[144] Los líderes eclesiales, en su labor interpretativa y relacional, poseen un papel trascendental en la creación de ambientes y suscitando conversaciones que incrementen la capacidad comunicativa de una congregación.

Como la cultura continúa a través de las generaciones, el mundo de la vida almacena la labor interpretativa con que la cultura sigue formando a sus miembros.[145] Habermas hace una analogía con el mundo físico a fin de explicar estos conceptos. El mundo de la vida es «el horizonte dentro del cual están las acciones comunicativas "ya siempre" en

---

144 Jürgen Habermas, *The Theory of Communicative Action*, trans. Thomas McCarthy, 2 vols. (Boston: Beacon, 1984, 1987).

145 Ibid., 1:13, 70.

movimiento».[146] Al encontramos en la tierra, podemos ver el horizonte a nuestro alrededor y estamos limitados a la vida dentro de esos horizontes. Del mismo modo, nos encontramos dentro de un mundo de la vida y no somos capaces de salir de él y objetivizarlo. Nuestro mundo de la vida es un contexto social y personal preconsciente. Cualquier trabajo que hagamos para entender, o utilizar las palabras, o relacionarnos con los demás, se debe hacer mientras que se está dentro de un conjunto de horizontes. Cuando las personas están conscientemente problematizando una situación, o llevándola a la conciencia y al discurso, están lidiando con un segmento más definido de su mundo de la vida en común. El mundo de la vida está en el fondo, que se supone, y que siempre proporciona recursos e insuficiencias. La comunicación intercultural requiere que ampliemos nuestros mundos de la vida.

Habermas trata de hacer esta labor de problematizar más reflexiva y útil. Los conceptos del mundo proporcionan acceso conceptual al mundo de la vida, sobre todo para «situaciones problemáticas, es decir, situaciones que deben ser acordadas en un mundo de la vida que ya está sustancialmente interpretado».[147] Él describe tres mundos, objetivo, subjetivo y social y cada uno de ellos cuenta con su propio tipo de discurso, temas y sistemas de validación. Por mundo objetivo, Habermas se refiere a las realidades compartidas en torno a nosotros, a estados específicos de los asuntos. Este *mundo objetivo* es el contexto del discurso constativo (descriptivo) con relación a la verificación de la verdad. En otras palabras, dos personas pueden apuntar a un objeto y empezar a hablar de ello mediante el uso del discurso descriptivo. Su objetivo es ser veraces, y son capaces de ayudarse entre sí en el incremento de la exactitud y pertinencia de la forma en que describen el objeto. El *mundo subjetivo* es el reino del ser interior, es decir, las narrativas, razonamientos y afectos de la persona. Este mundo es accesible a través del discurso expresivo, y para ser válido, debe ser honesto. Las mismas dos personas pueden narrar la historia de una persona con el objeto, o pueden expresar sus emociones en cuanto al objeto. La honestidad de esa comunicación es lo que importa. El *mundo social* es interpersonal, un mundo de reglamentaciones y normas. La comunicación en el mundo social es un entorno

---

146 Ibid., 2:119.

147 Ibid., 2:125.

de discursos regulativos (imperativos e intenciones) que dan forma e incorporan normas. Estas dos personas deben decidir qué hacer con el objeto, por lo que los discursos objetivo y subjetivo establecen las bases para dar forma a su respuesta social.

La capacidad comunicativa requiere de la validez de los tres mundos a fin de que el discurso sea legítimo y que la comprensión sea auténtica. Dentro del contexto de la capacidad comunicativa, el mundo objetivo es el ámbito necesario para la creación del conocimiento proposicional compartido acerca de un estado de cosas; el mundo subjetivo es el ámbito para el desarrollo de la confianza mutua a través de la honestidad; y el mundo social es la creación de normas sociales compartidas para la vida compartida.[148] Cuando el discurso destaca estas medidas de integridad y entendimiento, la acción comunicativa (cooperativa) es posible.

Tabla 9.1 Habermas y la capacidad comunicativa[3]

	Mundo Objetivo	Mundo Subjetivo	Mundo Social
Tipo de discurso	Descriptivo	Expresivo	Regulativo
Tema a tratarse	Conocimiento proposicional	Narrativa y afecto	Normas e intenciones
Medida de validez	Verdad	Honesto	Justo y apropiado

3 Jürgen Habermas, *The Theory of Communicative Action*, trad. Thomas McCarthy, 2 vols. (Boston: Beacon, 1984, 1987), 2:115-97.

La comunicación intercultural en las iglesias es a menudo propensa a la distorsión... una experiencia que puede incluir tensión, falta de confianza y malos entendidos. El enfoque de Habermas a la crisis es digno de tomarse en cuenta.[149] Cada sección de su estructura social (cultura, sociedad, persona) es un sitio potencial de dificultades. (En el capítulo tres, postulamos una cuarta entidad social —*comunidad*— y el desequilibrio discutido aquí también se aplica a esa entidad social). Por ejemplo, personas de una cultura pueden haber migrado durante una

148 Ibid., 1:308.

149 Ibid., 2:140-43.

reciente generación; entran en contacto con otras culturas; la sociedad (estructuras gobernantes y económicas) contribuye con ciertos recursos y desafíos; los individuos están atrapados en medio del cambio de significados y de prácticas, así como la pérdida de narrativas coherentes. Estas «distorsiones» amenazan todos los niveles de vida. La crisis en sí misma puede ser identificada en uno de los tres procesos: reproducción cultural (coherencia de significado, racionalidad), integración social (la coordinación en el espacio social, la solidaridad) o la socialización (capacidades para la acción, responsabilidad). En el ejemplo de inmigración, los padres a lo mejor se esfuerzan por transmitir a sus hijos el significado de parentesco o de trabajo, o que las relaciones son más importantes que los derechos personales. Sus hijos son expuestos a los enfoques contradictorios de la sociedad y aprenden formas de razonar que no valoran el pensar de sus padres. Diversos adultos se adaptan de manera diferente a la nueva sociedad, por lo que no están de acuerdo en cómo mantener amistades o cuáles conexiones sociales son importantes y dignas de compromiso. La interrupción aparece en varias formas, como se explica en la tabla 9.2.

Tabla 9.2 Habermas y las manifestaciones de la crisis[4]

Componentes estructurales → Disturbios en el dominio de ↓	Cultura	Sociedad	Persona	Dimensión de evaluación ↓
Reproducción cultural	Pérdida de significado	Retiro de legitimación	Crisis en orientación y educación	Racionalidad del conocimiento
Integración social	Desorientación de identidad colectiva	Anomia	Alienación	Solidaridad de miembros
Socialización	Ruptura de tradición	Retiro de motivación	Sicopatologías	Responsabilidad personal

4 Habermas, *Theory of Communicative Action*, 2:143, fig. 22. Se usa con permiso.

Habermas también toma el concepto de «colonización» y lo aplica a asuntos de sociedades y culturas. Mientras que la colonización siempre ha descrito un proceso de conquista militar y política, impuesta por un imperio o un gobierno externo, Habermas plantea la colonización de las culturas (y yo añadiría, de las comunidades) por parte de las grandes fuerzas sociales. En la sociedad de los EE.UU., por ejemplo, los significados normativos de las culturas están en constante represión por las características sociales dominantes del capitalismo de consumo. Hay muchas fuerzas obrando: la demanda de movilidad, el costo de vida que no está alineado con los salarios locales, y una prioridad en la familia nuclear como el centro de consumo. Además, las tensiones económicas y relacionales que resultan, regularmente generan conflictos sociales (en micro y macro-grupos) cuando los individuos se enfrentan a amenazas psicológicas y de mala adaptación. Para las iglesias de EE.UU., los grupos culturales pueden estar perdiendo idiomas, tradiciones y prácticas, y todas ellas están conectadas con una pérdida de sentido. Tal vez una iglesia viva dentro del contexto de disturbios raciales que se expresan en diferentes contextos institucionales. Los miedos personales y el odio pueden llevar a dificultades psicológicas. Cuando los líderes traen algunos temas muy bien escogidos a un entorno que permite la comunicación auténtica, estas exploraciones temáticas pueden encauzar el discurso de la comunidad hacia importantes ganancias interpretativas y relacionales en sus mundos conceptuales.

En el ejemplo al principio de este capítulo, una iglesia euro-americana, fundamentada en sus propias historias de migración, y su dominación cultural en la sociedad, había experimentado unas cuantas décadas de cambios en su entorno geográfico. Había experimentado tensiones con los vecinos no blancos con relación a la educación pública, la planificación urbana y la visión política. No habían entrado de manera significativa en las cosmovisiones y las perspectivas de los demás. Las narrativas de la iglesia —tomadas de las Escrituras y de algunos significados tradicionales que tienen que ver con la reconciliación y el amor al prójimo— proveyeron la motivación necesaria para intentar nuevas conversaciones. Las iglesias afroamericanas, que para entonces ya habían estado establecidas por varias décadas, trajeron supuestos que surgieron del hecho de haber sido marginadas por la sociedad. Sus narraciones culturales y sus más recientes narraciones de la iglesia indicaron que tenían poca influencia en la sociedad euro-americana. La iglesia euro-americana, con su riqueza, estructuras organizativas basadas en las normas de las sociedades modernas, y su poder aparente dentro de las estructuras sociales, representaban un conjunto de narraciones completamente diferentes. A pesar de estas barreras, la reunión se hizo con el fin de representar el poder de Dios, tal como se conocía de relatos bíblicos, para lograr un consenso en cuanto a los significados que podrían conducir a acciones de cooperación. El marco de Habermas es útil para reflexionar acerca del estudio de caso con el fin de discernir la crisis y la manera como se podría fomentar un curso diferente.

Habermas pide la *acción comunicativa* en vez de solo la acción estratégica. En la situación del estudio de caso, una reunión o una serie de reuniones eran necesarias a fin de explorar los tres *mundos* para dar forma a nuevos horizontes que beneficiaran a todos los participantes. Sus mundos de la vida (cosmovisiones), compuestos por narraciones y valores, e imaginaciones y expectativas, eran diferentes. Su único acceso era a través de conceptos del mundo: pensar, hablar y comprender el mundo del «otro». El discurso tendría que desarrollarse en torno a las realidades objetivas, subjetivas y sociales.

Para explorar sus mundos subjetivos tenían que escuchar las narrativas honestas de cada uno. Por ejemplo, los participantes podrían haber comenzado con relatos personales cortos que contaran con uno o dos rasgos culturales que se correlacionaran con el evangelio. A continuación, cada participante podía haber contado una historia acerca de un momento de tensión personal, o de crisis, que tuvo su epicentro en una situación transcultural. Esta podía haber sido una experiencia de racismo, un malentendido acerca de un evento o conversación, o alguna otra historia de heridas. Además, cada participante podría haber narrado una historia positiva en cuanto al cruce de fronteras: ¿cuándo experimentaron algo loable en el contexto de personas de otra cultura? Más concretamente, dado que esta iniciativa tenía que ver con relaciones negro-blanco, ¿qué historias eran pertinentes para este esfuerzo? El capítulo siete señaló que la cultura euro-americana tiende fuertemente hacia el individualismo, y algunas otras culturas son más conscientes de la identidad personal que se incrusta en grandes grupos culturales y sociales. Por lo tanto, esta mezcla de historias positivas y negativas es más útil cuando a los participantes se les anima a considerar algunas experiencias que podrían ser interpretadas como asuntos individuales y otras que invitan a la consideración de las realidades estructurales o sociales. ¿Cómo han experimentado los participantes la presencia y las actividades de las diversas iglesias? Este conjunto de conversaciones no es contexto para el debate, más bien es el trabajo duro de la memoria, la narración de cuentos y el escuchar. Habermas establece la honestidad como la norma, que a veces es diferente a la verdad o a la justicia.

Los participantes también necesitaban explorar sus mundos objetivos. Hay un contexto compartido, que incluye su ciudad y su nación, y son participantes en los resultados de algunas realidades en esos ambientes. Estos asuntos objetivos incluyen relatos históricos (nacionales y locales), estructuras sociales (tales como el sistema de justicia) y los relatos de cada congregación. También es pertinente para estas conversaciones el tema de la etnicidad en relación con la historia de las iglesias de EE.UU. Existen numerosos temas aquí profundamente incómodos: la creación de la esclavitud africana como herramienta económica, el «Middle Passage» [nombre que se le dio a la vía de los blancos que trasportaban esclavos desde Africa], las concesiones de la constitución de los EE.UU. con relación a los esclavos, el racismo en la vida y misión de la iglesia, los linchamientos, las cláusulas excluyentes locales en el sector inmobiliario, la segregación en las escuelas públicas seguida por la segregación en el transporte y luego la retirada euro-americana, y la segregación continua entre cristianos los domingos. Habermas propone que se busque la verdad en estas conversaciones. Este trabajo requiere de un discurso preciso, cognición de los datos complejos, el reconocimiento y la puesta entre paréntesis de contradicciones (y decisiones en cuanto a qué aclaraciones buscar), y numerosas ocasiones en las que los participantes expresen que están aprendiendo (un adecuado retorno a la honestidad subjetiva).

Antes de la reunión de crisis, se pudieron haber explorado numerosos temas objetivos en una serie de conversaciones. Una vez que todo el mundo pudiera reconocer la crisis, temas específicos requerían de atención, tales como la historia de los linchamientos u otras faltas en la sociedad con relación a los temas de asesinato, raza, justicia y las desigualdades en el sistema legal. Un nuevo marco pudo haber estado disponible para el desacuerdo que surgió durante la reunión. Tal vez el lenguaje de la «justicia» versus «equidad» sea de ayuda. Aunque la *justicia* en la narrativa bíblica es un término integral de rectitud social, moral y relacional, puede ser un término más enfocado en la sociedad, con relación a legalidades técnicas, y el sistema que trabaja con las normas del sistema legal. El mundo objeto incluye la verdad de que los euroamericanos han asesinado a afroamericanos con impunidad. Algunas veces los sistemas de gobierno estuvieron ausentes y en otras fueron culpables. Esta es la narrativa en la que se formó la cultura afro-americana. En estas historias hombres afroamericanos a menudo enfrentaban juicio por actos cometidos contra los euroamericanos, y no había justicia, solo venganza racista mal enfocada. Además, rara vez fueron encontrados culpables de crímenes contra afroamericanos los euroamericanos. Para los euroamericanos el sistema de justicia no solo ha funcionado adecuadamente, sino que también ha mostrado parcialidad en favor de los euroamericanos. Es importante poner estos recuentos junto con otra diferencia cultural: los euroamericanos se perciben a sí mismos como entidades individuales, los afroamericanos tienden más hacia la identidad con el grupo. En el día de la absolución de O. J. Simpson, los afroamericanos se sorprendieron de que la probidad estuviera presente: que un afroamericano en juicio no fuera ejecutado automáticamente, y que un talentoso (y costoso) equipo legal pudiera crearse e ir «tú a tú» con un sistema que rara vez había sido justo (en su opinión). A la luz de varios siglos de profunda discriminación y racismo, aquí había un solo momento en que el sistema finalmente proveía una conclusión sorprendente. Esto estaba en contraste con los participantes euroamericanos, que se centraron en el individuo, tal como se define en el marco legal de la sociedad, y cuando consideraron la evidencia con respecto a la persona no pudieron entender que una sentencia absolutoria fuera justa. Así que los pastores afroamericanos dirían: «No es una preocupación primaria si O. J. Simpson cometió el crimen o no; lo que importa es que por fin tenemos un grado de equidad». Los euroamericanos creyeron que, «los hechos apuntan a la culpabilidad, y el sistema ha fallado». Es muy poco probable, dado años sin comunicación significativa, que un grupo tan diverso pudiera haber alcanzado un nivel de entendimiento mutuo ese día.

Reflexión Personal / Ejercicio en Grupo: La capacidad comunicativa

Este es un escenario imaginativo en el que el instructor de esta clase anuncia varios cambios inmediatos. En primer lugar, él o ella acaba de recibir un libro nuevo que todo el mundo debiera leer, por lo que se añade a la lista de lecturas obligatorias y se tratará hacia final del curso. En segundo lugar, el instructor dice que debido a que algunos estudiantes se han sentido incómodos en sus grupos de discusión, a partir de la próxima semana todos los grupos serán homogéneos con respecto a género y cultura. (O bien, si los grupos ya son homogéneos, el cambio anunciado es que los grupos de discusión se cancelan.) Finalmente, debido a algunos otros compromisos que tiene el instructor, las horas de clase semanales se reducirán en un tercio. El instructor quiere respuestas de los estudiantes, y la discusión se iniciará en los pequeños grupos existentes. (Aunque esto es imaginario, haga lo que pueda para sentir y tomar en serio la situación.)

1. Tiempo individual. Su pequeño grupo pronto tendrá tiempo para hablar acerca de estos cambios. Anote sus tres comentarios más importantes, o preguntas acerca de los cambios anunciados.

2. Tiempo grupal. Cuando se reúnan, pasen unos 5 minutos analizando la situación. (No es necesario ocuparse con lo que escribió previamente.) Después de 5 minutos, clasifiquen la conversación, tratando de clarificar si se centraron en la comunicación objetiva, la subjetiva o la social. ¿Hubo asuntos subjetivos que no se expresaron, pero surgieron como esfuerzos para dar forma a las direcciones sociales? ¿Pueden ponerse de acuerdo sobre cuáles elementos encajan en las tres esferas?

3. Tiempo grupal. Ahora, pasen por el círculo, con cada persona, uno a la vez, leyendo sus tres comentarios / preguntas originales. Después de cada persona, los otros miembros del grupo deben clasificar los tres puntos, sin que el autor haga comentarios. Después de que se clasifiquen los tres puntos, el autor incluye un comentario reflexivo, concordando o no con la clasificación y señalando todo lo que él o ella aprendió acerca de lo que era originalmente valorado como las consideraciones más importantes.

> 4. Toda la clase. Analicen las tendencias comunicativas de los grupos. También analicen si hubo diferencias culturales respecto a cómo se trataron los tres cambios.

El tercer ámbito es el mundo social en el que un grupo de personas conversan sobre lo que sería justo y adecuado en sus propias vidas juntas. Enraizada en sus mundos de la vida siempre en movimiento, y habiendo aumentado el grado de horizontes compartidos, puede haber suficiente superposición de mundos sociales para la acción comunicativa, es decir, la vida en común puede tener un incremento de los niveles de capacidad en la comunicación y la integridad. La vida en común puede incluir muchas actividades comunes: conversación, el compromiso conjunto de hablar y actuar sobre asuntos públicos, y actividades de cooperación entre congregantes. Este es el reino de las opciones y «deberes» de cooperación. En el estudio de caso, los participantes reconocerían que debido a que viven en diferentes mundos, deberían experimentar con un conjunto de iniciativas para agrandar sus mundos de la vida a fin de que hubiera más coincidencia. Ellos podrían crear sistemas adecuados para trabajar juntos, y podrían moverse hacia algunos acuerdos en cuanto a la justicia en relación con los asuntos locales de las estructuras sociales.

La capacidad comunicativa es más compleja que la acción estratégica; este marco hace que sea más probable que la vida compartida incluya el aumento de la profundidad y de la cooperación. En el capítulo cinco se señaló que nuestras vidas corporativas y personales están, en gran medida, socialmente construidas a través del lenguaje. Podemos crear nuevas realidades a medida que ensanchamos el lenguaje compartido. Además, podemos resolver la distorsión a través de la capacidad comunicativa. La orientación de la cultura euro-americana puede socavar estas actividades; los enfoques más pausados, de culturas que cuentan historias, pueden proveer medios útiles.

LA DINÁMICA SOCIAL

La comunicación siempre ocurre en el contexto de numerosos factores psicológicos y sociales.

Emociones. Esta breve exploración de las relaciones interculturales y la comunicación intercultural no puede tratar adecuadamente el tema de las emociones. Algunas generalidades pueden ayudar a enmarcar los enfoques para una mejor comunicación.[150] El lenguaje del «yo siento» tiene muchos significados en los Estados Unidos, a menudo haciendo referencia a las opiniones y los compromisos en lugar de la afectividad. Para muchos euroamericanos, las emociones deben ser minimizadas, incluso negadas, como un factor significativo. Esta cultura tiende a comprender las emociones como algo fuera de nuestro control, y, aunque entendidas como no especialmente valiosas para el razonamiento y la comunicación, las emociones son a menudo lo más poderoso aunque no reconocidas. Algunas otras culturas, tales como la afroamericana, latina e italiana, son más expresivas y ven a los euroamericanos como personas frías o indirectas. Sin embargo, otras culturas, como la japonesa y algunas del norte de Europa, ven la comunicación euro-americana como cargada de emoción.

El marco de Habermas puede ser de ayuda. La comunicación honesta, cumpliendo con el mundo subjetivo, requiere que prestemos atención a nuestros sentimientos. Las historias que hemos recibido y vivido traen una gran cantidad de emociones y esos sentimientos afectan nuestras percepciones y nuestras acciones. En su forma más simple este marco enseñará que las emociones de una experiencia anterior a menudo saldrán a la superficie cuando se viva un evento similar. Por esta razón, una experiencia de injusticia, en la que se sintió dolor e ira, influirá a la persona cuando se experimente o se narre otro caso de injusticia, aunque esta nueva experiencia sea muy diferente. Una de las heridas de no ser comprendido también puede llevar a una persona a retirarse cuando una nueva situación parezca ser una experiencia similar. La honestidad a la que Habermas llama es una de informes, no de culpa. Todos los grupos, en el mundo social, necesitan abordar la cuestión de la justicia y de lo pertinente. Pero ese trabajo puede ser más sabio si hablamos de nuestros mundos subjetivos para que después podamos trabajar en el contexto de conocer las historias de cada uno, incluyendo los sentimientos del otro. Los grupos no pueden permitirse el lujo de ignorar las respuestas afectivas, ni dejar que las emociones controlen la conversación y el avance

---

150 Edward Stewart and Milton Bennett, *American Cultural Patterns: A Cross-Cultural Perspective*, rev. ed. (Yarmouth, Maine: Intercultural Press, 1991), pp. 150-51.

hacia los próximos pasos. En el acto de contar historias, y responder el uno al otro, nos beneficiamos cuando adquirimos un vocabulario adecuado, destrezas para articular la forma en que experimentamos nuestra vida interior y capacidad para escuchar profundamente. A continuación, esta comunicación subjetiva se coloca junto con las conversaciones que incluyen la comunicación objetiva y la búsqueda de las normas sociales.

La simpatía y la empatía. La simpatía es una correspondencia de sentimientos, especialmente de dolor, entre personas que comparten un mundo de la vida de manera significativa. La simpatía es un eslabón en las relaciones que tienen alguna afinidad. Pero cuando esta proyección emocional va más allá de nuestro mundo de la vida, fácilmente se convierte en condescendencia, lo que es más parecido a la compasión. Así que la simpatía puede ser útil cuando las personas pueden asumir que una determinada situación va a crear una emoción específica. Pero si las personas son culturalmente más distantes, esos supuestos son a menudo inexactos, y la simpatía va a crear más distancia.

La empatía es más útil en las relaciones interculturales. La empatía requiere de la puesta entre paréntesis de nuestras propias percepciones y emociones en un esfuerzo por problematizar y entrar en el mundo del otro. El supuesto de la empatía es que las personas sienten de otra manera, que las experiencias y las percepciones varían. En el desarrollo de la capacidad comunicativa, los participantes pueden escucharse cada uno, poner entre paréntesis sus propias percepciones y emociones, tratar de ver las experiencias a través de los ojos y los sentimientos de los demás y, a continuación, comprobar esas percepciones en la conversación. En algunos contextos culturales este encuentro puede ser atendido por algunos de los estilos indirectos y no por un estilo directo que es más euroamericano. Puede ser más apropiado revisar nuestras respuestas empáticas con un tercero, para ver si nuestro entendimiento es cada vez mayor, y luego decidir lo que es apropiado para la comunicación directa.

El reverendo Frank Jackson, pastor afroamericano en Oakland, que había sido formado en una narrativa cultural en que la violencia indiscriminada, los sistemas jurídicos injustos y la economía opresiva habían sido realidades, observaba la cobertura televisiva del inicio de la violencia en Los

Ángeles (1992).[151] Policías fueron absueltos del delito cometido en la paliza a Rodney King, grabada en video. Mientras observaba los informes de la propagación del levantamiento en Los Ángeles, el pastor Jackson comenzó a llamar a pastores coreano-estadounidenses de Oakland. Ya había entablado estas relaciones a través de los años, así que sabía que los informes de la televisión crearían temor de que la violencia callejera pudiera destinarse a los ciudadanos y tiendas coreano-estadounidenses en Oakland. Estaba vinculado visceralmente a las frustraciones de los afroamericanos, y relacional y teológicamente estaba conectado con las iglesias de Corea. (Él había venido a la fe mientras se encontraba apostado como soldado del ejército en Corea.) En respuesta a sus llamadas telefónicas, en el lapso de un par de horas un grupo de pastores coreano-americanos y afroamericanos planeó una manifestación por el centro de Oakland. Reunieron a sus congregaciones para llevar a cabo un tiempo de adoración y oración con los medios de comunicación social presentes. Oakland no explotó en gran parte porque cualquiera que viera la televisión local observaba a un gran grupo multicultural de cristianos de Oakland siendo guiados en adoración y oración por parte de pastores coreano-americanos y afroamericanos.

El pastor Jackson se mudó de la simpatía a la empatía, y tal comunicación de empatía puede marcar la diferencia. Esta historia muestra los beneficios de la plena capacidad comunicativa planteada por Habermas, se produjo una historia de narración subjetiva, una base adecuada para ver la realidad de manera similar, y un sentido rápido de lo que debían hacer.

El poder. La comunicación se realiza en el contexto del poder: los poderes estructurales de las sociedades, el poder de las narrativas culturales significativas, el poder de las lealtades personales. La exposición de Habermas sobre la colonización proporciona un marco para que las iglesias puedan entender el poder. Las presiones de cualquier sociedad afectan las culturas y las comunidades. Las iglesias de Estados Unidos

---

151 El fallecido Rev. Frank Jackson era pastor de Faith Presbyterian Church en Oakland, California.

se han formado en el contexto de narrativas de la sociedad: la dominación euro-americana, el destino manifiesto, el nacionalismo, el racismo arraigado, el aumento de las modernas sociedades capitalistas, el éxito y el significado en gran parte definido en términos de consumo, junto con otros elementos de la modernidad tardía tales como el individualismo expresivo y el racionalismo funcional.[152] Algunos de estos rasgos se han hecho parte de las estructuras de las organizaciones eclesiales. Además, la interacción entre los pueblos está determinada por las dinámicas de poder del mundo de la vida.

Habermas señala que los participantes internalizan la colonización estructural e histórica. En otras palabras, la dominación social de los euro-estadounidenses, incluso mitigada por las narraciones posteriores, o las leyes, o las convicciones personales, aún están presentes *internamente*, dentro de los presupuestos, el lenguaje y las prácticas de la gente. Esto significa que la comunicación intercultural debe estar constantemente atenta a las barreras incrustadas: los supuestos acerca de la superioridad o inferioridad, los hábitos de los procedimientos y la imaginación acerca de lo que es bueno. Un ejemplo de ello es la espiral negativa que fácilmente se desarrolla entre los euroamericanos y las personas de otras culturas. La comunicación euro-americana está a menudo orientada a la resolución del problema, un enfoque que proviene de la racionalidad funcional y una orientación a la acción (como arreglar las cosas). Los no euroamericanos suelen llevar un sentido de sospecha basado en relatos y experiencias previas de opresión. Es así como una crítica por parte de un euroamericano provoca recelo en otros y la comunicación es insuficiente para el cambio necesario de los mundos de la vida que podrían hacer posible la acción comunicativa. Además, la comunicación euro-americana a menudo da prioridad a la persuasión, basada en datos precisos, que puede exhibir una falta de interés en asuntos relacionales, emocionales o contextuales. Cuando personas de culturas diferentes están trabajando juntas para formar una comunidad de fe, los estilos de poder de una cultura (basada en la dominación euro-estadounidense) y los estilos de poder de la otra (basada en las relaciones) pueden chocar fácilmente.

---

152 El destino manifiesto es una creencia teológica y socialmente fundamentada de que los Estados Unidos estaba «destinado» a incluir territorio desde el Océano Atlántico hasta el Océano Pacífico.

En una iglesia asiático-americana del medio oeste [de EE.UU.] que había sido previamente japonés-estadounidense, una japonesa-americana miembro de la junta propuso la creación de un nuevo fondo para promover el ministerio entre los niños y los jóvenes. Ella misma quería proveer los fondos, y especificó que el comité de jóvenes debía establecer una cuenta separada y tener facultades para decidir en cuanto a los gastos. Muchas iglesias japonesas-americanas forman diversos comités y grupos a fin de establecer y controlar las cuentas bancarias. Esta descentralización del control parece tener sus raíces en las experiencias de la internación en la que miles de japoneses-americanos perdieron el control de sus hogares, negocios e iglesias. En esta iglesia un hombre de negocios chino-americano había conducido, por una década, la reestructuración de las finanzas motivada por requisitos de regulación. Esta nueva propuesta creó tensión ya que los miembros de la junta estuvieron de acuerdo con los objetivos, y apreciaban la contribución ofrecida, pero la estructura propuesta era exactamente lo que habían pasado años corrigiendo. Cuando esta dificultad se mencionó, la mujer que había traído la propuesta se quejó de que la junta era dictatorial y no confiaba en los otros miembros de la iglesia. Los intentos por crear soluciones alternativas fueron rechazados; cualquier idea que no fuera la propuesta original levantaba la sospecha de un abuso de poder. Se trajeron a la memoria además historias acerca de quejas anteriores, tales como un incidente en que un fondo memorial de un pariente no había sido administrado satisfactoriamente.

Esta historia muestra numerosos niveles de narrativas, y cada historia llevaba ciertos entendimientos sobre el poder. Los japoneses-americanos, al igual que otros grupos minoritarios, tuvieron pocas instituciones dentro de su propio control, por lo que una iglesia étnica puede ser un lugar único para mantener normas culturales que se protegen de la sociedad. A veces las normas de la sociedad (o de las estructuras denominacionales) se evitan, hasta que la iglesia experimenta un cierto nivel de diversidad étnica. En este caso la dispersión de control sobre los fondos, las conexiones entre los individuos y la gestión organizativa, así como una comprensión compartida en cuanto a las agendas y las prioridades, son importantes. Cuando las iglesias son cada vez más multiculturales, las estructuras deben cambiar, pero, como se explicará más adelante en el capítulo diez, a menudo no hay respuestas técnicas obvias. Sin embargo, un énfasis en la capacidad comunicativa, utilizando los tres mundos de Habermas, es esencial, no importa lo que las reglas de la organización deban ser. Si el objetivo más generalizado es el de dar forma a un iglesia a fin de que discierna y participe en las iniciativas divinas, entonces tenemos que poner atención al papel que juega el poder al conversar sobre nuestros mundos objetivos, subjetivos y sociales.

Contexto relacional. En gran parte de la comunicación euro-americana, el contexto rara vez es una consideración importante. La comunicación se centra en un tema, asuntos preliminares se evitan o se hacen breves, la conversación es lineal y hay poca paciencia para las digresiones. En las culturas latinas y del Medio Oriente, la conversación comienza con preguntas acerca de la familia u otros asuntos personales. Se da tiempo para los rituales de saludo y consultas generales. Esta comunicación relacionada al contexto social proporciona indicaciones sobre los estados mentales, las redes sociales, las motivaciones y las posibles opciones creativas. Tales asuntos contextuales luego dan forma al resto de la conversación. Para los euroamericanos las conversaciones son orientadas a la acción o genéricamente relacionales, pero estas formas no tienden a mezclarse.

Yo (Juan) soy parte de una nueva red de pastores afroamericanos y latinos en la gran Los Ángeles, que se han unido para ocuparnos de inquietudes comunes de nuestras comunidades (violencia de pandillas, injusticia económica y la reforma a las leyes de migración). Ha habido varios intentos de entablar este tipo de relaciones en el pasado. A corto plazo se han establecido relaciones para responder a crisis específicas, pero una vez que pasa la urgencia, los esfuerzos se desaparecen. Así que decidimos que teníamos que abordar este esfuerzo de manera diferente. Nos reunimos para comer en iglesias y restaurantes, en pequeños grupos y grandes grupos. Mientras nos tomamos el tiempo para comer, leer la Biblia y orar juntos, hemos sido capaces de comenzar a abordar nuestras preocupaciones comunes. A medida que contamos nuestras historias y compartimos nuestra manera de entender las Escrituras, nos vamos conociendo los unos a los otros y hemos comenzado a entablar relaciones a largo plazo que necesitamos para seguir adelante.

Estudio Bíblico: Lucas 10:25-37 - Un abogado cuestiona a Jesús

[25] En esto se presentó un experto en la ley y, para poner a prueba a Jesús, le hizo esta pregunta:

—Maestro, ¿qué tengo que hacer para heredar la vida eterna?

[26] Jesús replicó:

—¿Qué está escrito en la ley? ¿Cómo la interpretas tú?

[27] Como respuesta el hombre citó:

—"Ama al Señor tu Dios con todo tu corazón, con todo tu ser, con todas tus fuerzas y con toda tu mente", y: "Ama a tu prójimo como a ti mismo".

[28] —Bien contestado —le dijo Jesús—. Haz eso y vivirás. [29] Pero él quería justificarse, así que le preguntó a Jesús:

—¿Y quién es mi prójimo?

[30] Jesús respondió:

—Bajaba un hombre de Jerusalén a Jericó, y cayó en manos de unos ladrones. Le quitaron la ropa, lo golpearon y se fueron, dejándolo medio muerto.[31] Resulta que viajaba por el mismo camino un sacerdote quien, al verlo, se desvió y siguió de largo.[32] Así también llegó a aquel lugar un levita, y al verlo, se desvió y siguió de largo.[33] Pero un samaritano que iba de viaje llegó adonde estaba el hombre y, viéndolo, se compadeció de él.[34] Se acercó, le curó las heridas con vino y aceite, y se las vendó. Luego lo montó sobre su propia cabalgadura, lo llevó a un alojamiento y lo cuidó.[35] Al día siguiente, sacó dos monedas de plata y se las dio al dueño del alojamiento. "Cuídemelo —le dijo—, y lo que gaste usted de más, se lo pagaré cuando yo vuelva".[36] ¿Cuál de estos tres piensas que demostró ser el prójimo del que cayó en manos de los ladrones?

[37] —El que se compadeció de él —contestó el experto en la ley.

—Anda entonces y haz tú lo mismo —concluyó Jesús.

La vida y las enseñanzas de Jesús crearon diferentes respuestas entre los que oían hablar de él. En esta situación, un abogado inicia una conversación en la que el asunto (que conecta la justificación personal con la responsabilidad social) presenta material para las tres esferas del modelo de acción comunicativa de Habermas.

1. Empiece por mencionar los detalles que se relacionan con la efectividad de la comunicación en el pasaje. ¿Cuál fue el propósito original de la conversación? ¿Qué sabemos acerca de las posiciones sociales y las carreras profesionales? ¿Cómo cambia el objetivo del abogado a principios de la conversación? ¿Cuál es el contexto geográfico, y qué acontecimientos históricos hicieron que eso fuera importante?
2. Hay un movimiento en la conversación entre los tres mundos de Habermas (subjetivo, objetivo, social). Conversen sobre cómo asignarían los versículos a los tres tipos de comunicación.
3. Jesús introduce un asunto de realidad objetiva (las barreras de la predisposición cultural) que cambiará la comunicación con relación a los mundos subjetivos y sociales. Analice de qué manera esto abre la posibilidad para que haya «competencia comunicativa».
4. Jesús contó una parábola para cambiar la conversación. ¿Qué papel juega esto en la búsqueda general de buena comunicación?

Las iglesias que buscan crear vida intercultural tendrán que sacar a la superficie estos asuntos estilísticos. La mayoría de las situaciones se beneficiarían si se diera tiempo a la comunicación social y personal, que a menudo se pueden incorporar a los tiempos de comida y de oración. Las iglesias, como comunidades de relaciones primarias, deben ser contextos para las complejidades de la comunicación de muchos niveles. Este enfoque integral también valoraría la claridad e incluso la precisión cuando la comunicación se refiere a la cooperación social. Todas las culturas tienen tendencias a hacer suposiciones acerca de acuerdos, tales como los resultados de alguna conversación. Si la comunicación intercultural va a prosperar, los participantes aprenderán a determinar la claridad suficiente al mismo tiempo que respetan los valores y el aprendizaje de la conversación social, contextual.

Un marco, observado especialmente en los capítulos seis y siete, tiene que ver con el individualismo versus el colectivismo. Algunas culturas se centran principalmente en los beneficios, los derechos, las opciones, el status y las opciones de la persona. Otras culturas ponen más atención a la identidad del grupo, su bienestar, sinergia y sus oportunidades. Estas diferencias son fundamentales en la comunicación ya que dan forma a prioridades que tienen que ver con la información que importa, la manera como se abordan los roles y cuáles expectativas son apropiadas. Un grupo puede estar atento a la vergüenza o el honor de un miembro y, como grupo, tiende a comunicarse en formas que protejan a cada persona, porque el grupo se «identifica» con cada individuo. O, por el contrario, un grupo puede dar prioridad a la identificación de acciones que indican la culpa o logro individual y puede hacer esto con poca atención a la forma en que afecta a los individuos. Hay fortalezas y desafíos en los dos estilos; quien oriente las conversaciones de un grupo tiene que estar atento a la manera como estas variables afectan la comunicación. ¿Cómo pueden ser útiles los marcos objetivos, subjetivos y sociales para la comunicación intercultural? ¿Puede percibir lo que está sucediendo durante la conversación en estas tres esferas? ¿Qué preguntas o procedimientos o ejercicios pueden profundizar la suficiencia e integridad de estas facetas de la comunicación? Intente dibujar tres círculos en un tablero, explicando estos tipos de comunicación, y pida a los participantes que clasifiquen los elementos de su conversación. Tome en cuenta que diferentes culturas se sentirán más «en casa» en una de las esferas, y la mayoría tendrá de inmediato algún sentido de «deber» cultural (ajustándose así a la esfera social de Habermas), que tendrá que ser traducido a través de los otros dos marcos antes de que todo el grupo pueda dar forma a una nueva orientación para todos. Los líderes necesitan desarrollar sus propias prácticas comunicativas, así como los hábitos de la iglesia.

PRÁCTICAS DE ATENCIÓN

Cada variable cultural que hemos señalado en capítulos anteriores afectará la comunicación intercultural. A lo largo del libro, especialmente de los capítulos cuatro al ocho, hemos trabajado para fomentar la atención hacia factores que contribuyen al cruce de fronteras y la vida intercultural. Muchos de estos elementos se pueden enumerar como posibles barreras para la comunicación adecuada y eficaz. La tabla 9.3 proporciona una lista parcial.[153]

La labor de los líderes, de dar forma a la comunicación intercultural en las comunidades de fe, es compleja y multifacética. El objetivo es la atención: a Dios, a la congregación, a uno mismo, a las culturas, al poder, a las consecuencias. Los siguientes temas proporcionan una lista sugestiva que, aunque no sea exhaustiva, enfoca en algunas áreas críticas.

Uno mismo. ¿Cuáles son los patrones culturales que usted aporta a la conversación? Si usted fuera capaz de verse a sí mismo desde un balcón, escuchando la comunicación, ¿qué observaría en cuanto a sí mismo y sus interacciones? ¿Puede entender cómo comunica el respeto o la falta de respeto? ¿Puede identificar sus hipótesis, tal como se explica en los capítulos cuatro a ocho, particularmente las que se diferencian de los demás? ¿De qué manera trabaja con los supuestos incorporados acerca de la superioridad y la inferioridad? ¿Qué se necesita problematizar a fin de cultivar una mejor comunicación? El trabajo de auto-reflexión crítica requiere compromiso, aprendizaje constante y el valor para experimentar.

La empatía. ¿Cómo puede usted fomentar su propia empatía para con otros? ¿Qué puede hacer usted para fomentar la empatía entre otros participantes? Si bien las historias personales y del grupo son necesarias para construir la confianza, también pueden (por desgracia) convertirse en una colección de historias de duelo («Yo también resulté herido») que en realidad conducen a una interioridad que limita la empatía. Las narraciones bíblicas, leídas al lado de nuestras propias historias, pueden romper los patrones si podemos ver la manera como Dios obra para desarrollar un amor responsable, incluso cuando hay un desacuerdo entre los grupos con respecto a la forma de calcular las deudas.

---

153 LaRay Barna proporciona una lista parecida y útil en «Stumbling Blocks in Intercultural Communication», en *Intercultural Communication*, ed. Larry Samovar and Richard Porter, 8th ed. (Belmont, Calif.: Wadsworth, 1997), pp. 370-79. Véase también: Richard Brislin and Tomoko Yoshida, eds., *Improving Intercultural Interactions: Modules for Cross-Cultural Training Programs* (Thousand Oaks, Calif.: Sage, 1994).

Tabla 9.3 Barreras en la comunicación intercultural

Supuestas diferencias y similitudes
Idiomas que son similares pero diferentes
Insuficiente atención a la traducción en las conversaciones multilingües
Gestos incomprendidos
Falta de reflexión en cuanto a la propia cultura
Individualismo o colectivismo irreflexivo
Diferencias en cuanto a poder
Suposiciones acerca de la superioridad y la inferioridad
Ambiente afectivo defensivo u ofensivo
Diferentes cosmovisiones
Diferentes estilos cognitivos
Supuestos en cuanto a los roles y la autoridad
Valores y metas sin examinar o desarticulados
Efectos y abuso de poder no examinados
Falta de empatía

Cognición. ¿Qué revela la conversación con relación a los diversos estilos cognitivos? ¿De qué manera puede identificar los beneficios de las diferencias («Juan, yo escucho que te importa...».)? ¿Cuándo es útil indicar las diferencias («Los dos traen importantes prioridades, así que tenemos que aprender de lo que ustedes ven y descifrar cuál es el camino a seguir».)? La tabla de estilos cognitivos que aparece en el capítulo ocho puede ayudarle a identificar las variables e incrementar las aptitudes de comunicación del grupo.

Poder. ¿Cómo opera el poder en su entorno? ¿Qué relatos —sociales, culturales, personales— han afectado la interacción? ¿Quién está haciendo qué tipo de supuestos? ¿Cómo se toman las decisiones? ¿Qué papel juegan las estructuras organizativas? ¿De qué manera el lenguaje revela la dinámica de poder? El poder puede ser abierto o encubierto; puede venir en la forma de una de las culturas o en los hábitos de la sociedad en general (como se señala en la explicación de Habermas en cuanto a la «colonización internalizada»). Usted también trabaja en medio del poder del Espíritu de Dios y el poder de la historia bíblica, por eso, una tarea básica del grupo consiste en discernir y participar en lo que Dios está iniciando.

Comunidad. Sobre la base de nuestras discusiones anteriores acerca de la iglesia como comunidad básica, ¿cómo podría discernir las ventajas y los retos que cada cultura trae a su comunicación? ¿Cómo puede usted problematizar experiencias y conceptos específicos para que la comunidad pueda aprender a relativizar las normas culturales en favor de una vida más generativa juntos? ¿Cuáles de las prácticas que las diversas culturas llevan a la interacción pueden servir a todos? A lo mejor haya gente alrededor suyo que pueda ofrecer explicaciones culturales o que pueda tender puentes de confianza y de cooperación.

Gratitud. ¿Cómo pueden las preguntas y las conversaciones hacer emerger las características más valiosas y generativas de grupos e individuos? ¿Qué narrativas, características y compromisos están disponibles para la fidelidad cristiana y la vida intercultural? Los líderes interpretativos pueden ayudar a formar preguntas sobre culturas específicas o experiencias interculturales, para que una iglesia se entere de la iniciativa de Dios y la fidelidad humana. Por ejemplo, los participantes pueden trabajar con estas preguntas: ¿Cuáles han sido sus experiencias más alentadoras en las relaciones interculturales? ¿Cómo le han ayudado las personas de otras culturas a aprender acerca de la fe y de la vida cristiana? ¿Cuáles cree usted que son algunas de las características importantes de su cultura que pueden ayudar a fomentar la vida intercultural? La gratitud no es solo una actitud, más bien es una práctica que encauza las acciones de una iglesia al identificar y recibir la gracia de Dios; es necesaria si vamos a obtener el conocimiento que necesitamos. Este tipo de cuestionamiento y proceso para trabajar con los descubrimientos resultantes y las perspectivas se denomina «indagación apreciativa» [o diálogo apreciativo].[154]

---

154 Véase Mark Lau Branson, *Memories, Hopes, and Conversations: Appreciative Inquiry and Congregational Change* (Herndon, Va.: Alban, 2004); y Mark Lau Branson, «Gratitude as Access to Meaning», en *The Three Tasks of Leadership,* ed. Eric Jacobsen (Grand Rapids: Eerdmans, 2009) pp. 148-59.

En el Cine

¿Qué diferencias resaltan en los mundos objetivos, subjetivos y sociales de estos relatos? ¿En qué momento las nociones preconscientes salen a la superficie, y cuándo se quedan enterradas?

Dances with Wolves (1990). El teniente John Dunbar, enviado a un puesto remoto durante la Guerra Civil, se hace amigo de los lobos y de los indios Sioux, y poco a poco se despoja de sus costumbres de «hombre blanco», él es puesto a prueba cuando el ejército avanza en las llanuras y sobre quienes se han convertido en su familia.

Born in East LA (1987). Un mexicano-americano atrapado en una redada de inmigración es deportado erróneamente como inmigrante ilegal, y no hay forma de probar que él es un ciudadano americano, entonces se ve obligado a regresar a casa a hurtadillas.

LIDERAR EL CAMBIO

MARK LAU BRANSON

La Iglesia de la Calle Segunda, históricamente euro-ameri-
cana, había visto cómo su barrio y gran parte de la ciudad
se volvía cada vez más latino. Su asistencia el domingo por
la mañana cayó por debajo de ochenta personas, y su pastor
los preparó para su retiro. Él a menudo predicaba sobre la
manera como Dios lleva su pueblo a través de cambios, y
les animó a contratar a un nuevo pastor con experiencia en
comunidades latinas. Hizo hincapié en la base teológica de
la diversidad étnica y el encuentro con su contexto de nue-
vas maneras. Varios meses más tarde llamaron a Ramón, un
mexicano-americano de tercera generación, que había sido
pastor asistente en una iglesia latina en otra parte del estado.
Esa iglesia había acogido unas cuantas familias birraciales,
y Ramón expresó un fuerte compromiso hacia la diversidad.

Cuando se les pide, los pastores pueden crear listas muy largas de las actividades que esperan hacer: predicar, enseñar, aconsejar, evange-lizar, oficiar, dirigir la adoración, dirigir las reuniones, prestar supervi-sión administrativa, inspirar fe, visitar hogares y hospitales, y participar en la comunidad. Las expectativas de los miembros de una iglesia y su junta podrían ser claras y explícitas, pero por lo general hay expectati-vas sin mencionar que tienen sus raíces en la historia de la iglesia y sus preferencias. El liderazgo, al igual que otros temas, debe ser estudiado como un elemento de nuestro contexto —el contexto social, así como los contextos culturales y locales—. La modernidad formó expectati-vas en cuanto al liderazgo en los Estados Unidos. La teoría moderna de la administración a menudo se centra en las responsabilidades del líder que tienen que ver con predicar, ejercer mando y control, lo que conduce a la adopción de una planificación estratégica. El consumismo, como se incorporó en las iglesias, llevó al marco de comercialización con términos como *sensible al buscador*, y la iglesia es sencillamente una organización más que comercializa bienes y servicios.[155] El propio entendimiento de la iglesia como una organización de voluntarios hace hincapié en que las obligaciones se reducen al mínimo y los miembros son «agentes libres». Teniendo en cuenta estas influencias culturales, ¿qué tipo de liderazgo se necesita para ayudar a formar iglesias en medio de importantes cambios culturales y de diversidad étnica?

Durante los primeros meses de su trabajo en la Iglesia de la Calle Segunda, Ramón se concentró en conversaciones con las personas y las familias, en los cafés o en su casa con Lisa (su esposa). Cuando Ramón y Lisa (suavemente) informaron que aceptarían invitaciones a los hogares de los miembros, experimentaron un incremento lento de tales invitaciones. En todas estas conversaciones ellos pedían que se contaran historias acerca de los antepasados y las migraciones, los matrimonios y las familias, vecinos y barrios, el trabajo y la escuela. También preguntaban por los altibajos de la historia de la iglesia, además de las idas y venidas de los miembros y los pastores. Estas conversaciones se estaban llevando a cabo en medio de las actividades regulares de la iglesia y Ramón comentaba sobre los dones que observaba y el compromiso que veía entre los miembros y los líderes.

La labor de los líderes

- Dar prioridad a las conversaciones.
- Utilizar una variedad de lugares.
- Fomentar las oportunidades de estar en las casas.
- Preguntar acerca de historias personales y familiares.
- Preguntar acerca de historias de la iglesia.
- Identificar y mencionar las fortalezas y los dones de la iglesia.

---

155 George Hunsburger, *The Church Between Gospel and Culture*, ed. George Hunsburger and Craig Van Gelder (Grand Rapids: Eerdmans, 1996), p. 337.

En este capítulo se utilizan numerosos episodios de la historia de la Iglesia de la Calle Segunda y Ramón, su nuevo pastor.[156] Después de varios de los episodios de la historia, unas cuantas prácticas de liderazgo claves se anotarán en listas («La labor de los líderes»). Se explicarán importantes materiales teóricos a lo largo del capítulo.

A partir de estas conversaciones, Ramón estuvo enterándose de los cambios que habían afectado a la iglesia y a sus miembros. Esta iglesia había tenido un papel importante en la comunidad durante los cien años de su vida; sus miembros habían sido líderes en el gobierno, en escuelas y negocios. Sus hijos habían asistido a las escuelas locales; la iglesia había sido el centro de eventos de la comunidad. Luego, más recientemente, muchos niños de familias de la iglesia se habían trasladado a otro lugar con sus respectivas familias. Los cambios demográficos significaban que las escuelas y la vida cívica ya no eran familiares, y los miembros sentían que tenían un testimonio reducido en la comunidad. Entonces, con mucha oración, comenzaron a pensar más seriamente en dar pasos para ser una iglesia racialmente inclusiva. Eso los llevó a llamar a Ramón como su pastor.

La labor de los líderes

- Prestar atención a las relaciones cambiantes entre la iglesia y su contexto.
- Tomar en cuenta las tendencias de las generaciones, la demografía y la vida cívica.
- Enterarse de la manera como la iglesia aprende y lo que influye en su imaginación.

---

156 Esta secuencia de historias es una recopilación de las numerosas experiencias que hemos tenido e investigaciones que hemos hecho. Nuestra intención no es ofrecer un modelo digno de imitación; el enfoque de liderazgo que abogamos específicamente se opone a la importación de las respuestas de otros lugares. Cada iglesia tiene el trabajo de discernir su propia vocación. En este capítulo, cuando se vincula con los otros capítulos, proporciona un procedimiento para ese discernimiento y compromiso. Para los marcos y las habilidades relativas a la transformación de la iglesia en medio de un entorno cambiante, véase Alan Roxburgh, *Misional MapMaking* (San Francisco: Jossey-Bass, 2010).

Este capítulo se basa en la tríada de liderazgo que se introdujo en el capítulo uno. Vamos a ofrecer una secuencia de fases o etapas que son importantes para aquellos que quieren llevar una iglesia por una transformación significativa. A lo largo de este capítulo, asumimos los marcos específicos y las perspectivas de los capítulos anteriores. Este proceso no se trata de expertos que nos dicen la verdad y resuelven nuestros problemas, se trata de líderes que dan forma a un ambiente y proporcionan recursos para que un liderazgo plural se convierta en normativa.

LA TRÍADA DE LIDERAZGO

La tríada de liderazgo, como se explica en el capítulo uno, incluye los ámbitos de la labor interpretativa, relacional e implemental. El liderazgo interpretativo va moldeando a un equipo de liderazgo, y a toda una congregación, para prestar atención e interpretar los textos y contextos, todos al servicio de prestar atención y ser receptivos a la iniciativa de Dios. El liderazgo relacional se centra en los vínculos humanos y la sinergia buscando una encarnación de la reconciliación y el amor del evangelio. El liderazgo implemental, guía, reforma e inicia actividades y estructuras para que la iglesia articule el evangelio.

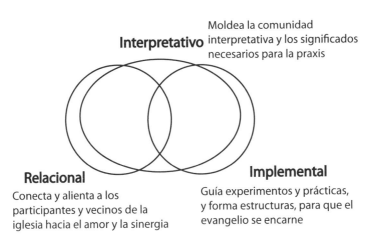

Figura 10.1 Tríada de liderazgo.

Liderazgo interpretativo. El *liderazgo interpretativo* tiene que ver con entender y desarrollar significados. ¿Qué significa ser una iglesia? ¿Cómo nos ayudan los pormenores de nuestra herencia teológica a escuchar a Dios y participar en la misión de Dios para nuestro contexto? ¿Qué es lo que necesitamos saber acerca de este contexto? ¿Qué narrativas e información nos ayudarán a conocer a nuestros vecinos, a nosotros mismos y al movimiento del Espíritu? Un líder interpretativo forma «una comunidad de intérpretes» que descubre lo que necesita saber en medio de estudio y ministerio. El ciclo de la praxis del capítulo uno enumeró varios recursos importantes para la labor interpretativa.

Ramón ya sabía que la demografía racial de la ciudad había cambiado significativamente durante los últimos treinta años, pero no tenía detalles. Habló con algunos miembros acerca de las primeras familias, visitó la biblioteca municipal buscando la historia de la región, y se reunió con un par de pastores latinos locales. Siempre que fue posible le pidió por lo menos a un líder de la iglesia acompañarlo en estas visitas. Helen, una maestra jubilada que estaba en la junta de la iglesia, sugirió que un par de adolescentes podrían estar interesados en obtener las estadísticas del sistema escolar, por lo que Ramón les pidió que compraran algo de pizza y se reunieran con los adolescentes para hablar sobre la investigación.

La labor de los líderes

- Buscar numerosas fuentes de información en cuanto al contexto.
- Aprender de otras iglesias y sus líderes.
- Pedir a los líderes y miembros que lo acompañen en la investigación.

En los sermones y estudios bíblicos Ramón pedía a los participantes discernir lo que Dios estaba haciendo en el pasaje de la Biblia y reflexionar en cuanto a la manera como les daba pistas para su propia vida eclesial y comunitaria. Un estudio bíblico dominical matutino, que solía atraer a un puñado de veteranos, atraía ahora la mayor parte de los miembros de la junta. Ramón decidió centrarse en Hechos 6:1-7, que es un pasaje acerca de la manera como la iglesia primitiva enfrentó inquietudes en cuanto a prioridades y liderazgo en un ambiente transcultural. Después de leer el texto, Ramón pidió a todos que leyeran el mismo pasaje en silencio, prestando especial atención a cómo el pasaje trataba las cuestiones culturales. Este enfoque les dio a todos tiempo para pensar y reflexionar más, antes de que comenzara la conversación. Después de unos minutos de silencio, Ramón dijo: «La iglesia primitiva fue formada en medio de la obra del Espíritu Santo para cruzar las viejas fronteras culturales. La historia de Pentecostés en Hechos 2 hace hincapié en la gracia del Espíritu para los helenistas, judíos cuyas raíces estaban en las naciones de todo el Imperio Romano. ¿Qué nos dice esta historia de Hechos 6 sobre lo que estaban aprendiendo?». Los miembros de la clase pasaron una hora haciendo preguntas y observaciones acerca de la historia. Hicieron conexiones entre las enseñanzas de Jesús y el dinero, las responsabilidades de los líderes, la manera como las personas marginadas deciden expresar sus inquietudes y la forma en que se tomaron las decisiones. Continuaron trabajando con el mismo pasaje las siguientes semanas. Hicieron observaciones en cuanto al texto: las actividades de cruce de fronteras afectaron a toda la comunidad, los nuevos líderes no se quedaron con sus descripciones originales de trabajo, y algunas conductas parecían producir más conversiones. (Volveremos a este paso más adelante en este capítulo.)

La labor de los líderes

- Entrelazar las historias de la Biblia con la historia de la iglesia y la comunidad.
- Darles a los participantes tiempo para hacer observaciones y conexiones.

En el ciclo de la teología práctica del capítulo uno, el liderazgo interpretativo se mueve del trabajo descriptivo en el paso 1 a la investigación y construcción de significado en los pasos 2, 3 y 4. Esto incluye el trabajo de análisis de recursos socioculturales, el estudio de las Escrituras, y recordar historias personales y congregacionales.

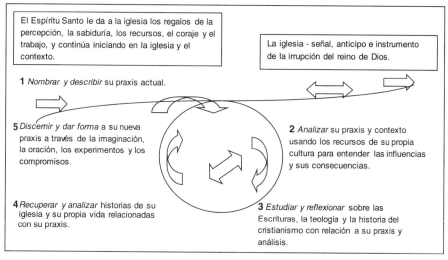

Figura 10.2. Pasos de la teología práctica

El liderazgo interpretativo requiere que los líderes adquieran destrezas para observar e interpretar la vida actual de la iglesia, sus actividades, sus relaciones, e incluso su imaginación. Este trabajo, al igual que todas las actividades de interpretación y todo el ciclo de la teología práctica, tiene el objetivo de formar a una iglesia que discierne las iniciativas de Dios con ellos y su contexto, y luego entra con mayor fidelidad en esa misión. Esta atención a la observación y el análisis de la vida actual de la iglesia es lo que Ronald Heifetz llama la «perspectiva del balcón». Heifetz y su colega Marty Linsky, ambos de Kennedy School of Government de la Universidad de Harvard, escriben:

> El logro de una perspectiva de balcón significa salirse usted mismo de la danza, en su mente, aunque solo sea por un momento. La única manera en que usted puede ganar tanto una visión más clara de la realidad como algo de perspectiva del cuadro más grande, es distanciándose usted mismo del combate. De lo contrario, es probable que usted adquiera una percepción errónea de la situación y haga un

diagnóstico equivocado, que le conduce a la decisión equivocada acerca de dónde y cómo intervenir.[157]

Mediante el desarrollo de hábitos de «balcón», los líderes de la iglesia pueden llegar a estar más atentos y ser más perceptivos. El liderazgo interpretativo tiene que ver con «dar sentido», y ello está siempre basado en la realidad en contexto. A medida que se forman la conciencia y las capacidades de una iglesia, los participantes realmente construyen un mundo social. Estamos tomando prestado este marco de lo que se denomina «construcción social», que afirma que «la conducta humana debe entenderse tomando el punto de vista de aquellos que la experimentan, porque ellos son los que dan sentido a esa experiencia, a medida que se lleva a cabo en un contexto preciso».[158] Nuestras ideas acerca de la iglesia, el evangelio, el liderazgo y la misión son construidas por un grupo de personas (tales como una iglesia) que viven y trabajan juntas como una comunidad de praxis.

En todas las conversaciones, durante las reuniones y el culto, en contextos casuales y formales, los pastores necesitan observar e interpretar lo que está sucediendo. También deben tratar de formar la capacidad interpretativa de un grupo de líderes y de toda la iglesia. Este trabajo de balcón también les obliga a tener muy en cuenta las respuestas y las reacciones, es decir, no ser demasiado sensibles, sino más bien discernir la manera como están interactuando las personas, los temas de conversación y los elementos de la organización.

Con el fin de incrementar el número de personas involucradas en las conversaciones de formación, Ramón convocó un grupo de «indagación apreciativa» conformado por seis miembros actuales y anteriores de la junta. Ellos escribieron varias preguntas con el fin de aprender acerca de las características y experiencias de la iglesia que eran más vivificantes:

---

157 Ronald Heifetz and Marty Linsky, *Leadership on the Line* (Boston: Harvard Business School, 2002), p. 53. Recomendamos este libro para los líderes de la iglesia.

158 Sonia Ospina and Ellen Schall, «Perspectives on Leadership», *Leadership for a Changing World*, September 2001 <www.leadershipforchange.org/insights/conversation/files/perspectives. php3>. Las autoras hacen referencia al trabajo de Wilfred Drath y Charles Paulis, *Making Common Sense: Leadership as Meaning-Making in a Community of Practice* (Greensboro, N.C.: Center for Creative Leadership, 1994).

(1) En todas sus experiencias vividas en la Iglesia de la Calle Segunda, ¿en qué momento se dedicaron más y se sintieron más animados? ¿Qué personas o eventos dieron forma a esa experiencia? (2) En cuanto a nuestra comunidad, cuando estamos en nuestro mejor momento, ¿cómo nos relacionamos unos con otros? ¿Cómo se han cuidado los miembros entre sí, o han trabajado bien juntos? (3) En cuanto a nuestras relaciones con los demás, ¿cuáles han sido las mejores experiencias al conectarnos con los que nos rodean, en nuestro barrio y nuestra ciudad? Cuando estamos en nuestro mejor momento, ¿cómo hemos vivido y expresado el evangelio a los que nos rodean? (4) Considere las relaciones que haya tenido con personas de otras culturas. ¿Qué experiencias han sido las más participativas, iluminadoras y motivadoras? (5) Al reflexionar sobre la diversidad cultural en nuestra iglesia y barrio, ¿qué tres deseos tiene para nosotros y la manera en que vivimos, trabajamos juntos y alcanzamos a nuestros barrios?

El grupo de indagación apreciativa (IA) pasó una tarde entrevistándose en parejas y luego informaron al pleno lo que habían escuchado el uno del otro. Después se creó una lista de personas que tratarían de entrevistar durante el próximo mes. A medida que las entrevistas avanzaban, escuchaban de los efectos de sus conversaciones porque estas historias se extendían más allá de las conversaciones que iniciaron. Ramón le pidió a este equipo seguir trabajando juntos. Él les dio más herramientas para escribir sobre lo que estaban aprendiendo, y les ayudó a reunir algunos otros grupos que estaban compuestos por personas que habían expresado intereses similares en sus respuestas. Luego los orientó en un proceso de ayudar a un par de estos grupos para crear experimentos que se construyeron basados en las historias y los deseos que habían compartido.

La labor de los líderes

- Hacer preguntas que provoquen las historias y los rasgos más vivificantes de la iglesia.
- Facilitar formación y oportunidades que incrementen el valor de las conversaciones.
- Pasar de las conversaciones a los experimentos en pequeña escala, desarrollados por los participantes.

Cuando las iglesias se encuentran en medio de transiciones importantes, a menudo acompañadas por la ansiedad, es importante descubrir cómo Dios ya ha provisto historias y rasgos que pueden consolidar la transformación. Debido a que la ansiedad suele llamar la atención a los problemas y las deficiencias de la organización, los líderes deben prestar una atención única y constante a los recursos que ya están presentes por la gracia de Dios. La investigación apreciativa es un proceso poderoso y motivador para involucrar a un mayor número de participantes en las conversaciones, los ejercicios de interpretación y los experimentos.[159]

Todo este trabajo de interpretación necesita de la sensibilidad y las capacidades analizadas en los capítulos anteriores con relación a las variables culturales. Las historias que contamos, y las interpretaciones que tenemos, han sido modeladas por nuestras culturas. Sin embargo, como hemos sido creados con la capacidad de escuchar y aprender, podemos hacer que cambien nuestros propios horizontes interpretativos en medio del ciclo de la praxis.

Liderazgo relacional. Ramón se enteró por Helen que el director de la escuela era latino. Frank, otro miembro de la junta de la iglesia, y un hombre de negocios jubilado, era propietario de un estacionamiento de autos que se utilizaba para un mercado agrícola semanal. A lo largo de su primer año, Ramón se mantuvo entablando relaciones, aprendiendo acerca de las conexiones, solicitando historias durante y después de las reuniones de la iglesia, provocando conversaciones que

---

159 Véase: Mark Lau Branson, *Memories, Hopes, and Conversations: Appreciative Inquiry and Congregational Change* (Herndon, Va.: Alban, 2004). Este libro presenta un estudio de caso extendido en una iglesia japonesa-americana que se encontraba en transición hacia una mayor diversidad étnica. Véase también: Mark Lau Branson, «Gratitude as Access to Meaning», en *The Three Tasks of Leadership*, ed. Eric Jacobsen (Grand Rapids: Eerdmans, 2009), pp. 148-59. Recursos adicionales en cuanto a investigación apreciativa están disponibles en: <http://appreciativeinquiry.case.edu/>.

conectaban la Biblia con la vida de las personas, y creando diversos grupos de miembros y vecinos para que conversaran. Debido a que la iglesia no había incluido previamente a personas que no podían hablar inglés, Ramón personalmente facilitó la traducción entre hablantes de inglés y español, o arreglaba para que otros pudieran traducir.

La labor de los líderes

- Prestar atención a las conexiones relacionales.
- Observar las conexiones de la comunidad.
- Entablar nuevas relaciones y fomentar las redes existentes.

El liderazgo relacional tiene que ver con todas las conexiones humanas: las familias y amigos, grupos y redes. En el capítulo seis señalamos que las relaciones en la cultura de EE.UU. han sido formadas de maneras que son diferentes a muchas otras culturas. Hay dos influencias principales en la forma en que la cultura mayoritaria entiende las relaciones, las dos integradas en la modernidad: la racionalidad instrumental y el individualismo expresivo. La racionalidad instrumental, derivada del racionalismo científico, se centra en la causalidad e influye en la búsqueda de recursos y seguridad de una sociedad. El individualismo expresivo tiene sus raíces en el Romanticismo, que buscaba restaurar los elementos de las emociones humanas, la sensualidad y la relacionalidad, al racionalismo iluminado, pero a veces ha resultado más bien en un entendimiento débil sobre los vínculos de los seres humanos. La atención a los relatos bíblicos, e instrucciones sobre las relaciones, pueden traer recursos ricos y generadores a una comunidad de fe con relación a nuestras propias relaciones. ¿Qué estaba pensando Jesús cuando creó el grupo de los doce que incluía un recaudador de impuestos, que confabulaba con los de Roma, y zelotes, que simpatizaban con los que promovían un levantamiento militante? ¿Cómo interviene el Espíritu en Antioquía para crear una nueva comunidad entre personas que previamente no se habrían adaptado unas a otras (Hechos 11, 13)? ¿Qué sucede cuando el evangelio redefine la relación que existe entre un terrateniente cristiano y su esclavo fugitivo (Filemón)? La confianza se construye cuando nos escuchamos el uno al otro. La innovación se produce cuando las relaciones son tejidas con modelos nuevos.

Ramón le pidió a Helen que consiguiera una cita para ambos con el director de la escuela. Cuando se reunieron, Ramón quiso saber de qué manera las iglesias estaban apoyando la escuela y qué oportunidades podía imaginar el director. Ramón se enteró de algunos temas candentes con relación al racismo que afectaban a las escuelas, incluyendo los retos que enfrentaba con la inmigración (documentados e indocumentados). Esto llevó a Ramón y a Helen a conocer a otros voluntarios durante el siguiente año, pastores y jóvenes que compartían su preocupación por los niños en la escuela. Cuando Ramón habló acerca de estas personas y actividades en un sermón (sobre la carta de Jeremías acerca de buscar el shalom de la ciudad [Jer 29]), varios miembros se acercaron a Helen para preguntar cómo podían ayudar. Descubrieron nuevas conexiones relacionales con los profesores y un miembro de la junta escolar. Durante estos meses, varios estudiantes y adultos se hicieron cristianos. Esto también motivó a Ramón y a otros para comenzar a hablar de experimentos que ellos podrían ensayar en relación a actividades bilingües durante el culto.

La labor de los líderes

- Ver a la comunidad a través de los ojos de los demás.
- Continuar formando nuevas conversaciones y explorar oportunidades.
- Generar confianza a través del escuchar y el cuidado pastoral.
- Conectar historias de la situación actual con los relatos bíblicos.
- Abordar los problemas complejos mediante la ampliación de la conciencia y poniendo en marcha experimentos.

El imaginario social de una iglesia —acerca de lo que significa ser iglesia y lo que significa ser una iglesia en este contexto particular— se nutre y cambia por las varias perspectivas disponibles de diversas personas. Esto le permite a una iglesia hacer frente a las complejidades de su vida cada vez más intercultural. Estas complejidades también significan el surgimiento de desacuerdos y conflictos, algunos arraigados en el etnocentrismo, otros simplemente muestran hábitos humanos que no se habían beneficiado de una reflexión adecuada.

Ramona (hija de Ramón y Lisa) y varios jóvenes se habían involucrado en la investigación de las escuelas locales. Con Helen invitaron a algunos padres a reunirse un par de sábados por la mañana para hablar sobre la investigación demográfica. Ramona preparó bocadillos, y ellos pasaron su tiempo conociéndose y analizando sus investigaciones. Después de la segunda reunión Ramón recibió una visita sabatina en su oficina. Richard y su esposa Sharon llamaron a su puerta, y Sharon estaba muy tensa. Después de una breve charla nerviosa ella le preguntó a Ramón: «¿Esos niños tienen que utilizar la cocina y preparar sus alimentos aquí?». Ramón confiaba en que su hija estaba siendo respetuosa de la propiedad de la iglesia, pero no le sorprendió que algo de la cocina estuviera creando ansiedad. «¿Falta algo? ¿Dejaron todo hecho un desastre?». A Sharon se le hacía difícil expresar sus preocupaciones específicas. Finalmente, dijo: «Cuando tenemos a nuestros miembros aquí, sobre todo para una reunión importante, no deberían tener que lidiar con olores extraños. Algunas de nuestras mujeres están llegando a cocinar, y sé que se sentirán incómodas». Ramón entendió, por el lenguaje de Sharon, («nuestros miembros» y «olor extraño») que la diversidad cultural era una experiencia frustrante para ella.

La labor de los líderes

- Prestar atención a las molestias, en usted mismo y en otros.
- Aclarar las cuestiones superficiales.
- Identificar los puntos de vista y los hábitos que contribuyen a la tensión.

Muchas iglesias que participan en la vida multicultural experimentarán conflictos que pueden considerarse equivocadamente como pequeños o accidentales, pero que en realidad son importantes. Algunas de las experiencias de conflicto más comunes (aparte de la adoración) incluyen, cocinas, adultos supervisando a niños, ropa, relojes, y los supuestos y experiencias con relación al poder. A lo largo de este libro hemos proporcionado maneras de profundizar en la comprensión y formas de crear nuevas opciones.

Puesto que nosotros en los Estados Unidos hemos sido formados en una cultura nacional que pone demasiado peso en los derechos individuales y en asuntos de comodidad personal, los líderes de la iglesia tendrán que hacer hincapié continuamente en que debe aceptarse la incomodidad y que un imaginario social cambiante nos llamará a dejar de lado nuestras pretensiones preferenciales individuales o etnocéntricas. Debido a que hay muchas maneras en que varían las normas culturales, el liderazgo relacional tiene que estar formando a los líderes y a toda la congregación para dar tiempo a las nuevas relaciones que son más adecuadas para el llamado de Dios en nosotros. Aunque algunos miembros se resistirán, y algunas iglesias experimenten el sabotaje completo, si los líderes pueden formar a un porcentaje cada vez mayor de participantes que estén cada vez más comprometidos y calificados, entonces las barreras serán menores.

Liderazgo implemental. El *liderazgo implemental* se ocupa de crear, modificar y trabajar con las actividades y estructuras para que las disposiciones de significados y relaciones del Espíritu se materialicen en la vida de la iglesia. En medio de las actividades, las conversaciones y los estudios, los líderes pueden aprender acerca de las convicciones y las experiencias que hay detrás de las estructuras de la iglesia y sus actividades, incluyendo la manera como los comportamientos de la organización han conducido a resultados positivos o negativos. Este trabajo sienta las bases para la modificación de algunas prácticas y la formación de nuevos experimentos.

> *Durante el culto de adoración, después de la música de apertura, los maestros de escuela dominical y los niños salieron del santuario hacia sus propias clases. Varios padres analizaron las formas en que el culto podría ser más incluyente generacionalmente, y Ramón pidió a este grupo que siguiera conversando sobre sus ideas. También les pidió conversar sobre lo que era más importante en sus recuerdos de culto y prestar atención a cualquier cosa que ellos pensaran que estaba influenciada por sus culturas.*

La labor de los líderes

- Tomar en cuenta prácticas que se basan en las normas sociales y culturales.
- Fomentar y proteger a las voces que exploran el cambio.
- Crear conversaciones, sugiriendo recursos autobiográficos.
- Ampliar las perspectivas de aquellos que están conversando sobre el cambio.

Con el permiso de la Junta, el grupo de exploración decidió probar algunos experimentos, algunos tenían que ver con asuntos de cultura y otros con la participación de los niños y jóvenes. Con el fin de dar tiempo a la creatividad en curso y a la evaluación, espaciaron estos experimentos durante varios meses. Esto también les dio tiempo para incluir a otros en la planificación y el liderazgo. Ramón sugirió que chequearan con Helen para ver si sabía de alguien en la escuela que estuviera especialmente bien informada sobre temas de desarrollo que les pudieran servir. También mencionó que algunos de ellos a lo mejor quisieran conseguir un par de estudiantes de secundaria y hacer un viaje un domingo por la mañana a su iglesia anterior, que era mayormente latina, con un creciente número de euroamericanos. Comenzaron algunos experimentos con el arte, la interacción del grupo con las Escrituras después de un breve sermón, drama y música que tomaba en cuenta la diversidad de los fieles.

La labor de los líderes

- Incentivar experimentos.
- Conectar las iniciativas interculturales con otros temas que requieran atención.
- Aumentar el número de líderes y conectarlos entre sí.
- Desarrollar una comunidad que aprende de los demás.
- Aumentar las asociaciones intergeneracionales.

A veces, el liderazgo implemental enfoca en las prácticas más complejas y tradicionales de la iglesia tales como los servicios de adoración o las estructuras de gobierno. En otras ocasiones, el liderazgo implemental se concentra en actividades sencillas o temporales tales como programar citas o pedirle a un grupo que lea un artículo o visite otra iglesia.

En la obra de Heifetz y Linsky, los cambios se clasifican bien sea como técnicos o adaptativos. Un cambio técnico (que requiere dirección técnica) es adecuado cuando los objetivos, métodos y técnicas se entienden y están disponibles. Los desafíos técnicos pueden ser difíciles, pero están dentro del entender y la capacidad del grupo, o el grupo puede obtener fácilmente el conocimiento y las habilidades necesarias.[160] Los líderes de la iglesia deben ser expertos en los desafíos técnicos, y esas destrezas deben ir en permanente aumento y propagarse en toda la iglesia. Hay diferencias culturales en la forma en que enfocamos el trabajo técnico: desde la toma de decisiones hasta la calendarización y los tipos de participación, son afectados por patrones culturales. Las iglesias que están cultivando la vida intercultural, siempre estarán incrementando su conciencia de las diferencias y su capacidad para desarrollar el trabajo cooperativo. Cuando se tengan que tratar retos adaptativos, aquellas destrezas técnicas y el fruto del buen trabajo técnico, le darán más confianza y seguridad al entorno. Sin embargo, el reto adaptativo es en sí mismo uno para el cual no hay mapas ni manuales.[161]

Un reto adaptativo es aquel que requiere que la iglesia se mueva hacia un futuro que no puede ver, se convierta en algo diferente, aprenda cosas que no sabe e innove más allá de la imaginación actual. Ronald Heifetz pregunta: «¿Lidiar con este problema requiere cambios en los valores, actitudes o hábitos de comportamiento?». Si es así, el desafío es adaptativo. Una tarea principal del liderazgo es identificar los desafíos adaptativos, para distinguirlos de las tareas técnicas. De allí debe dar forma a la organización y su entorno de manera que el enfoque, el ritmo, los lazos de retroalimentación y el aprendizaje constante sean adecuados para el reto. Una situación adaptativa no puede ser resuelta por los ajustes o mejoras incrementales de las prácticas actuales. El liderazgo adaptativo ayudará a identificar este tipo de reto y a dar forma al ambiente y los recursos para que surja un nuevo imaginario y se empleen nuevas prácticas.

---

160 Heifetz and Linsky, *Leadership on the Line*, pp. 11-20.

161 Esta explicación y la Tabla 10.1 están basadas en el libro de Ronald Heifetz, *Leadership Without Easy Answers* (Cambridge, Mass.: Belknap Press of Harvard University, 1994), pp. 73-88; y Heifetz and Linsky, *Leadership on the Line*, pp. 13-30.

Tabla 10.1 Desafíos técnicos frente a desafíos adaptativos

Desafío técnico	Desafío adaptativo
• Objetivos claros • Métodos conocidos • Conocimiento actual • Recursos disponibles • Papeles familiares • Competencias adecuadas • Cambio predecible y manejable • «Somos quienes tenemos que ser».	• Futuro incierto • Camino desconocido • Nuevo aprendizaje • Recursos no identificables • Papeles poco habituales • Competencias no desarrolladas • Cambio impredecible e incontrolable • «Tenemos que ser diferentes».

Aunque en esta presentación estamos explicando el liderazgo adaptativo con relación al liderazgo implemental, también tiene consecuencias para el liderazgo interpretativo y el relacional. Se han observado dos actividades clave para el liderazgo adaptativo: *subir al balcón* (algo que los líderes tienen que hacer con frecuencia) y *discernir el reto adaptativo* (que viene de la continua reflexión individual y corporativa).[162] Heifetz y Linsky mencionan otras actividades esenciales de liderazgo. El liderazgo adaptativo debe *gestionar el lugar de espera*, asegurando que las otras actividades organizativas sigan avanzando para mantener la viabilidad de la organización, mientras que libera atención y recursos para el reto adaptativo.[163] Este «ambiente de espera» incluye todas las estructuras habituales, las actividades y las relaciones. Los líderes pueden facilitar la gestión, ya sea en la forma habitual u ofreciendo nuevos enfoques a medida que se hacen los reajustes. Todas las organizaciones periódicamente enfrentan tensiones, pero un reto adaptativo siempre señala la presencia del aumento de presiones externas e internas. Los líderes adaptativos *regulan los niveles de estrés*.[164] En las conversaciones y reuniones informales, en la supervisión de personal y de los voluntarios,

---

162 Heifetz and Linsky, *Leadership on the Line*, pp. 55-62.

163 Ibid., pp. 102-7.

164 Ibid., pp. 107-16.

y al gestionar las actividades familiares y los experimentos innovadores, los líderes pueden aumentar el estrés organizacional o reducirlo, y hay momentos para ambos. Las personas y las organizaciones necesitan presión para que haya cambio; por esto, los líderes deben decidir cuándo y dónde aumentar la tensión. En un entorno multicultural el liderazgo diverso es necesario a fin de controlar y orientar cuando se experimentan tensiones adaptativas. Las amenazas y los desafíos necesitan nombrarse, las nuevas actividades tienen que ser probadas, y la gente necesita arriesgar nuevas responsabilidades. Pero también hay momentos para reducir el estrés, ofreciendo garantía, proporcionando la voz de personas de confianza, ofreciendo información importante, desarrollando actividades o cambiando el ritmo para reducir la temperatura. El potencial de la iglesia se incrementa cuando los líderes demuestran sus propias aptitudes para lidiar con lo difícil. En medio del cambio adaptativo siempre hay desafíos técnicos, y la buena gestión de esas tareas técnicas reducirá el estrés. En general, la capacidad de una organización de lidiar con la tensión se incrementa cuando las relaciones se profundizan y la confianza se incrementa.

Los líderes dan forma al proceso cuando concentran *la atención y profundizan las conversaciones.*[165] La atención de una iglesia está formada por historias, información y experiencias. Ramón centró la atención en el culto al crear nuevas conversaciones, dándoles así a algunos de los participantes el permiso para innovar y crear oportunidades a fin de vivir nuevas experiencias y aprendizajes. Las complejidades de los dos aspectos intergeneracionales e interculturales fueron identificadas. Toda la iglesia enfocó su atención simplemente porque los experimentos eran evidentes en las reuniones de los domingos por la mañana. Sin duda, la tensión aumentó cuando se pusieron instrumentos de percusión a disposición de los niños, y la finalización normal de las 11 a.m. se volvió permeable. Pero la tensión se redujo cuando las innovaciones se limitaron a un servicio de adoración mensual e incluso los servicios experimentales tuvieron numerosos elementos familiares.

Los retos adaptativos requieren que la organización se reconfigure a medida que los participantes innovan y asumen responsabilidades de liderazgo más activamente. Los que conducen el proceso deben *devolver-*

---

165 Heifetz and Linsky proporcionan significados básicos para «intervenciones» que afectan la labor de un grupo; ibid., pp. 134-39; véase también pp. 154-60.

le el trabajo al pueblo, incluyendo el trabajo de observar e interpretar el contexto y los desafíos, y el trabajo de reinvención de las estructuras de la organización y sus prácticas.[166] Ramón lo hizo con los padres, los jóvenes y la junta. En estas acciones él modeló otra práctica esencial, protegió *las voces de liderazgo que vienen de abajo*.[167] Nosotros creemos que Dios pone los dones, las perspectivas, las conexiones y la imaginación en toda la iglesia. La historia y los hábitos de la organización a menudo limitan la creatividad y la energía que están disponibles. Los líderes adaptativos invitan y apoyan las voces y los experimentos de los que antes no habían sido empoderados y luego tejen nuevas vías y estructuras adecuadas para los cambios en curso.

El liderazgo es cada vez más disperso en una organización saludable que se adapta. Esto no es anarquía, hay una coherencia global a medida que los líderes trabajan juntos en actividades interpretativas,

---

Tabla 10.2 Liderar el cambio adaptativo

- Subir al balcón.
- Discernir el reto adaptativo.
- Administrar el ambiente de espera.
- Regular los niveles de estrés.
- Centrar la atención / profundizar en las conversaciones.
- Devolver el trabajo al pueblo.
- Proteger las voces de liderazgo que vienen de abajo.

---

relacionales e implementales. Otro término para esto es *liderazgo plural*, y en situaciones de multiculturalidad, es particularmente importante. Hemos hecho hincapié en que la teología práctica requiere que toda la iglesia sea formada por la praxis, el ciclo continuo de estudio / reflexión y compromiso / acción. El liderazgo debe formar el entorno de la organización para que la iglesia como un todo, y los varios grupos de la iglesia, estén aprendiendo a discernir las iniciativas del Espíritu Santo en su medio y en sus barrios, y se estén desarrollando experimentos y

---

166 Ibid., pp. 123-39.

167 Ronald Heifetz and Donald Laurie, «The Work of Leadership,» *Harvard Business Review* 75, no. 1 (1997): 129-30. Este artículo es un resumen excelente del escrito de Heifetz: *Leadership Without Easy Answers*.

prácticas que aumenten la participación de todos en la gracia de Dios. Las tres esferas de las actividades de liderazgo —interpretativo, relacional, implemental— son siempre necesarias y deben cohesionar. La tela de la iglesia se rompe cuando las conexiones integrales entre estas esferas de liderazgo se pierden; el significado (lo que significa ser una iglesia en misión en un lugar concreto) debe dar vida a las relaciones (con responsabilidad mutua, aprendizaje, confianza, asociaciones, amor), de modo que el evangelio sea evidente en las actividades y estructuras. Muchos proporcionarán liderazgo de manera formal e informal a medida que una iglesia aumenta en fidelidad.

Reflexión Personal / Ejercicio en Grupo: Experiencias con el liderazgo

Reflexione sobre sus propias experiencias con los líderes, y luego analice sus observaciones con los demás.

1. Recuerde una situación en la que usted particularmente apreció a un líder ¿Qué factores le importaban a usted? ¿Qué valor le atribuyó a los objetivos y los éxitos? ¿Cuánto se centró en la manera como fue tratado?
2. Reflexione sobre situaciones en que los elementos de la tríada de liderazgo fueron bien hechos. ¿Puede dar ejemplos concretos?
3. Reflexione sobre su propio liderazgo, cualquier situación en la que sus contribuciones orientaron las actividades de los demás. ¿Qué recuerda acerca de sus actividades con relación a la tríada de liderazgo?

TRANSFORMAR UNA ORGANIZACIÓN

Es posible que surjan desafíos porque el contexto de una iglesia ha cambiado o porque los compromisos de la iglesia cambian al ser motivados a prestar más atención al mundo diverso de su contexto. En los capítulos dos y tres hicimos hincapié en una eclesiología misional, y señalamos algunos elementos contextuales que las iglesias en los Estados Unidos están enfrentando. Alan Roxburgh, Fred Romanuk y M. Scott Boren explican los procesos de adaptación y las técnicas necesarias para transformar una iglesia. Aunque la planificación estratégica tradicional no es suficiente para esta tarea, ellos demuestran la manera como los líderes pueden formar un entorno de aprendizaje para que conduzca a una nueva praxis en una iglesia.[168] Ellos asumen que las congregaciones están haciendo frente a contextos que han cambiado y que los líderes deben desarrollar nuevas capacidades a fin de orientar y motivar a los participantes a medida que participan de ese entorno. Los mismos pasos son oportunos para una iglesia que ha existido en un ambiente diverso, pero está llegando a un nuevo compromiso de participar en esa diversidad misionalmente y en su propia composición congregacional.

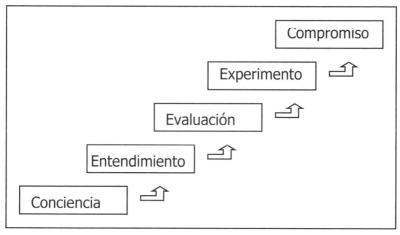

Figura 10.3 Etapas de la transformación de una organización

Las fases de la transformación de una organización incluyen la conciencia, el entendimiento, la evaluación, los experimentos y el compromiso.[169] El método de la teología práctica, que presentamos en el capítulo uno, fácilmente puede ir en paralelo con estas fases. Este proceso no es lineal, sino que cuenta con zigzags y bucles. La *concienciación* de una iglesia puede comenzar a medida que cambia un barrio, a medida que se estudian pasajes bíblicos o cuando el Espíritu Santo lo indica a

---

168 Alan Roxburgh and M. Scott Boren, *Introducing the Missional Church* (Grand Rapids: Baker, 2009) pp. 123-96; y Alan Roxburgh y Fred Romanuk, *The Missional Leader* (San Francisco: Jossey-Bass), pp. 79-104. El antecedente teórico está adaptado de la obra de Everett Rogers, *The Diffusion of Innovation* (New York: Free Press, 2003); vea esp. capítulos 1, 5, 7.

169 Roxburgh and Boren, *Introducing the Missional Church*, p. 136

algunos miembros. Participantes y líderes de una iglesia pueden elegir la negación o la evasión, pero si se va a realizar la transformación misional, esta toma de conciencia aumenta la atención: un enfoque más intencional de pensar, conversar y reflexionar, sea o no bien recibida la nueva situación. La atención y las conversaciones conducen hacia la comprensión o el entendimiento. Este conocimiento debe incluir una profunda reflexión acerca de la iglesia y su entorno. Muchos de nuestros capítulos ofrecen perspectivas y marcos que ayudan a las iglesias a beneficiarse de una comprensión más profunda en cuanto a sí mismas y sus vecinos.

Cuando los jóvenes informaron a la junta de la Iglesia de la Calle Segunda en cuanto a la demografía de las escuelas, también hablaron acerca de sus propias amistades interculturales. La junta estaba aprendiendo que la generación más joven realmente disfrutaba de numerosas amistades interculturales. Frank, el hombre de negocios jubilado, recientemente le había dicho a Ramón que muchas empresas de la comunidad estaban cambiando. Era consciente de que el mercado agrícola en su lote incluía ahora una mayor diversidad de alimentos. Ramón le pidió que observara qué podía aprender, por lo que él visitó a muchos y habló con gerentes y dueños en cuanto a su trabajo y sus clientes.

La labor de los líderes

- Dar a conocer experiencias interculturales entre los miembros de la iglesia.
- Fomentar la curiosidad.
- Involucrar a los vecinos en conversaciones sobre su trabajo y sus vidas.

Tim, un estudiante de secundaria, quien adquiría habilidades como artista, tenía una idea en cuanto a conectar estas cuestiones de etnicidad, con el culto y el santuario. Se dio cuenta de cómo las observaciones de Frank tenían a todos hablando acerca de las tiendas y los conocidos de otras culturas. Así que se reunió con Frank, y juntos organizaron un almuer-

zo dominical en el que invitaron a todos a dibujar mapas de cualquier grupo de calles y cuadras que ellos denominaban su «vecindario». Ellos proporcionaron grandes hojas de papel, marcadores de colores, pegamento y revistas para cortar. Cada mapa podía incluir todo lo que los participantes sabían sobre escuelas, parques, actividades comunitarias, empresas, amistades y familias. Los mapas se exhibieron alrededor de la sala, y todos hablaron de lo que habían creado. Ramón preguntó si los mapas podían ser colocados en el santuario para el próximo domingo. Entonces Ramón predicó sobre algunas historias acerca de cómo Jesús y sus seguidores tuvieron diferentes tipos de encuentros y conversaciones en varias ciudades. Los jóvenes dirigieron un tiempo de oración por todos estos vecinos y barrios. La creatividad de la obra de arte, y la especificidad de los nombres de las calles, parques y escuelas hicieron conexiones concretas entre su santuario y sus comunidades.[170]

La labor de los líderes

- Aumentar el número de personas que piensan en sus barrios.
- Utilizar diferentes medios de comunicación para fomentar la participación.
- Conectar las conversaciones sobre el contexto, con el culto y la liturgia.

A medida que el conocimiento y la comprensión crecen, el liderazgo tiene que facilitar oportunidades para la *evaluación* de la historia de la iglesia y su teología, su entorno y situación, sus retos y oportunidades. Esta evaluación se centra en la reconsideración de la identidad de la iglesia y su llamado. Los pasos del 2 al 4 del método de la teología práctica son importantes para este proceso. Como la transformación a menudo tiene que ver con cambios adaptativos, la iglesia no se beneficiará de grandiosos planes estratégicos o de soluciones rápidas. Esa es la razón por la cual los *experimentos* son tan importantes. La junta de la iglesia, y otros grupos de participantes, pueden convertir su ima-

---

170 Este abordaje artístico a la expresión y las conversaciones fue en realidad diseñado e implementado por Leiko Yamamoto Pech, un artista litúrgico y comunitario.

ginación a lo básico: ¿Qué aspecto tiene el evangelio en las relaciones con los vecinos, la hospitalidad, la conexión y el servicio a los pobres, en el hecho de salir de la zona de confort hacia nuevas situaciones? Los experimentos pueden ser acciones de una sola vez o una serie de eventos. Estos compromisos y acciones contribuirán al proceso de discernimiento continuo, a medida que la iglesia gana nuevas capacidades para prestar atención a lo que Dios está haciendo y quiere hacer en la iglesia y a través de ella. (El capítulo once ofrece ideas prácticas para liderar el cambio.)

Estudio de la Biblia: Hechos 6 - Un experimento en el cambio

El cambio a menudo empieza cuando las voces antes sofocadas consiguen que se les escuche. Hicimos resaltar en el estudio bíblico de Hechos 2 que había numerosos barrios alrededor de Jerusalén compuestos por inmigrantes helenistas. Por razones culturales diversas, muchos de estos residentes eran ancianos, y ese es el trasfondo de Hechos 6. En este estudio se utilizan los cinco pasos de la transformación a fin de examinar el pasaje. Usted tendrá que ser analítico e imaginativo a medida que participa en este estudio.

Lea Hechos 6:1.

1. Obviamente, las viudas helenistas eran conscientes de su propia hambre. ¿Qué sería lo que les impidió a los demás conocer o responder a esto? ¿Cómo se podría haber conocido la situación?

2. ¿Qué factores y elementos socioculturales de las enseñanzas de Jesús eran pertinentes para esta situación a medida que el conocimiento llevaba a la comprensión y la evaluación?

Lea Hechos 6:2-4.

3. Con el tiempo esta toma de conciencia, entendimiento y evaluación se extendió desde algún grupo de helenistas y llegó a oídos de los Doce. Su propio entendimiento y conciencia condujo a un experimento. Describa los elementos principales, su enfoque y converse sobre lo que usted cree que era importante, así como la base de sus puntos de vista. (Tenga en cuenta lo que los Doce valoraron y conversen sobre la dinámica de poder en la historia).

Lea Hechos 6:5-7.

4. Conversen sobre las respuestas de la comunidad. Dado que se trataba principalmente de un experimento de liderazgo implemental, ¿por qué era importante que los nuevos procedimientos fueran dados a conocer públicamente?

Lea Hechos 6:8-10.

5. Compare la descripción del trabajo que los apóstoles dieron al grupo de los hombres helenistas con el trabajo que Esteban realmente hizo. ¿Cómo estaba transformando a la iglesia este experimento? A través del resto de los capítulos 6 y 7, Esteban predica, enfrenta acusaciones y es apedreado hasta la muerte. Dependiendo del tiempo asignado, lea estos capítulos y luego concéntrense en Hechos 8:1-4.

6. Comente sobre la razón que les permitió a los Doce permanecer en Jerusalén, a pesar del aumento de persecución, mientras los creyentes helenistas huyeron. ¿Cuáles son algunos de los resultados misionales del experimento iniciado en el capítulo 6? ¿Qué factores culturales inciden en las siguientes etapas de esta historia?

La Iglesia de la Calle Segunda siguió con sus conexiones en la escuela y desarrolló una asociación con una iglesia cercana para dar tutoría después de clases y recreación para una escuela de primaria. Los jóvenes prestaron mentoría y algunos jubilados trajeron refrescos. Se dieron cuenta de que ellos también querían conectarse con los padres de los niños, razón por la cual varios adultos se involucraron con el fin de iniciar conversaciones y ofrecer refrescos. Se dieron cuenta rápidamente qué familias vivían cerca de la iglesia, lo que proveía oportunidades para entablar relaciones. Durante un período de varios meses estas conversaciones profundizaron las amistades interculturales, inspiraron maneras para que nuevas alianzas invirtieran en las escuelas, y varias nuevas familias fueron atraídas a la vida de la iglesia.

La labor de los líderes

- Desarrollar oportunidades tanto de trabajo el uno al lado del otro, como también conversaciones cara a cara.
- Alentar más conexiones entre las familias y los hogares.
- Asociarse con otras iglesias.
- Evaluar iniciativas y discernir nuevas oportunidades.

Tal como señalamos en el capítulo dos, un supuesto de la eclesiología misional es que los conocimientos, las experiencias y la imaginación necesarios se encuentran entre la gente común de la iglesia. Algunos de estos experimentos llevarán a *compromisos* que darán nueva forma a la iglesia. Algunos compromisos son hacia las personas y las organizaciones, otros son para las actividades y formas de vida. Si la transformación es genuina, va al ser, a los hábitos y al carácter de la iglesia y sus miembros.

MANTENER EL CURSO

La transformación de la iglesia nunca es suave; fallan los experimentos, la gente se ofende, algunos de los líderes más prometedores se cansan. En una sociedad donde se esperan informes mensuales y soluciones rápidas, el complejo y más lento trabajo de transformación será desalentador para muchos. El desarrollo de vida intercultural, en el que la diversidad cultural es evidente interna y externamente —en las relaciones, el lenguaje, las estructuras, las actividades, la toma de decisiones y el liderazgo— no se termina nunca. Los retos siempre van a aparecer. Los seres humanos se hacen daño unos a otros. El pecado se mete en cada iniciativa. Las buenas ideas carecen de recursos. Sin embargo, creemos que cuando las iglesias se han comprometido con el evangelio de la reconciliación, cuando asumimos los riesgos que tienen su origen en el llamado de Dios a nosotros, entonces la gracia es suficiente. Cuando nos herimos unos a otros el evangelio llama a la verdad, el perdón y la nueva fe. El desánimo nos puede llevar a la dependencia en las gracias que Dios ofrece a través de la adoración, la oración, los amigos y el ministerio del Espíritu Santo. Los errores y fracasos nos llevarán a un nuevo aprendizaje, sabiduría e innovación.

Hemos escrito varias veces que el liderazgo debe formar el entorno en el que la gente común de la iglesia encuentra que su propia imaginación puede ser conectada con la iniciativa de Dios para con ellos y sus vecinos. Ese ambiente incluye, necesariamente, palabras y acciones de ánimo, la confesión, la visión, el perdón, el riesgo, el lamento y la celebración. Los líderes no necesitan saber el camino, solo necesitamos la capacidad para incentivar y orientar conexiones, para conectar las Escrituras con el contexto, para involucrar a vecinos y a miembros, y para permitir preguntas y perspicacias e innovaciones. Los ciclos del proceso de la teología práctica, y los cinco pasos de transformación, cuando se emplean plenamente, indicarán los recursos y actividades a medida que toda la iglesia adopta una praxis profunda de vida intercultural.

En el Cine

En las actividades de estos protagonistas, tome en cuenta los elementos de la tríada de liderazgo y las fases de la transformación.

Bread and Roses (2000). Dos hermanas latinas que trabajan como porteras, una de las cuales es inmigrante ilegal, están en una trayectoria de colisión que refleja el conflicto que existe entre los trabajadores y la administración, cuando se ven atrapadas en una lucha por el derecho a la sindicalización.

Gandhi (1982). Biografía de Mohandas Gandhi, famoso líder de la lucha por la independencia de la India de los británicos a través de la protesta no violenta.

Stand and Deliver (1988). Un dedicado profesor de matemáticas, del centro de la ciudad, inspira a sus estudiantes propensos a la deserción escolar, a aprender álgebra y cálculo con métodos no convencionales, y lo hacen tan bien que se les acusa de hacer trampas.

PRÁCTICAS PARA EL LLAMADO

JUAN FRANCISCO MARTÍNEZ

Una analogía que ha sido muy útil para mí en la comprensión de cómo ser eficaz en la praxis multicultural es la «caja de herramientas culturales».[171] Michael Emerson y Christian Smith usaron esta frase en *Divided by Faith* como una forma de describir por qué a la cultura mayoritaria y a los evangélicos afroamericanos les resulta tan difícil relacionarse de manera efectiva el uno con el otro.[172] De acuerdo con ellos, una parte del problema es que los evangélicos de la cultura mayoritaria no poseen las herramientas adecuadas para entender la dinámica de las relaciones raciales en los Estados Unidos. Debido a esto, no son capaces de responder de maneras que aborden el problema del racismo estructural.

La analogía del juego de herramientas es útil para demostrar que tenemos necesidad de destrezas específicas y variadas de conocimientos y aptitudes, y la capacidad y la voluntad de utilizarlos. Si solo tenemos martillos en nuestra caja de herramientas tendemos a tratar todas las cuestiones interculturales como si fueran un clavo. Necesitamos estrategias múltiples para analizar de forma eficaz e interpretar las relaciones interculturales. Por supuesto, la analogía del juego de herramientas puede dar la impresión de que la interculturalidad es un problema meramente técnico que puede ser resuelto si utilizamos la herramienta adecuada en la forma correcta. La realidad es mucho más compleja. Los líderes eficaces necesitan capacidades en comprensión técnica, análisis y gestión de la vida y el ministerio en un ambiente cambiante. Necesi-

---

171 La socióloga Ann Swidler propuso esta frase en «Culture in Action: Symbols and Strategies». *American Sociological Review* 51 (1986): 273-86.

172 Michael Emerson and Christian Smith, *Divided by Faith: Evangelical Religion and the Problem of Race in America* (New York: Oxford University Press, 2000).

tan enfoques adaptativos, tal como se describe en el capítulo diez. Pero también tienen que tener un corazón para los demás, sabiendo que, aun cuando algo requiere un enfoque técnico, no se puede omitir la atención a las relaciones. Sin embargo, la complejidad de los problemas que enfrentamos son tales que lo más importante que un líder puede aprender, en respuesta a nuestro mundo cambiante, es el discernimiento relacionado con múltiples prácticas.

Algunas de las prácticas que tenemos que aprender a usar son evidentes. Por ejemplo, la mayoría de los domingos asisto a un servicio, temprano en la mañana, en idioma coreano antes de ir a mi congregación latina. Debido a que solo entiendo un poquito de coreano (estoy estudiando el idioma), a menudo pierdo claves culturales. Una herramienta importante en las relaciones interculturales de la iglesia es la voluntad de aprender el idioma del otro y valorarlo en el ministerio. Aunque puede que una persona nunca se vuelva experta, la voluntad de aprender constituye un puente y un nivel inicial de entendimiento.

Pero también necesito aprender a «leer» los patrones culturales de modo que pueda relacionarme con mayor eficacia con mis hermanas y hermanos coreanos. Como hemos escrito, esto incluye la atención a la cosmovisión, los enfoques relacionales y otros detalles de la vida y la cultura coreana. Tengo que ser proactivo en tomar el tiempo para entender la cultura coreana y la forma en que se vive en Los Ángeles hoy en día.

También tengo que utilizar las mismas prácticas en mi propia congregación latina. A pesar de que los de afuera podrían asumir que los latinos son culturalmente muy parecidos, tengo que ser sensible a las diferencias genuinas que existen entre un mexicano-americano y un inmigrante mexicano, o entre ese inmigrante mexicano y un joven cuyos padres nacieron en Chile. Yo predico con regularidad en una congregación que tiene este tipo de variedad cultural, por lo que necesito estrategias para comunicar el evangelio en un contexto multicultural.

A lo largo del libro nos hemos referido a los problemas, prácticas y actitudes que facilitan el cruce de fronteras, la comprensión de las diferencias culturales y sus consecuencias, la forma de reconocer al otro, y un entendimiento de la identidad policéntrica de la mayoría de las personas pertenecientes a minorías étnicas de EE.UU. Proveímos un modelo de teología práctica para pastores y otros líderes a fin de resolver retos interculturales del ministerio en los Estados Unidos hoy. También describimos muchas de las diferencias culturales básicas que hacen que las relaciones interculturales eficaces sean tan complejas. También se incluyeron en cada capítulo actividades, estudios bíblicos y reflexiones que se pueden utilizar en su iglesia u otro contexto ministerial a fin de fomentar el entendimiento intercultural.

En este último capítulo queremos ofrecer prácticas que le ayudarán a resolver eficazmente los tipos de problemas que hemos descrito en el libro. Las hemos aprendido de otros y ya hemos hecho referencia a algunas de ellas. Así que, en este capítulo final se resumirá, ampliará y añadirá a los enfoques prácticos que ya se han proporcionado. Este enfoque en el liderazgo implemental tiene la intención de profundizar en las capacidades interpretativas y de relación de la iglesia con miras a la vida intercultural.

Estudio de la Biblia: Apocalipsis 7:9-10 - Caminar a la luz del futuro de Dios

[9] Después de esto miré, y apareció una multitud tomada de todas las naciones, tribus, pueblos y lenguas; era tan grande que nadie podía contarla. Estaban de pie delante del trono y del Cordero, vestidos de túnicas blancas y con ramas de palma en la mano.[10] Gritaban a gran voz:
   «¡La salvación viene de nuestro Dios,
   que está sentado en el trono,
   y del Cordero!».

El libro de Apocalipsis constantemente yuxtapone escenas de la tierra con escenas del cielo de Dios, con la suposición de que estas visiones no presentan una cosmovisión dualista, sino que nos invitan a ver su relación dinámica. A pesar de que la situación se vuelve más difícil, y la persecución es más severa en la tierra, los cristianos son invitados a seguir creyendo en el futuro de Dios a través de escenas desde la perspectiva de él. La visión del trono de Apocalipsis 7:9-10 es particularmente importante para lo que hemos estado tratando en este libro.

El vidente describe una escena de adoración con toda la diversidad de su mundo conocido, unidos en torno a la adoración del Cordero. Él es muy claro en el uso de todos los términos a su disposición para insistir en que toda la diversidad humana está presente. Esto no es un crisol de culturas, sino más bien seres humanos que son muy diferentes. Lo que los une no es la uniformidad, sino una visión y un propósito comunes.

1. ¿Cómo podemos imaginar lo que Dios está haciendo en el mundo en relación con la diversidad humana? ¿Qué impacto tiene esta perspectiva sobre la manera que quiero que sea la iglesia?
2. ¿Cómo refleja o no mi iglesia Apocalipsis 7:9-10? ¿Por qué?
3. ¿De qué manera esta visión afecta mi comprensión de lo que debe ser la vida eclesial intercultural?

Si bien los individuos pueden trabajar con estas prácticas, creemos que estas serán más eficaces cuando se utilicen dentro de una comunidad interpretativa, una comunidad de significado. Pastores y líderes de la iglesia necesitan formar comunidades de significado (es decir, iglesias), pero también tienen que ser moldeadas por ellos en el proceso de interactuar entre sí. Es dentro de la vida congregacional y la vida intercongregacional que estas prácticas serán más eficaces, a medida que las comunidades de fe las usen para praxis y creación de cultura.

COMPARTIR LAS NARRATIVAS CULTURALES

Los testimonios siempre han sido una parte importante de la tradición de mi iglesia latina protestante. La gente comparte historias de conversión, de cómo Dios ha respondido a sus peticiones de oración, y otras formas en que han visto a Dios presente en sus vidas. Estos testimonios afirman la fe y los compromisos de los que están siguiendo a Cristo juntos.

Sin embargo, las narraciones, las historias y los testimonios son también muy importantes para desarrollar una historia común en la vida de una iglesia local. Las iglesias tienen sus propios relatos e historias.

Muchas iglesias más antiguas fueron iniciadas por una determinada comunidad étnica y cuentan su historia a la luz de las experiencias de esa comunidad. Pero a medida que las personas de otras etnicidades y experiencias entran en la vida de la iglesia, sus historias también deben ser incorporadas de manera que la historia se vuelva más amplia.

Tenemos que escuchar los relatos de los demás porque estos «son el marco cultural en el que las personas interpretan su situación social, se imaginan a sí mismos en otras situaciones, y toman decisiones acerca de quiénes quieren ser y de cómo comportarse».[173] Mediante la invitación a los miembros de la iglesia a contar sus narraciones culturales y escuchar las de los demás, ampliamos nuestra comprensión el uno del otro y de cómo nos vemos en el mundo. Aprender a contar mi propia historia cultural y cómo escuchar los relatos de los demás da un mensaje muy importante en la vida de una iglesia. Por un lado me hace pensar en cómo «me imagino». Pero también dice que todos los miembros son importantes en la amplia historia de la congregación.

Compartir mi historia cultural es tomar un tiempo para ver la manera como me he formado y he sido informado por mi pasado. Todos somos hijos de familias específicas y tenemos nuestras propias culturas y experiencias. Al tomar el tiempo para desarrollar y contar mi propia historia tengo la oportunidad de ver cómo mi pasado forma lo que soy hoy, en buenas y malas maneras. Es una invitación no solo para afirmar mi identidad, sino también para entender la manera como mi identidad ha sido formada y cómo puedo usar mi pasado para explicar lo que soy en el mundo.

En nuestra congregación tenemos festivales de misión multinacionales cada año. Este es un tremendo espacio para que las personas de diferentes países hablen acerca de su país de origen y de cómo llegaron a los Estados Unidos. Siempre «celebramos» todas las fiestas nacionales de los países representados en nuestra congregación, otro excelente lugar para contar historias personales. Las clases para nuevos miembros también son un momento importante para que las personas narren sus autobiografías, incluyendo su relación con Dios y sus raíces étnicas y culturales. Esto debe incluir un reconocimiento de que Dios estaba caminando con ellos incluso antes de que tuvieran un encuentro con el evangelio.

---

173 Robert Wuthnow, *American Mythos: Why Our Best Efforts to Be a Better Nation Fall Short* (Princeton, N.J.: Princeton University Press, 2006), p. 59.

RELECTURA DE LA HISTORIA NACIONAL

Muchas personas se sienten excluidas de la vida de una iglesia porque su historia nunca se convierte en una parte de la historia más amplia de la iglesia. Pero esto es parte de un problema mayor, porque las iglesias son parte de una sociedad y un país que también cuenta su propia historia en formas que pueden excluir a las personas. La narrativa nacional oficial nos dice quiénes se consideran importantes para la identidad nacional y quiénes son los héroes y los villanos. Esta versión oficial indica de qué manera se describen la presencia y las actividades de cada grupo étnico y quién hace esas determinaciones. La razón de esto es que la historia no es solo acerca de lo que sucedió en el pasado, sino que siempre incluye la interpretación. La persona o personas que narran la historia tienen que decidir qué eventos incluir, qué eventos excluir y la forma de definir la importancia de los acontecimientos dentro de la narrativa más amplia.

Por ejemplo, la historia de EE.UU. por lo general comienza con las colonias inglesas de Jamestown y Plymouth, y sigue después la historia de los inmigrantes ingleses que fundaron el país y definieron sus instituciones. Los inmigrantes de Europa son vistos como personas que querían romper con un pasado europeo y construir un nuevo futuro como estadounidenses. La migración occidental abrió nuevas oportunidades en la vasta frontera, a fin de ensanchar esta gran nación bendecida por Dios. Nosotros somos de todas partes del mundo, pero juntos optamos por ser americanos y trabajar unidos por el bien común de nuestro país. Traemos nuestras propias identidades nacionales anteriores a este país y nos unimos, dejando atrás identidades anteriores, a fin de volvernos «americanos».

Esta historia «oficial» presenta la historia de EE.UU. en gran parte como la historia de la inmigración europea a través de la costa oriental. Los héroes y heroínas de esta historia son aquellos cuya historia «encaja» dentro de esta narración. Se presentan como actores fundamentales en la formación y configuración de este país. Los que no vienen de este trasfondo son ignorados, difamados o solo se cuentan sus historias a la luz de la historia «oficial». La historia de los pueblos indígenas, los esclavos africanos, los inmigrantes europeos antes de Jamestown, provenientes de España (a veces a través de México) y Francia, además de otros inmigrantes del sur de Europa, de América Latina o inmigrantes asiáticos, se podrían incluir, pero principalmente como una actividad secundaria a la narración principal.

Pero la narrativa de cualquier país parece muy diferente si se cuenta desde la perspectiva de los pueblos minoritarios de ese país. Una práctica crucial en las relaciones interculturales de la vida de la iglesia, es entender y ayudar a los demás a comprender la historia del país desde una perspectiva más amplia. Si la gente es invisible en la narrativa nacional «oficial», es más fácil para ellos ser invisibles en la vida de una iglesia local. Es importante contar la narrativa europea, pero también es importante contar los relatos de aquellos que tradicionalmente han sido excluidos de la historia. Por ejemplo, al releer la historia norteamericana, e incluir la perspectiva de las minorías étnicas, estamos trayendo a estos pueblos a la narrativa mayor del país. Al hacer esto se expande y se cambia la historia. También nos obliga a reinterpretar su significado y pensar de manera diferente en cuanto a la manera como podría ser el aspecto del futuro. Esto crea «una memoria más grande» sobre la que se puede construir en un futuro en el que todos puedan ser incluidos.[174]

En la mayoría de los países latinoamericanos existe una realidad similar con relación a los pueblos indígenas o las personas de trasfondo africano. Es posible que se reconozca cierto mestizaje, o que los pueblos indígenas sean parte del paisaje turístico. Pero el discurso nacional de la mayoría de los países sigue siendo uno en que los descendientes de los europeos son las personas principales de la historia oficial. Y el creciente avance migratorio entre los países latinoamericanos, y hacia España, también obliga a repensar la contribución de los inmigrantes en cada país.

Hoy en día hay muchas buenas películas (incluso documentales) que cuentan la historia de EE.UU. desde la perspectiva de los pueblos minoritarios. Al observar tales películas, y hacer que la gente de esos trasfondos culturales y étnicos «interpreten» las historias, una iglesia puede dar voz a los tradicionalmente excluidos. Las iglesias también pueden participar en excursiones a lugares de interés cultural que pueden servir como lugares para la reflexión prolongada. Por ejemplo, las

---

174 Esta idea proviene del libro de Ronald Takaki, *A Larger Memory: A History of Our Diversity, With Voices* (Boston: Little, Brown, 1998).

misiones católicas de la California colonial nos invitan a comprender a los pueblos indígenas, ligados a ellas hasta el día de hoy, a hacer preguntas en cuanto a los métodos de evangelización colonial española, y considerar cómo los nativos y los mexicanos perdieron sus tierras después de 1848.[175]

RELECTURA DE LAS ESCRITURAS DESDE UNA PERSPECTIVA MULTICULTURAL

No solo tenemos que recontar nuestras historias nacionales, sino que también necesitamos volver a leer la Biblia juntos. Los cristianos confesamos que la Biblia tiene un mensaje transcultural. Pero esta fue escrita en contextos culturales concretos, y la leemos dentro de nuestra propia realidad cultural. Una tarea importante dentro del proceso de ministerio de la iglesia multicultural es leer y estudiar la Biblia, teniendo en cuenta tanto el contexto bíblico social como nuestro propio contexto en la actualidad. La tarea hermenéutica se aplica tanto a la Biblia como a la lectura y la interpretación de la comunidad.

Debido a que a menudo leemos la Biblia como un documento ahistórico, se ignora la ubicación histórica y social de los actores o los escritores, y se pierde gran parte del mensaje. A veces, también asumimos que podemos encontrar un único entendimiento «objetivo», que se vale por sí mismo, independiente de la ubicación social del intérprete. En Estados Unidos [y en muchas partes del mundo evangélico] esto ha significado, en términos generales, que las interpretaciones masculinas eurocéntricas, o centradas en Estados Unidos, de las Escrituras fueran consideradas normativas, sin reconocer la manera como los lectores y sus contextos específicos afectaban su interpretación de las Escrituras.

A lo largo del libro, le hemos invitado a volver a leer los pasajes

---

175 Hay un número de buenos libros que pueden ayudar a desarrollar la conversación sobre lecturas alternativas de la historia de los Estados Unidos. Los libros de Ronald Takaki: *A different Mirror and A Larger Memory*, que se han mencionado anteriormente, son dos buenos lugares para comenzar. Scholastic Books ha publicado la serie «Dear America» y «I Am America», que son muy buenos libros para niños y grupos intergeneracionales. Otra importante, aunque más compleja discusión puede basarse en los libros, a menudo difíciles de encontrar, que hablan de historias religiosas específicas de diferentes grupos étnicos en los Estados Unidos. ¿De qué manera los grupos han reflejado el evangelio? ¿Cómo han estado lejos de ser el ideal del evangelio?

bíblicos específicos en función de las preguntas interculturales que hemos estado haciendo. Este proceso le ha invitado a ver el relato bíblico específico de una manera diferente. Pero también es una invitación a reconocer que nuestro «lugar social» (Cap. 6) y la percepción (Cap. 8) influyen en lo que vemos en la Biblia y lo que consideramos importante en el texto bíblico. Estudiosos de la Biblia nos pueden ayudar a tomar el contexto bíblico más en serio. Sin embargo, en estudios bíblicos en contextos interculturales, es necesario asegurarse de que se les da espacio a las voces de las minorías. No es que su interpretación sea la más precisa, sino que la comunidad de creyentes necesita todas las voces de la iglesia, si quiere escuchar con eficacia la Palabra del Señor para hoy.

Aprender a releer la Biblia será discordante para algunos, especialmente los que están acostumbrados a una lectura específica de las Escrituras que se adapta a su entorno social y cultural. Sin embargo, cuando las comunidades de fe releen la Biblia con una sensibilidad intercultural, se encuentran con una nueva riqueza a medida que su papel de formación se amplía en una comunidad multicultural de creyentes. El Espíritu habla de nuevo a una nueva generación que busca ser fiel al mensaje bíblico.

Como hemos señalado a lo largo del libro, esta forma de lectura de las Escrituras es crucial, ya que, por un lado, Dios está obrando en todas las culturas, por lo que es posible encontrar entendimientos y prácticas en todas las culturas que nos llevan hacia Dios. Sin embargo, todas las culturas también se ven distorsionadas por el pecado, razón por la cual el evangelio constantemente necesita poner en tela de juicio esas prácticas que reflejan la naturaleza de la caída en vez de la gracia de Dios. Pablo Hiebert utiliza el concepto *contextualización crítica* para describir este proceso mediante el cual se busca encarnar el evangelio en otro contexto cultural, sin caer en el sincretismo o el supuesto de que nuestro propio marco cultural refleja el evangelio con precisión. Esta herramienta me invita a ver la manera como el evangelio se ve distorsionado por mi propia cultura y la forma de entender la cultura del otro para que el evangelio sea una buena noticia para ambos.[176]

El púlpito es un lugar crucial para que esta lectura culturalmente inteligente de Las Escritura se desarrolle. En *Preaching to Every Pew: Cross-Cultural Strategies*, los autores James Nieman y Thomas Ro-

---

176 Paul Hiebert, *Anthropological Insights for Missionaries* (Grand Rapids: Baker, 1985).

gers mencionan la etnicidad como uno de los cuatro tipos de diferencias comunes, en muchas iglesias, que deben tomarse en cuenta cuando estamos proclamando públicamente la Palabra de Dios. Los otros tres son las diferencias de clase, la diversidad en los sistemas de creencias (incluso entre personas de formaciones teológicas similares) y una sensación general de desplazamiento (no solo entre los inmigrantes). Ellos proporcionan una serie de sugerencias concretas en cada una de estas categorías. La predicación que utiliza estilos de comunicación e ilustraciones de las diversas experiencias culturales de la audiencia, relacionará el mensaje con las personas y también conectará a las personas entre sí a medida que aprenden a valorar las experiencias de los otros. Así es como una iglesia puede ser una señal del futuro de Dios y un testimonio de la misión de Dios en el mundo.[177]

DE LA HOSPITALIDAD AL SHALOM

Elizabeth Conde-Frazier presenta un proceso concreto dentro del cual se enmarcan todas las prácticas mencionadas en este capítulo y en todo el libro. En «From Hospitality to Shalom», ella presenta una espiritualidad para la vida multicultural.[178] El objetivo es comenzar con la hospitalidad bíblica y moverse a través del encuentro, la compasión, la pasión y finalmente llegar al shalom bíblico. Como personas que toman en serio las implicaciones de la hospitalidad bíblica estamos llamadas a un nuevo nivel de compromiso con el otro, y estos pasos conducen a otros compromisos y prácticas. Este camino de conversión nos conduce a una situación en la que empezamos a aproximarnos al shalom de Dios en nuestras relaciones interculturales.

La creación de oportunidades específicas para la hospitalidad, en múltiples direcciones, crea la oportunidad para el encuentro. En muchos contextos culturales, las comidas comunes, o las comidas compartidas en el hogar, serán una buena manera de empezar. Esta hospitalidad compartida se puede vincular con contar autobiografías culturales o ver películas juntos. Al asegurarse de que estas actividades crucen líneas

---

177 James R. Nieman and Thomas G. Rogers, *Preaching to Every Pew: Cross-Cultural Strategies* (Minneapolis: Fortress, 2001), esp. pp. 147-53.

178 Elizabeth Conde-Frazier, «From Hospitality to Shalom», en *A Many Colored Kingdom: Multicultural Dynamics for Spiritual Formation*, ed. Elizabeth Conde-Frazier, S. Steve Kang and Gary Parrett (Grand Rapids: Baker, 2004).

culturales, tales actividades pueden crear espacios para que comience el encuentro. Este puede ser un lugar para compartir historias, fotos familiares, símbolos culturales y hacer tiempo para que la gente los interprete a los demás.

Reconocer la importancia de este proceso nos ayuda a ir más allá de la etnicidad simbólica y de la interacción cultural simbólica. Cuando solo nos concentramos en los productos externos de una cultura, tales como la comida o la música, «estamos alabando la diversidad sin hacer nada práctico, pero a fin de cuentas, las diferencias culturales se reducen a puros indios de la tienda y menorás hechas en China». Disfrutamos de la experiencia, pero nunca podemos llegar al «constante diálogo interétnico que requiere el pluralismo». Pasar de la hospitalidad al shalom requiere interacciones personales profundas que puedan poner en tela de juicio las contradicciones de nuestros supuestos culturales fundamentales en cuanto al otro.[179] En este proceso podemos aprender de nuestros hermanos y hermanas, y crecer en relación el uno con el otro.

VIDA JUNTOS: LA ADORACIÓN, LA ORACIÓN Y LA PLANIFICACIÓN

Nuestra vida corporativa debe ir más allá de la etnicidad simbólica por medio de la forma en que adoramos, oramos y estudiamos la Biblia juntos. Al inicio del libro escribimos acerca de cómo nuestras ideas de cuál «debería» ser el aspecto de nuestro país tienden a influir en lo que creemos que debe ser el aspecto de las iglesias. Algunas iglesias tratan de atraer a la gente de diferentes orígenes culturales, pero luego esperan que todos se asimilen a la cultura de la iglesia. Otros practican formas de etnicidad simbólica mediante la inclusión de algunas canciones o instrumentos musicales que reflejan la diversidad de la comunidad. El reto es ir más allá de estos modelos hacia una vida común que refleje una asociación cultural en la que todas las comunidades culturales representadas pasen a ser parte de la planificación y el proceso de toma de decisiones de la congregación.

C. Michael Hawn se basa en el «Nairobi Statement on Worship and Culture» de la Federación Luterana Mundial, que nos invita a desa-

---

179 Wuthnow, *American Mythos*, pp. 183-84, 220.

rrollar estilos de culto transculturales, contextuales, contraculturales y transculturales. En su libro, *One Bread, One Body: Exploring Cultural Diversity in Worship* Hawn estudia cuatro iglesias metodistas unidas que están tratando de ser culturalmente conscientes en la adoración, luego desarrolla una serie de pasos que las iglesias pueden dar para fomentar ligas culturales en la adoración. El proceso se inicia con un liderazgo informado de diversas culturas dispuesto a desarrollar la liturgia y espacios de culto que reflejen la diversidad de la congregación. Sus experimentos pueden comenzar con la etnicidad simbólica, pero trabajan para incluir el marco interpretativo más profundo para que la adoración colectiva se mueva de la hospitalidad al shalom.[180]

Esto es particularmente importante en la toma de decisiones. La mayoría de las iglesias usa procesos que reflejan el sesgo cultural de sus líderes. Las iglesias pueden comenzar a romper con esa tendencia cambiando conscientemente el proceso. Por ejemplo, el espiral de la teología práctica presentada en el primer capítulo, puede servir de modelo para la toma de decisiones al repetir el ciclo hasta que todas las voces sean incorporadas antes de seguir adelante. La congregación también puede permitir experimentos (Cap. 10) que ofrezcan espacios para las diversas expresiones culturales.

Las reuniones de toma de decisiones también se pueden separar en pequeños grupos, a veces intencionalmente monoculturales y, a veces intencionalmente multiculturales, a fin de ofrecer varios espacios para los diferentes modelos de comunicación cultural. Estas prácticas pueden ayudar a asegurar que los de la cultura dominante, que mejor entienden el proceso, no terminen enmarcando y dominando la toma de decisiones.

MODELOS DE SER IGLESIA EN UN ENTORNO MULTICULTURAL

No es suficiente mencionar que las iglesias deben ser diferentes en un entorno multicultural. Hay muchas maneras diferentes de formar comunidades cristianas en medio de la diversidad étnica y cultural. Los

---

180 Véase: C. Michael Hawn, *One Bread, One Body: Exploring Cultural Diversity in Worship* (Herndon, Va.: Alban Institute, 2003). Varios de los libros de Eric Law sobre comunidades multiculturales también incluyen actividades de adoración y de estudio bíblico que facilitan la vida de la iglesia intercultural.

diversos modelos presentan oportunidades y desafíos en el proceso de buscar ser fieles al evangelio. Lo invitamos a ver lo que otros ya están haciendo en diferentes partes del mundo. Nuestra oración es que esto estimule su pensamiento para que pueda empezar a imaginar nuevas formas de ser iglesia juntos.

En una sección anterior hicimos referencia al libro de Manuel Ortiz, *One New People,* en el que él presenta dos tipos básicos de congregaciones multiculturales: iglesias multicongregacionales y modelos congregacionales multiétnicos.[181] En virtud de estos tipos básicos él describe tres modelos multicongregacionales: de alquiler, de celebración y de integración. También reconoce la dificultad de definir claramente lo que constituye una «verdadera» congregación multiétnica. Algunas iglesias tienen diversidad de audiencia, pero tienen un modelo cultural dominante para el culto y la toma de decisiones, mientras que otras deliberadamente intentan reflejar la diversidad en el liderazgo, el culto público y los procesos de toma de decisiones. Cada modelo aborda algunos aspectos de las relaciones interétnicas y plantea otras cuestiones, que pueden ser teológicas o sociológicas. También es cierto que los modelos de integración multicongregacional, o congregaciones multiétnicas conscientemente diversas, son los más difíciles de desarrollar y de mantener. Al tomar en cuenta los distintos modelos, tenemos la oportunidad de abordar las múltiples oportunidades y los desafíos de ser iglesia en un contexto multicultultural. Mark y yo participamos en diferentes tipos de iglesias interculturales y reconocemos que cada modelo ofrece oportunidades y limitaciones en la vivencia de la vida intercultural eficaz. En medio de poblaciones globalizadas y transnacionales, es probable que cada uno de estos modelos se siga utilizando por mucho tiempo.

Pero también necesitamos una nueva generación de líderes que sean capaces de empujar más allá de los modelos «aceptados» y pensar en las comunidades religiosas en nuevas formas. Teniendo en cuenta la realidad de la globalización podemos anticipar más interacción cultural, no menos, en el futuro. Necesitamos nuevos modelos de iglesia que puedan abordar la creciente diversidad multilingüe transnacional, basados en la realidad de la red de muchas personas. Estas iglesias necesitan ser «glocales» (globales y locales), reconociendo tanto la necesidad de

---

181 Manuel Ortíz, *One New People: Models for Developing a Multiethnic Church* (Downers Grove, Ill.: InterVarsity Press, 1996).

atender su parroquia geofísica como la red de relaciones de las personas que cruzan las fronteras nacionales. La distinción entre la misión como algo que se hace más allá de las fronteras nacionales, y el ministerio que se realiza en el propio barrio y país, tiene que desaparecer a medida que las iglesias aprendan a ministrar fuera de las categorías que las congregaciones han dado por sentado durante tanto tiempo.[182]

Esa nueva generación liderará mediante la interpretación de estas nuevas realidades, conectando los diversos pueblos que ahora viven cerca unos de otros, y organizándolos para trabajar juntos hacia lo que Dios está haciendo en el mundo (tríada de liderazgo). Al utilizar el ciclo de la teología práctica en este proceso, estos líderes y congregaciones podrán escuchar al Espíritu de Dios hablando en formas nuevas e invitándolos a servir en nuevas formas para la gloria de Dios y al servicio de los demás en el nombre de Cristo.

La visión del trono en Apocalipsis 7:9-10 nos da una idea del lugar a donde Dios está guiando a nuestro mundo. Dado que esta es la dirección que hemos venido señalando a lo largo del libro, terminamos aquí. Que el Espíritu de Dios nos guíe para hacer de esta visión una realidad.

[9] Después de esto miré, y apareció una multitud tomada de todas las naciones, tribus, pueblos y lenguas; era tan grande que nadie podía contarla. Estaban de pie delante del trono y del Cordero, vestidos de túnicas blancas y con ramas de palma en la mano.[10] Gritaban a gran voz:

«¡La salvación viene de nuestro Dios, que está sentado en el trono, y del Cordero!».

---

182 Véase: Juan Francisco Martínez, *Caminando entre el pueblo: Ministerio latino en los Estados Unidos* (Nashville: Abingdon, 2008), en donde encontrará modelos potenciales que surgen de dentro de la comunidad transnacional latina. El libro de Oscar García-Johnson *The Mestizo/a Community of the Spirit: A Postmodern Latino/a Ecclesiology* (Eugene, Ore.: Pickwick, 2008), proporciona un marco teológico sólido para estas nuevas formas de pensamiento en cuanto a la iglesia y su misión.

Reflexión Personal / Ejercicio en Grupo:
Los experimentos en la vida intercultural

En este último ejercicio hemos incluido una serie de preguntas para la reflexión que nos pueden ayudar a pensar acerca de cómo usar algunas de las herramientas presentadas en este capítulo.

1. En la introducción usted leyó las autobiografías culturales de Mark y Juan. ¿Qué ha aprendido acerca de cómo se imagina cada uno en la sociedad de EE.UU.? ¿Qué le dice su propia autobiografía acerca de cómo se ve usted en la sociedad de los EE.UU.?

2. ¿Cuáles personas en su iglesia tienden a ser excluidas de la narrativa «oficial» de los Estados Unidos? ¿Cómo afecta esto su lugar en la vida de su iglesia?

3. ¿Cuál sería el mejor espacio para que las personas compartan sus narrativas culturales en su iglesia? ¿Cuál podría ser una primera experiencia en su iglesia?

4. ¿Cuáles son las formas más prometedoras en que su iglesia puede crear experimentos que unan a la gente a través de líneas generacionales (libros o películas o historias personales)?

5. ¿Qué otras medidas son una prioridad para usted en relación con la vida intercultural en su iglesia y en otros contextos sociales?

APÉNDICE

RECURSOS TEOLÓGICOS

En el ciclo de la teología práctica, las iglesias trabajan con los recursos teológicos de su herencia eclesial y con otros escritos teológicos que son relevantes a su tema. No hay manera de crear un repertorio completo de recursos teológicos, pero podemos estimular la conversación al incluir citas de autores contemporáneos. Ninguna cita es una exposición completa, pero cada una puede servir para comenzar conversaciones misionales. Como la teología siempre es contextual, hemos limitado las citas a autores/as latinoamericanos/as, españoles/as o latinos/as, o a personas que ministraron en el contexto latinoamericano o español.

Teología

«La teología del pueblo surge en lo cotidiano y se cuenta en nuestras historias de fe, los testimonios. Los testimonios son historias públicas de fe. Son un conocimiento religioso compartido que se encuentra en la vida cotidiana… Los testimonios son historias del pueblo que crean significado, al buscar y compartir juntos el proceso de entender el misterio y la gracia de Dios en nuestras vidas. Las personas comparten el contenido de sus oraciones y las luchas de sus sufrimientos. Las historias llevan a las personas a decisiones basadas en un entendimiento nuevo de Dios y de su vida de fe».

Elizabeth Conde-Fraizer, en *Vivir y servir en exilio*, Jorge E. Maldonado y Juan F. Martínez, ed., (Argentina: Ediciones Kairos, 2008), pp. 128-129.

«La vitalidad de la experiencia cristiana brota del hecho de que tiene a Cristo en el centro mismo de la vida. También en la teología, que es reflexión acerca de la vivencia de la fe, la vitalidad viene de ese carácter cristocéntrico. Llamamos cristocéntrica a una forma de pensamiento teológico en la cual Jesucristo es el eje central alrededor de cuya persona y obra se articula la comprensión de todo el contenido de la fe. Por supuesto que toda teología que se precia de cristiana tiene su momento cristológico, su sección en la cual la reflexión se ocupa específicamente de la persona de Cristo y por ello se llama Cristología. Pero la teología cristocéntrica es la que articula todas sus partes y secciones alrededor del hecho central de la fe: ¡el hecho de Cristo!».

Samuel Escobar, *En busca de Cristo en América Latina* (Buenos Aires: Ediciones Kairos, 2012), p. 419.

Dios

«El gran matemático y filósofo católico Blas Pascal negaba la utilidad de una conceptualización filosófica de Dios. A su muerte, se encontró un papelito cosido a su manto con la frase: "El Dios de Abraham, de Isaac y de Jacob no es el Dios de los filósofos". Con ello, Pascal quiso señalar que Dios es persona, y como persona se hace conocer en la historia y en la vida de los seres humanos. El Dios personal es el Dios del camino, que caminaba con los patriarcas y camina con la humanidad hoy».

Alfred Neufeld, *Vivir desde el futuro de Dios* (Buenos aires: Ediciones Kairos, 2006), p. 80.

«Nuestro Dios es recto y justo en sí mismo y, por lo tanto, fiel a las demandas de las relaciones con sí mismo (como Dios trino), y fiel a las demandas de las relaciones con los seres humanos, y con su creación. Como dice el salmista: "Justicia y juicio son el cimiento (fundamento) de su trono" (Sal 89:14), y "Porque Jehová es justo y ama la justicia" (Sal 11:7). Nuestro Dios es un Dios justo y un Dios fiel, que cumple con sus promesas. Es un Dios que ama la justicia... un Dios que demanda del ser humano, hecho a su imagen, a vivir en justicia».

Eldin Villafañe, *Fe, espiritualidad y justicia* (Río Piedras: Palabra y Más, 2006), p. 27.

Creación e Imagen de Dios

«En el compromiso con el prójimo, la justicia se manifiesta en la lucha por la igualdad comunitaria y social. Al crear al varón y la mujer, Dios afirmó así la posibilidad de una vida comunitaria a la vez que creadora y productora. Los creó a ambos al mismo nivel para ser ellos "señores" del resto de la creación, pero no ser señor sobre el otro. En la creación de la humanidad no se afirman diferencias raciales o sociales, sino la armonía en la tensión dialéctica del hombre y la mujer».

Edesio Sánchez Cetina, en *Ser, hacer y decir* de C. René Padilla y Harold Segura (Buenos Aires: Ediciones Kairos, 2006), pp. 14-15.

«La Biblia basa la solidaridad humana en la creación del hombre y la mujer en el *imago Dei* (Gn 1:26, 27; 1 Co 11:7). Implícito en ella es la realidad de la "solidaridad trinitaria", o en la comunidad ontológica de nuestro Dios».

Eldin Villafañe, *Fe, espiritualidad y justicia* (Río Piedras: Palabra y Más, 2006), p.98.

Pecado

«La terminología bíblica es amplia para describir la esencia del pecado: es errar la meta y el blanco, es desviación, torcimiento y rebelión; es malicia y hechos malos, violación de la ley divina, transgresión, desobediencia, depravación moral y espiritual, injusticia, culpabilidad y deuda ... El efecto del pecado se hace sentir sobre todo en las relaciones mal logradas y distorsionadas: con Dios, con uno mismo, con el prójimo, con el orden creado y con el uso adecuado del tiempo ... Pecado es a la vez carencia y concupiscencia, falta de hacer el bien y deseos de hacer el mal. Pecado es ser y hacer, algo que se sufre y algo que se comete con culpabilidad. El ser humano es víctima y victimario del pecado. Recién la revelación especial de las Sagradas Escrituras, en el "espejo de Cristo", llegamos a percibir el pecado en toda su profundidad como rebelión contra Dios, transgresión a su ley y carencia de hacer el bien; todo ello como consecuencia de la ausencia de fe y, por ende, expresiones de incredulidad».

Alfred Neufeld, *Vivir desde el futuro de Dios* (Buenos Aires: Ediciones Kairos, 2006), pp. 111-113.

«La Palabra de Dios nos enseña que más allá del pecado personal y la maldad personal, más allá de las estructuras sociales entretejidas con designios morales pecaminosos y malvados, más allá de un sistema de valores pecaminoso y corrupto, *existe* el mal "en los papeles políticos y sociales de los poderosos seres sobrenaturales". La trama de la existencia social está, de hecho, atravesada por «el misterio de la iniquidad» (2 Ts 2:7).

Eldin Villafañe, *Fe, espiritualidad y justicia* (Río Piedras: Palabra y Más, 2006), p.68.

Pacto

«El quebrantamiento de pacto se ve claro en múltiples naciones cuya lealtad es dictada, no por tratados o pactos entre soberanos, sino por la soberanía y universalidad de la globalización del mercado. Los pactos modernos no valen el papel en el cual están escritos si el "dios" Mamón reina».

Eldin Villafañe, *Fe, espiritualidad y justicia* (Río Piedras: Palabra y Más, 2006), p.30.

Trinidad

«La cultura de la iglesia, marcada por la tradición y la identidad étnica, debe buscar orientarse en dirección al carácter de Dios. Como "carta de Dios al mundo", como "cuerpo visible de Cristo", como "templo del Espíritu Santo", debe mantener una constitución trinitaria. Tanto la creatividad del Padre, como el amor del Hijo hacia los perdidos y la pasión transcultural y misionera del Espíritu Santo deben ser parte de esta nueva cultura a recrearse continuamente. Y como el Padre, Hijo y Espíritu Santo cooperan en perfecta unidad y sociedad, ayudándose y complementándose mutuamente, así también la estructura y el liderazgo de la iglesia tendrán dimensiones orgánicas y cooperativas. El Dios de la Biblia no es un monarca monista sino un ser en sociedad, una sola divinidad en equipo».

Alfred Neufeld, *Vivir desde el futuro de Dios* (Buenos Aires: Ediciones Kairos, 2006), p. 127.

Espíritu

«El llamado del Espíritu es diario y constante, está ahí para socorrernos en momentos de necesidad espiritual; pero también para decirnos que el mundo espera algo más de nosotros, y ese algo es lo que puede convertir en una gran obra una vida vacía y carente de motivación».

Daniela Araya, «Luz en medio del caos: El Espíritu Santo en Latinoamérica» en *El poder del Espíritu ¿Qué significa hoy en América Latina?* (Lima: Ediciones PUMA), p. 41.

«Pablo en Filipenses, capítulo 2, habla de la *koinonia* del Espíritu o de la "comunión del Espíritu" para señalar esa relación solidaria del creyente con Dios. En sus epístolas Pablo hace claro que la iglesia es el templo del Espíritu Santo (1 Co 6:19). Como la *koinonia* del Espíritu la iglesia es aquella comunidad que reconoce a Jesucristo como Salvador y Señor y aquella en la que el Espíritu es el mediador de Cristo resucitado. Como la *koinonia* del Espíritu la iglesia también es aquella comunidad donde el Espíritu forma vínculos mutuos de solidaridad. Como "la colonia de Dios en un mundo humano (traducción del autor)", la iglesia es *tanto* un modelo *como* una señal de las relaciones definidas y transformadas... de la nueva humanidad. La *koinonia* del Espíritu testifica acerca de la realidad del Reino de Dios por su misma existencia como "sacramento" en el mundo y para el mundo».

Eldin Villafañe, *Fe, espiritualidad y justicia* (Río Piedras: Palabra y Más, 2006), pp.100-101.

Encarnación

«La encarnación sirve como modelo para la misión de la iglesia en tres sentidos: (1) el misionero, como Cristo, debe estar dispuesto a despojarse de su cultura primaria y sumergirse en la cultura que quiere alcanzar con las buenas nuevas. Como Cristo era plenamente "bicultural", así también el misionero buscará identificarse y arraigarse en el contexto al cual quiere testificar. (2) La teología emergente en un nuevo contexto cultural donde surgen iglesias, debe ser una teología encarnada y no meramente una transferencia de tradiciones. Si bien la tradición teológica tiene importancia como punto de referencia y control, en una cultura nueva hay que despojarse de la propia tradición para que el evangelio pueda encarnarse genuinamente en el círculo cultural a redimir. La contextualización cristiana siempre debe ser crítica hacia dos direcciones: la cultura y tradición del misionero, y la cultura y tradición a alcanzar. Ambas tienen derecho a existir, ambas tienen necesidad de ser transformadas, redimidas y purificadas constantemente. (3) La vida de la iglesia en general, más aun en un ambiente no-cristiano, debe ser "contra-cultural", pues es un llamado al cambio, a favor de la mente de Cristo, a favor de "una cultura que llamamos cuerpo de Cristo"».

Alfred Neufeld, *Vivir desde el futuro de Dios* (Buenos Aires: Ediciones Kairos, 2006), pp. 147-148.

«En la época postmoderna que nos toca vivir, el Evangelio tiene que encarnarse en servicio costoso. La sociedad mira hacia la iglesia y quiere ver en nuestras vidas las señales de la cruz y no la búsqueda de comodidad, prestigio, poder o fama. El ministerio es costoso. Yo no sé cuál será el costo o el sacrificio que usted pagará, pero le aseguro que el éxito, o mejor dicho, la fidelidad a su llamado, demandará sacrificio».

Eldin Villafañe, *Fe, espiritualidad y justicia* (Río Piedras: Palabra y Más, 2006), p.22.

Cruz

«La muerte de Jesús en la cruz no solo ha anulado la lógica adámica que las declaraba culpables de sus propias desgracias. Más radicalmente, Dios mismo ha asumido su destino y ha experimentado personalmente su dolor. Dios mismo *ha descendido a los infiernos* de la historia humana para extraer de ellos a quienes los poderosos de este mundo presentan constantemente como rechazados por Dios. Dios los ha rehabilitado declarándose de su parte, y lo ha hecho de la manera más radical: compartiendo su destino. No porque fueran justos, sino porque los ama. Los pecados de los pobres no han sido óbice para la solidaridad radical de Dios con su destino. Por eso mismo, los pobres se convierten en vicarios y representantes del mismo Dios (Pr 19:17; Mt 25:31-46)».

Antonio González, *Reinado de Dios e Imperio* (Santander: Editorial Sal Terrae, 2003), p. 175.

«La cruz también fue el medio por el cual, como afirma Pablo, Cristo derribó el muro de separación entre judíos y gentiles para crear así una nueva humanidad, un solo cuerpo (Ef 2:14-16). La iglesia, por lo tanto está llamada a manifestar, tanto en su vida como en su proclamación, la reconciliación con Dios y de individuos y grupos entre sí. Para quienes se colocan a la sombra de la cruz de Cristo desaparecen las divisiones étnicas, sociales y de género, de tal modo que "ya no hay judío ni griego, esclavo ni libre, hombre ni mujer", sino que todos son "uno solo en Cristo"» (Gá 3:28).

C. René Padilla, en *La iglesia local como agente de transformación* de C. René Padilla y Tetsunao (Buenos Aires: Ediciones Kairós, 2003), pp. 33-34.

Resurrección

«El nuevo nacimiento y la resurrección espiritual parecen ser sinónimos. Son dos imágenes que expresan la misma realidad del comienzo de la salvación y la vida espiritual en el ser humano en su entrega a Cristo (Ro 4:24-25). La nueva vida ética del cristiano es una vida de resurrección en comunión con el resucitado (Ro 6:4, 11). El creyente participa con Cristo, tanto en la vida como en la resurrección y en el *status* celestial de gobierno (Ef 2:5-6). Ética y resurrección no deben ser desligadas. Gracias a la resurrección espiritual con Cristo, la nueva ética de imitación de Dios es posible mediante la obra renovadora del Espíritu Santo. La resurrección espiritual es una creación (Ef 4:24-5:1)».

Alfred Neufeld, *Vivir desde el futuro de Dios* (Buenos Aires: Ediciones Kairos, 2006), pp. 33-34.

Escatología y el Reino de Dios

«A la luz de las manifestaciones visibles del reino de Dios se puede entender la proclamación del Reino de Dios por parte de Jesús. Su anuncio: "El tiempo se ha cumplido, el reino de Dios se ha acercado; arrepentíos y creed en el evangelio" (Mr 1:15) no es un mensaje verbal dado en aislamiento de las señales que lo corroboran; es, más bien, nuevas acerca de algo que puede verse y oírse. Según las palabras de Jesús, (a) es una noticia acerca de un hecho histórico, un evento que se está realizando y que afecta la vida humana de muchas maneras; (b) es una noticia de interés público, relacionado con toda la historia humana; (c) es una noticia relativa al cumplimiento de las profecías del Antiguo Testamento (el *malkuth Yahveh* anunciado por los profetas y celebrado por Israel se ha hecho una realidad presente); (d) es una noticia que suscita arrepentimiento y fe; y (e) es una noticia que resulta en la formación de una nueva comunidad, una comunidad constituida por gente que ha sido llamada personalmente».

C. René Padilla, *Misión integral: ensayos sobre el Reino y la Iglesia* (Grand Rapids: Erdsman, 1986), p. 183.

«Participar en el reino de Dios significa participar del gobierno de Dios. Es tomar en serio el llamado de Dios como iglesia a ser una comunidad del Espíritu *en* el mundo y *para* el mundo. Esta participación implica que no hay un área en la vida donde el señorío de Dios no pueda ejercitarse.»

Eldin Villafañe, *El Espíritu Liberador* (Nueva Creación: Eerdmans, 1996), p. 169.

«El anuncio de Jesús como el Mesías de Israel es el anuncio de que el reinado de Dios es ahora ejercido por Jesús. Por un Jesús resucitado, no por un símbolo religioso. Por un Jesús vivo que puede ejercer el reinado sobre su pueblo, desterrado de la pobreza y la opresión y dando lugar a nuevas relaciones sociales. Por un Jesús a quienes los cristianos proclamamos como Dios. Por eso su reinado mesiánico es el reinado de Dios. Un reinado que ciertamente no es una tiranía divina, sino una fraternidad humana en torno al Dios que se hizo hombre. Un reinado que no pertenece a un solo individuo, sino que es compartido por el Mesías con todos sus nuevos hermanos. Un reinado que no es celestial, sino que ejerce en la historia humana y está destinado a transformarla».

Antonio González, *Reinado de Dios e Imperio* (Santander: Editorial Sal Terrae, 2003), pp. 246-247.

«Así se describe «la praxis del reino»: la inversión de los valores del mundo y un nuevo estilo de vida de servicio y la humildad, el recibimiento del yugo del reino como lo hiciera un niño; y el sacrificio de la dependencia humana del sistema mundano. Aquel que entra al reino es sanado de la ceguera y sigue el camino de Jesús por la percepción de la fe. Buscando así la justicia y deshaciéndose de los falsos valores tales como la riqueza, el estatus y el poder».

Glen H. Stassen y David P. Gushee, *La ética del reino* (El Paso: Editorial Mundo Hispano, 2007), p. 21.

Pentecostés

«Pentecostés, en cierto sentido, marca el surgimiento de la comunidad mesiánica, al igual que el comienzo de su misión a las naciones. La iglesia no solo proclama el reino de Dios, sino también es la comunidad del reino, un anticipo (modesto pero auténtico) del reino».

Juan Driver, *Contra Corriente: ensayo sobre la eclesiología radical* (Colombia: SEMILLA, 1998), p. xv.

«La *koinonia* experimentada entre los creyentes no fue solamente religiosa o carismática, sino también socio-económica. Y aquí notamos una referencia directa a otro texto sabático básico, Deuteronomio 15:4, en las palabras "no había entre ellos ningún necesitado". Este era el propósito de la economía sabática y la espiritualidad jubilar: que se superara la pobreza, y que todos y todas estuvieran libres, no solamente por medio de la caridad sino también por la remisión de deudas, la liberación de los esclavos y la redistribución de posesiones».

Ross Kinsler y Gloria Kinsler, *El jubileo bíblico y la lucha por la vida* (Ecuador: CLAI, 2000), p. 126.

Iglesia

«La iglesia es la *koinonia* del Espíritu. Es el único *locus* de la actividad del Espíritu en el mundo (Ro. 8.23; 1 Co. 6.19; Ef 2.14-18). Es aquella comunidad que reconoce a Jesucristo como Salvador y Señor, y aquella en la que el Espíritu es el mediador del Cristo pneumático resucitado. Como "la colonia de Dios en un mundo humano", es *tanto* un modelo *como* una señal de las relaciones redimidas y transformadas. Es una *koinonia* del Espíritu y una *koinonia* de los demás cristianos. Testifica acerca de la realidad del Reino de Dios por su misma existencia como "sacramento" en el mundo y para el mundo».

Eldin Villafañe, *El Espíritu Liberador* (Nueva Creación: Eerdmans, 1996), pp. 184-185.

«Existe una relación estrecha entre la realidad de la vida del pueblo de Dios, restaurada de acuerdo con la intención salvífica divina, y el mensaje que proclaman los evangelistas. Profundamente arraigada en la visión que el pueblo de Dios en la Biblia tiene de sí mismo, se halla la convicción de ser señal de bendición y salvación divinas. El señorío de Jesucristo solo puede ser proclamado con credibilidad, cuando surge del contexto de la comunidad que con autenticidad vive sometida a ese señorío. Así la iglesia es percibida como «las primicias» del reino, que apuntan hacia la intención divina de restaurar a la humanidad en una nueva creación. Hay un sentido vital simplemente en el hecho de que ser la nueva comunidad de la era del Espíritu es participar en la misión salvífica de Dios».

Juan Driver, *Contra Corriente: ensayo sobre la eclesiología radical* (Colombia: SEMILLA, 1998), pp. 92-93.

«En definitiva, ¿qué es la iglesia sino la comunidad de creyentes que se construye alrededor de la relación con el Señor y su Palabra, que se construye alrededor de las relaciones interpersonales de prójimos-próximos que aman al Señor y a los otros prójimos? ¡Sí! La iglesia es la comunidad alternativa del Señor para ser paradigma, un modelo alternativo para la sociedad. Es el agente del Reino del Señor que está construido sobre esclavos-libres, servidores de los demás por el poder del Señor, y no sobre personas que dominan y oprimen a otros».

Juan Carlos Carrasco, en *Ser, hacer y decir* de C. René Padilla y Harold Segura (Buenos Aires: Ediciones Kairos, 2006), p. 118.

«El reto a la iglesia contemporánea, que va en contra de la mente moderna o posmoderna, es desarrollar una mentalidad cristiana hasta tener la mente de Cristo; es demostrar la *phronesis* por medio de una *kenosis*. Es demostrar una mentalidad cristiana que está dispuesta a ejercitar un despojo de sí mismo, y así redimir sus prestigios, prerrogativas y sus poderes en favor de propósitos liberadores y redentores».

Eldin Villafañe, *Fe, espiritualidad y justicia* (Río Piedras: Palabra y Más, 2006), p.18.

«Además, es necesario que la Iglesia hispana sea capaz de dirigirse en forma abarcadora, no solamente a las necesidades del *individuo*, sino también que sea una buena e iluminadora voz en los debates que afectan a los *sistemas* sociales, económicos, políticos y culturales que rigen a nuestra comunidad. El evangelio del Reino establece su sombra regidora tanto sobre el individuo como sobre las instituciones, culturas y sistemas de pensamiento que fundamentan la vida humana. La obra redentora de Cristo es tanto individual como colectiva, personal como institucional. Si nos limitamos a un solo plano en nuestros esfuerzos evangelizadores, empobrecemos el alcance del Reino, y tronchamos artificialmente el proyecto redentor de Dios».

Roberto S. Miranda, *En la tierra de los peregrinos* (Río Piedras: Palabra y más, 2009), p. 81.

Bautismo

«Según la visión radical, el bautismo es más que un simple símbolo de iniciación en la comunidad de salvación. El bautismo bíblico es un símbolo que se relaciona con toda una vida de discipulado en la comunidad del Mesías. Por lo tanto, el bautismo no es solo significativo para la persona que lo pide, sino que también compromete a la congregación que lo otorga. Es en el contexto de esta comunidad del reino donde el significado del bautismo se realiza en su amplia gama de sentidos».

Juan Driver, *Contra Corriente: ensayo sobre la eclesiología radical* (Colombia: SEMILLA, 1998), p. 27.

Compañerismo/La Cena

«En la Cena del Señor se simbolizan la comunión, el amor mutuo y el servicio. En 1 Corintios 10:16-17, la Cena se contrapone a los ritos paganos, vinculados con las fuerzas demoniacas (Nótese el contraste entre la "mesa del Señor" y la "mesa de ídolos"). La Cena vincula a los miembros, unos con otros, en la *koinonia* de un solo cuerpo. Al denunciar las tergiversaciones en Corinto que resultaron en los abusos de la Cena, Pablo destaca la relación entre la comunión y la Cena del Señor en contraste con las divisiones, las disensiones y el menosprecio que se tenía para la comunidad».

Juan Driver, *Contra Corriente: ensayo sobre la eclesiología radical* (Colombia: SEMILLA, 1998), p. 36.

«Si es grave no discernir el cuerpo de Cristo al no esperar a nuestros hermanos y hermanas en la Cena, debe ser también un abuso llenar nuestros estómagos y nuestras casas y nuestras inversiones en superabundancia mientras millones de nuestros hermanos y hermanas están sufriendo hambre en cualquier parte del mundo. Nos incumbe hacer todo lo posible por proveer igualmente para ellos. Los mandatos sabático-jubilares toman aquí un significado nuevo concreto, porque estamos hablando ahora de la celebración central de la fe cristiana, la proclamación y actualización primarias de las Buenas Nuevas, la expresión última de la espiritualidad cristiana».

Ross Kinsler y Gloria Kinsler, *El jubileo bíblico y la lucha por la vida* (Ecuador: CLAI, 2000), p. 128.

Reconciliación

«De esta manera, el ser humano es liberado de la carga de sus culpas, abriéndose así la posibilidad de una reconciliación … Por una parte, la liberación de la lógica de Adán permite a todos reconocerse como pecadores (Ro 3:23; 5:12) sin necesidad de buscar fuera de sí mismos a los responsables de los propios delitos. Por otra parte, la anulación de la lógica de Adán permite, a los que se saben perdonados, perdonar también a los demás. Esto no es algo puramente interno o espiritual, sino que tiene su concreción histórica en aquellas comunidades humanas donde ya no cuenta el ser judío o gentil, varón o mujer, esclavo o libre (Gá 3, 28), porque en ellas se inicia una nueva comunidad reconciliada».

Antonio González, *Reinado de Dios e Imperio* (Santander: Editorial Sal Terrae, 2003), pp. 175-176.

«El ejercicio del "ministerio de reconciliación", sin embargo, tiene un costo tanto en términos de entrega sacrificada por los demás —entrega en la cual se reproduce la de Jesucristo— como en términos de sufrimiento por causa del evangelio. La iglesia no es tal si no es, según la descripción de Bonhoeffer, "la iglesia para los demás" en la cual se reproduce la imagen de "el hombre para los demás", es decir, el hombre que "no vino para que le sirvan, sino para servir y para dar su vida en rescate por muchos"» (Mr 10:45).

C. René Padilla, en *La iglesia local como agente de transformación* de C. René Padilla y Tetsunao (Buenos Aires: Ediciones Kairós, 2003), pp. 32-33.

Relación Judíos-Gentiles

«Toda la evidencia neotestamentaria apunta, sin embargo, en dirección contraria, es decir, en el sentido de una práctica apostólica cuyo propósito era la formación de iglesias que vivieran la unidad de la nueva humanidad en Cristo Jesús. Los apóstoles sabían muy bien que para que se diese una genuina aceptación de la gente "tal cual es", y no una aceptación de labios para afuera, tenía que haber una comunión real, por encima de todas las barreras, a nivel de la congregación local. Consecuentemente, se esforzaron por crear comunidades en las cuales *desde el comienzo* judíos y gentiles, esclavos y libres, pobres y ricos adorarían a Dios juntos y aprenderían el significado de su unidad en Cristo, aunque fuese necesario encarar dificultades que surgirían de las diferencias de trasfondo cultural o clase social entre los miembros».

C. René Padilla, *Misión integral: ensayos sobre el Reino y la Iglesia* (Grand Rapids: Eerdsmans, 1986), p. 153.

«Las grandes cartas eclesiológicas de Efesios y Colosenses fundamentan teológicamente una eclesiología inter-étnica. La salvación por gracia mediante la fe posibilitada por Cristo (Ef 2:1-10) implica también el derrumbamiento de la pared divisoria de hostilidad y enajenamiento entre creyentes judíos y gentiles (Ef 2:11-22). El gran misterio escondido por siglos consiste precisamente en que la herencia de Dios definitivamente incluye a las naciones como "coherederas"» (Col 1:25-28).

Alfred Neufeld, *Vivir desde el futuro de Dios* (Buenos aires: Ediciones Kairós, 2006), p. 245.

Familia

«Se debe aplicar el concepto paulino de la iglesia como cuerpo de Cristo: "aun siendo muchos, somos un cuerpo" (Ro 12:5). Y dentro de este cuerpo, cuidamos los unos de los otros y llevamos las cargas los unos de los otros (Gá 6:2). Tampoco debemos olvidar el concepto paulino de la iglesia como familia de Dios (Gá 6:10; Ef 2:19) ... Es en los grupos de hogar en donde somos en realidad la familia de Dios. Allí brindamos el compañerismo, la amistad y el calor de la familia que el inmigrante dejó en su país».

Augusto Rodríguez, en *Vivir y servir en exilio* de Jorge E. Maldonado y Juan F. Martínez (Argentina: Ediciones Kairós, 2008), p. 97.

«La forma de convivencia y amor cristiano está destinado a ser la marca por la cual el mundo debe reconocer a quienes pertenecen a la familia de Dios: "En esto conocerán todos que sois mis discípulos, si tuviereis amor los unos con los otros"» (Jn 13.35).

Alfred Neufeld, *Vivir desde el futuro de Dios* (Buenos aires: Ediciones Kairos, 2006), p. 60.

Conversión

«La conversión es, de alguna manera, la dimensión humana del proceso de regeneración. Tiene su raíz en la palabra *shuv*, término hebreo que indica cambio de dirección. El impulso y la fuerza de voluntad proceden de Dios, de su gracia y su Espíritu, para realizar un "cambio de dirección", una *metanoia*, un cambio de mentalidad o arrepentimiento. Hay fuerza creadora en la conversión. Cambian cosas, nuevas cosas surgen cuando los seres humanos resuelven cambiar de dirección y rumbo, haciendo de las metas divinas, sus propias metas. Dios vive en las alturas y en aquellos de corazón quebrantado. Cuando el hijo pródigo resolvió volver a la casa paterna, surgieron cambios creadores. Cuando Israel resolvió volver a los caminos de Dios, muchas cosas cambiaron, muchas cosas nuevas y buenas surgieron. La conversión es obra creadora de Dios y es fuerza transformadora de la realidad humana».

Alfred Neufeld, *Vivir desde el futuro de Dios* (Buenos Aires: Ediciones Kairos, 2006), pp. 125-126.

Misión

«Quien se familiariza con las enseñanzas de Jesús sabe que entre ellas destaca el mandato misionero, es decir el hecho de que Jesús esperaba que su mensaje, sus palabras y el testimonio de su vida, pasión y muerte, fuese llevado por sus discípulos "hasta el fin del mundo". Y si el mensaje de Jesús ha sido alcanzado, veinte siglos después, a personas en miles de culturas y ha sido traducido a miles de lenguas, ello se debe a que algunos de sus discípulos han estado dispuestos a cruzar los mares y a travesar todo tipo de fronteras en obediencia a su mandato».

Samuel Escobar, *En busca de Cristo en América Latina* (Buenos Aires: Ediciones Kairos, 2012), p. 431.

Nos agradaría recibir noticias suyas.
Por favor, envíe sus comentarios sobre este libro
a la dirección que aparece a continuación.
Muchas gracias.

Editorial Vida
Vida@zondervan.com
www.editorialvida.com